알렉산드리아 고양이

마르크 르그라와의 대담

UN CHAT D'ALEXANDRIE:
ENTRETIENS AVEC MARC LEGRAS

알렉산드리아 고양이

마르크 르그라와의 대담

조르주 무스타키 지음 | 장승일 옮김

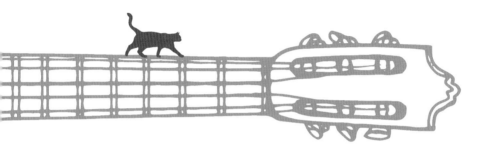

한국문화사

다프네에게

우리는 태어나는 곳을 정하지 못한다
우리는 죽을 곳을 알지 못한다
어디서 살고 있는지 알 뿐이다

기니의 경구

프/롤/로/그

    율리시스의 후손 조르주 무스타키는 장난기 어린 미소를 지으며 그가 한 나라에서 한 달 이상 머무는 일은 극히 드물다고 털어놓는다. 40년이 넘도록 온갖 음색과 다양한 악기들을 자유자재로 다루며 진정한 음악의 카멜레온으로 변모한 무스타키의 샹송은 그와 함께 세계를 여행하며 우리들 또한 여행하게 만든다. 어린 시절의 피아노, 파리 스타일의 전형적 유행가에 등장하는 '불행의 악기' 아코디언, 기타, 그리스식 부주키, 그리고 아프리카-브라질 풍의 타악기가 무스타키를 동반하는 악기들이다.

    조르주 무스타키는 여덟 나라 말을 구사하니 여덟 개의 열쇠를 가진 셈인데, 여기에 그는 수많은 친구와 처음 보는 사람들의 마음과 문을 열어주기에 가장 값진 열쇠라 할 수 있는 음악을 더한다.

    히로시마의 명예시민으로, 바히아의 심정적 시민으로, 프랑스어를 전파하는 순회대사로, 스페인에서는 거의 스페인 사람으로, 그런가 하면 이곳저곳에서는 그리스인으로 여겨지는 조르주 무스타키는 영혼의 음악에 맹세하며 주장하기를, 지중해의 모든 색깔이 곱게 물든 이집트가 자신의 고향이며, 여행과 여행 사이에는 또 다시 파리의 방랑자가 되거나 생-루이 섬 자신의 집 지붕 아래에 사는 도둑고양이가 된다고 한다.

    그는 그리스 사람들이 '기억의 여인들'이라고 하는 뮤즈들과 이 세상 끝에서 실어 온 기타들의 하렘을 지배하고 있었는데, 어느 날,

첫 번째 아코디언이 도착하자 아무런 죄책감도 없이 기타들을 배반해 버렸다. 그가 음악과 사랑을 나누면, 멜로디와 샹송이 만들어져 나온다.

삶이 그에게 부과한 역할 하나하나에 몰입하면서, 그는 혼자이면서 동시에 여럿이다. 속내를 털어놓는 가수이면서, 성공한 작사가이자 작곡가, 그리고 뮤직홀의 스타이기도 한 그는 끊임없이 관객 한 사람 한 사람에게 친구나 연인의 모습을, 매사에 신중하면서 정다운 큰형님의 모습을 보여주고 있다.

무스타키는 고양이다. 그것도 알렉산드리아 고양이다. 젊은 날 그의 모습과 닮은 고양이들은 오늘날도 여전히 사드-자그룰 광장의 햇살 아래 기지개를 펴고 있거나, 무심하게 미장원 에스페랑스에서 죽치거나, 옷가게 레옹의 진열장 앞에서 생선 수프 한 그릇으로 파티를 벌이면서, 별이 뜨는 밤과 바닷가의 향취를 즐기고 있다.

그들의 기억 안에는 유명한 등대, 공동묘지, 그리고 대형 도서관이 잠들어 있다. 더불어 그리스인들이 이 도시를 세운 이래 계속 섞여온 억양과 시인 카바피의 시 구절들이 있다. 아마도 원고 위로 고개를 숙이고 있을 로렌스 더럴의 실루엣과 이를 이웃집 담 위에서 지켜보는 고양이 한 마리가 있을 것이다. 이 고양이는 다정하나 더럴의 작품 『알렉산드리아 사중주』에는 무관심하다.

요컨대, 조르주 무스타키는 한 마디로 정의하기 곤란하며, 록 가수로 전향할 수도 있고, 맘젤 깁슨과 결혼하기를 꿈꿀 수도 있고, 떠돌이 광대의 노래를 사방에 퍼뜨릴 수도 있어 그는 언제나 알렉산드리아의 고양이로, 약간의 불량기를 풍기면서 감각과 유연함을, 태펑스러움과 그 옛날의 부드러움을, 음표와 어휘의 행복을 결합하고 있을 것이다. 욕심 많고 심술궂은 장난꾸러기 고양이 무스타키…. 그의 태평함은 잘 알려진 사실이지만, 그렇다고 용수철같이 튀어오르는 것을 훼방하지는 않는다. 그는 태평함을 삶의 예술로 만들었다. 게으름을 드러내면서 그는 일정한 경계를 확정하였고, 그 뒤에서 그는 자유롭고, 여유 있게, 어디라도 떠날 준비를 해놓고 살고 있다.

오늘날 사람들은 종종 그를 원로로 대접하나, 그는 그의 노래와 같은 나이일 뿐이다. 사람들은 그의 지혜를 칭송하지만, 그는 말고삐를 풀어놓은 채로 자신의 서커스 말의 귀에다 대고 노래를 흥얼거린다. 사람들은 그가 팬들에게 둘러싸여 그들의 만남을 좋아한다고 상상한다. 그렇기는 하지만, 그는 언제나 끊임없이 신중한 태도와 홀로 있기를 견지하려고 노력한다. 감동, 가사, 음악이 태어나는 황무지를 철저히 보존하면서 그는 자신을 내맡긴다. 막이 오르면 그는 흰옷 차림으로 등장한다. 그가 펼치는 무대는 섬광 혹은 빛남인데, 관객 한 사람 한 사람이 그 조각들을 나눠가지면, 무스타키는 다시 떠난다. 파도가 이는 방파제 위의 야간 조명처럼 일렁이는 불빛과 더불어.

내가 그의 이름을 처음 들은 것은 그가 작사하고 콜레트 르나르가 부른 <음악가들>이라는 대단히 멜랑콜리한 노래를 통해서였다. 내가 그의 목소리를 발견한 것은 1960년대 끝 무렵 바르바라와 이룬 듀엣 <갈색 머리의 키 큰 여자>에서였다. 그때는 <떠돌이>가 전파를 초토화하기 전이었고, 이어서 <너무 늦었어요>, <삶의 시간>,

그리고 <나의 자유>가 나오기 전이었다. 일상에서 돌파구를 열어보려고 꿈꾸면서, 그리고 이 틈새에서 출발하여 자신만의 사랑의 행로를 개척하여 삶을 변혁하려는 이들의 편에 그가 자리 잡도록 만든 노래들이었다.

그때 그 68혁명의 봄날에 페레가 목이 터져라 외쳐대며 전하려던 말을 그는 속삭이는 노래로 말하였다. 훗날 '위대한 왕 레오'가 그를 만났을 때 해주었던 말이란다. 예술가들은 자신만의 고유한 방식으로 가능성의 영역을 확장해 간다. 청취자나 시청자는 이들이 반쯤 열어 놓은 문을 밀고 들어가, 한 걸음 두 걸음을 내딛는다.

내가 정오에 진행하고, 그가 아침을 먹으며 듣던 라디오 프로를 언급하면서 조르주 무스타키는 나에게 편지를 보내왔다. 그리고 몇 달 후 그의 집에서 우리는 만나게 되었다.

그날 나는 그가 얼마나 조화롭게 두 개의 어휘 '정열'과 '자유'를 결합하고 있는지 감지하였다. 사실 브라질의 위대한 작가, 그의 친구 조르지 아마두는 자신의 책 『연안 항해』에서 이 두 어휘를 가지고 무스타키를 정의한 바 있다. 이 시기에 이미 조르주 무스타키는 센강이 갈라지는 곳, 파리의 한복판인 생-루이 섬에서 살고 있었는데, 이곳은 파리이면서 파리가 아닌 곳이라고도 말할 수 있다. 안이면서 동시에 바깥인 곳이라고나 할까. 가수라는 그의 '천직'과 그가 유지하는 거리처럼 말이다. 오늘도 여전히 강변도로의 엄청난 교통량에도 불구하고, 수도의 소란스러움은 그의 평화의 항구에 도달할 즈음에 약화되거나 변형되어, 말랑한 소리 반죽이 되거나 거대한 밀물이 된다. 이웃 교회의 종소리도 깊은 시골 마을의 외딴 교회

알렉산드리아 고양이

종소리처럼 울린다.

우리의 대담은 가끔 쉬어가면서 네 계절에 걸쳐서 이루어졌으며, 그 바탕에는 그의 직업이 우리에게 서로의 생각을 나누도록 허락한 이십여 년의 세월이 놓여있었다.

피아노 위에 악보 한 장, 벽난로 위에 사진 한 장, 이집트와 알렉산드리아에 대한 책 한 권, 귀향을 우리의 소소한 대화의 첫 그물코 삼아, 우리는 엄격한 의미에서 주어진 대담 시간을 넘기지 않으면서 진행 중인 작업에 대해 말을 엮어가곤 하였다. 그렇지만 '레오의 포도주'로 우리가 부르는 키안티 산 도나티노 한 병을 나누거나, '아코디언의 수도' 카스텔피다르도에서 가져온 한 곡조를 듣거나, 아니면 사는 동네를 몇 걸음 둘러보면서, 그 순간을 연장하려 드는 것을 매정하게 탓할 수야 없지 않겠는가.

마르크 르그라

차례

01

나의 자유
네 도움으로
닻줄을 풀었네
어디든 가기 위해
운명의 길
끝까지 가기 위해
한 줄기 달빛 위에
바람 머금은 장미를
꿈꾸며 따기 위해…

<나의 자유>

예로부터 인문학적 소양이라 불리던 것을 조르주 무스타키는 알렉산드리아의 길거리에서 몽상과 철학적 사유에 몰두하느라 한적하게 거닐 시간 말고는 달리 시간이 없는 사람들과 접촉하면서 갈고 닦았다.

알렉산드리아라는 이름만 들어도, 동방에 사로잡힌 여행자나 독서가는 알렉산더 대왕이 세웠고 클레오파트라에 이르기까지 열다섯 명의 그리스인 군주들이 통치한 이 도시의 찬란한 유적을 떠올린다. 파로스 반도가 되어버린 곳에 우뚝 솟아 있는 거대한 탑에서 나오는 반짝이는 불빛은 뱃사람들을 인도하였는데, 등대를 뜻하는 명사는 여기에서 비롯하였다. 또한 이제는 연기가 되어 사라지고 없지만, 당시에 수천 권의 장서를 소장한 도서관이 있었다. 그런가 하면 1997년, 사막을 가로질러 카이로로 가는 고속도로를 열기 위해 교량을 세우면서 발견한 소위 죽은 자들의 도시라 할 수 있는 네크로폴리스가 있었다.

무스타키의 어린 시절 1930년대에 국제적인 도시 알렉산드리아는 모든 나라 언어로 오락과 문화가 펼쳐지는 장소를, 해변과 전차 정류장을, 제과점과 찻집들을 부르고 있었다. (그랑-트리아농, 아티네오스, 델리스, 보드로, 파스트루디스, 하지-베키르 …)

지중해로부터 몇 걸음 내달려온 곳에서 그는 그 나이의 태평스러움과 자유의 맛을 즐길 줄 알게 되었고, 이것은 후일 그의 샹송 가운데 가장 상징적인 샹송에 영감을 제공하게 된다.

자유를 어찌 노래하지 않을 수 있을까. <나의 자유>에 얽힌 이야기는 공교롭기도 한데, 자유에 대한 사랑의 노래 <나의 자유>에서 나는 사랑의 감옥과 어여쁜 간수가 있다면 자유를 포기하겠노라고 말한다. 내가 누군가를 사랑한다면 나는 기꺼이 자유를 포기한다.

이 가사는 잘못 읽힌 게 분명한데, 왜냐하면 68년 5월 혁명 이후, 그것은 모두에게, 그리고 결국에는 나에게도 자유의 찬가가 되었기 때문이다. 사실은 나는 이 자유를 마지막 연에서 배반하고 마는데도 말이다. 여러 이미지들이 겹쳐지면서 그것은 더 이상 내가 썼던 그대로의 모습으로 내게 남게 되지는 않았다. 이러한 혼란은 자주 생기는 것으로, 벽시계를 어떤 시간에 맞추지만, 꼭 내가 생각하는 시간과 같은 법은 없는 것이다. 그렇다고 더 나쁠 것은 없다.

브라질의 작가 조르지 아마두는 나를 일컬어 자유의 예찬자라고 하였다. 말하자면 자유가 나의 곁을 지키고 자유를 뒤덮을 만한 사랑이 없는 한 자유는 지극히 중대한 역할을 담당하고 있다는 말이리라. 폭군들을 제외하면 누가 자유를 사랑하지 않겠는가?

시간을 잘 지키지만, 나는 만날 약속을 잘 잡지 않는데, 어떤 면에서 내가 그것의 포로가 되는 것 같아서이다. 가끔 주장하지만, 나의 삶을 직업에 맞추어서 구성하는 것보다 나는 내가 사는 방식에 합치하는 직업을 선택하였다. 다른 어떤 직업이 나로 하여금 내가 정한 시간에 일어나서 하찮거나 중요하거나 나의 떠나고 싶은 충동에 따라, 마음대로 시간을 쓸 수 있도록 할 수 있겠는가?

떠나다…. 나는 일찍이 이러한 욕구를 느꼈다. 나는 그것을 내 안에 지니고 있다고 여긴다. 우리 집안에서는 내가 유일하게 이 길 저 길을 배회하고, 도시 구석구석을 찾아나서는 모험을 감행하였다. 아버지께서는 이러한 나의 성향을 알아보시고 자전거를 사주시고, 조그만 배까지 마련해 주셨다. 나는 의식적으로 이러한 독립성을 만끽하였다. 당시 내 행동거지는 바이크를 가지고 가능한 모든 유혹에 따라 방향을 바꿀 준비가 되어있는 오늘날의 내 모습과 다를 바 없다. 아마도 내가 알렉산드리아의 프랑스 학생 가운데 자기 소유의 교통수단을 가지고 등하교를 하는 유일한 존재였을 것이다. 이 도시는 나의 활동 무대였다. 때로는 길을 잃고 헤맸지만, 언제나 이웃이나 친척 아니면 친구들이 구조해 주었다.

내 어린 시절의 알렉산드리아는 그 자체로 세계의 축소판이었다. 온갖 인종, 종교, 소리 그리고 풍미가 있었다. 그때 이후 나는 60여 개 나라들을 여행하였는데, 그 어디에서도 내가 이방인이라고 느낀 적은 거의 없었다. 나는 언제나 어린 시절 내가 알렉산드리아에서 들었던 말들, 맡았던 냄새들 그리고 색채들 중 하나를 떠올릴 수 있었다.

2차 대전 기간에 징집을 피한 분들이 우리를 가르치셨다. 이로 인해 혼선이 발생하기도 하였다. 영어 수업이 그리스인 교사에게 맡겨졌는데, 그는 셰익스피어의 언어를 아테네 억양으로 우리에게 가르쳤다. 그러니 그리스어와 영어가 뒤섞이면서 생겨난 새로운 어휘들은 언급할 필요도 없겠다.

1946년 프랑스는 우리에게 전공별로 제대로 양성된 교사들을 파견하였는데, 우리는 그들이 이 지역의 언어를 모른다는 점을 이용하여 골탕을 먹이기도 하였다. 교사들이 물어보는 문제들에 대한 답을 칠판 위에 아랍어로 적어놓고는 교사들 가운데 한 분이 다음날 수업을 위해 필요하니 지우지 말라고 했다고 거짓말을 하는 것이었다.

나는 내가 살던 길을 마치 그것을 어제 떠난 것처럼 생생하게 기억한다. 제법 부르주아 동네의 중심가라 할 만한 길인데, 가게들, 은행, 호텔이 줄지어 있고, 이어서 연결되는 좁은 길로 들어가면, 중동의 진정한 소우주가 나타난다. 조그마한 이슬람 사원이 나오고, 저녁 기도를 읊조리는 이슬람 승려도 보이고, 손을 사용하기에는 너무 무겁지만 멋지게 주름을 잡아주는 다리미를 갖추고 있어서 발을 사용하여 다림질을 하는 세탁부들이 등장하는가 하면, 온갖 부류의 장인이 소란스러운 망치질 소리와 낡은 재봉틀 소리 안에서 일을 하며 삶에 리듬을 불어넣어주고 있다. 염소 가죽으로 만든 물통을 지고서 물장수도 지나간다. 그곳에는 케롭 주스와 감초 절편도 팔았는데, 내 어린 시절의 진미요 기쁨이었다.

모든 건물 앞에는 '갈라베야'(galabeyah)라고 불리는 흰색 외투를 걸친 '바오우압'(baouab)이라 불리는 이른바 문지기가 멍하니 앉아 있거나, 신문을 읽는 척하거나 발톱을 정성 들여 손질하면서 간단한 일거리라도 걸려들기를 기다리고 있었다.

가끔은 승합마차가 지나가곤 했는데, 가장 재미있고 가장 경제적인 교통수단이었다. 전차는 검표원 몰래 타고 내리기가 간단해서 무료나 다를 바 없었다. 전차를 타면 도시에서 가장 먼 곳까지 구경거리를 찾아 나설 수 있었다. 겨울이면 나는 라믈레 정거장에서 전차를 타고 학교로 갔다. 학교 가는 친구들과 나누는 대화는 학교 방향으로 가면서 새로운 친구들이 타게 되면 그 열기가 점점 더해갔다. 세실 호텔 앞에는 언제나 같은 조각상이 놓여있는데, 무릎이 반질반질한 것은 알렉산드리아의 꼬마들이 그 위에 올라타서는 바지 엉덩이 부분으로 문질러댔기 때문이다. 지금도 여전히 그러고 있을 것이다.

영화관 리오가 많이 변했을 거라고는 생각되지 않는다. 영화 상영이 오전에 시작되기 때문에, 우리는 수업을 빼먹고 여기에 모이곤 했었다. 어둠 속에서 우리는 서로 이름을 불렀고, 서로 위치를 확인한 다음 한곳에 집결하였다. 하루는 학생 감독관이, 학교를 빼먹은 학생들의 모임에 대한 연락을 받고, 영화가 시작하기 전 호기롭게 내뱉은 우리의 이름을 다 적었고, 그다음 우리 모두를 처벌하였다.

이 영화관에는 테라스가 있었고, 여름 내내 여기에서 영화를 비추어 주었다. 관람객들은 집에 냉방 시설을 갖추고 있지 않았기에 이들은 편한 차림으로 테라스 위에 자리 잡고서는 영화를 돌리는 동안

시원한 음료를 시켜 마시고 부드럽게 잠에 빠지곤 하였다. 아마도 이런 연유로 영화관에 들어가 앉자마자 영화가 조금이라도 신통치 않으면 잠이 드는 경향이 나에게도 있나 보다.

카페에서는 카페지기가 담배에다 사과 향을 첨가하고 약간의 꿀을 섞어 준비한 치차(chicha)를 누구나 피울 수 있었다. 내 생각에 이것이 나의 첫 끽연 체험이었다.

우리가 그리스인 구역이라 부르던 고급스러운 구역에 꼭 그리스 사람들만 거주하는 것은 아니었다. 거의 열대 지방 식물로 가득한 정원이 딸린 아름다운 저택을 유지할 수 있는 수입을 가진 사람들 역시 이 구역에 거주하고 있었다. 때때로 나는 관광객이 된 기분으로 친구를 만나러 그곳에 갔다.

국제도시 알렉산드리아는 아프리카 쪽으로 등을 돌리고, 유럽 쪽 지중해를 바라보고 있었다. 그곳에는 '알렉산드리아 스타일'(Alexandrinades)이란 타이틀 아래 한 일간지가 상세히 기술하는 사교계 생활이 있었다.

이집트의 두 대도시, 알렉산드리아와 카이로 사이에는 사막을 횡단하는 도로가 있다. 카이로 사람들은 여름철 해변을 찾아갈 때면 이 도로를 이용하였다. 그들은 유월부터 시월 초까지 임시로 알렉산드리아 사람이 된다.

내가 살던 도시는 잠깐 다녀가는 사람의 눈길에 사치와 빈궁을, 푸른빛과 먼지를 제공하였다. 부유한 동네는 잘 가꾸어져 있지만, 가난한 동네는 버려진 나머지 우리를 수치스럽게 만들었다.

자전거를 가지고 있는 나는 부두가 있는 곳을 자주 헤매며 다녔다. 좁은 길에서 이리저리 헤매고 있는 정박 중인 선원들과 마주칠 때면, 그들의 안내인을 자처하였는데, 그들이 원하는 대로, 제한 구역인 데 세트-쇠르 길로 안내해 주었다.

육 년 전 알렉산드리아에 대한 다큐멘터리를 만들 기회를 얻게 되어 그곳에 돌아가 내 나이 또래 남자 한 사람을 만났다.

"데 세트-쇠르 길을 알아요?"

향수로 가득 찬 그의 눈길이 대답이었다. 우리는 옛날에는 음탕한 동네였으나, 이젠 극히 평범한 이 동네에서 우리의 추억을 되새기면서 한동안 산책하였다.

그보다 한 해 전에, 나는 프랑스어로 발간되는 이집트의 주간지 『엘 아람-엡도』를 창간하는 행사에 초청을 받았던 적이 있었다. 이 좋은 기회를 이용하여 나는 나세르 호수 연안에 있는 파라오 시대의 유적을 방문하였다.

알렉산드리아 출신인 나에게 이집트의 나머지는 마치 다른 대륙인 것처럼 보였다. 내가 태어난 땅의 이러한 미지의 모습이 나를 열정에 사로잡히게 했다. 나는 훌륭한 교육자이면서 이집트학 연구자인 사람을 만나 친구가 되었는데, 그에게서 나는 벽화와 조각상을 보는 법, 인물의 세세한 부분들, 예를 들면, 수염, 눈의 형태, 그리고 갖가지 동작, 서로 다른 대상물들의 의미를 배우게 되었다. 그 덕분에 나는 나세르 호수 위에서 펼쳐지는 멋진 유람선 여행에 참여할 수 있었다. 어느 날 저녁 나는 선상의 낭만적인 세레나데로 그에게 보답하였고, 이 세레나데에 선장이 모든 여행객을 초대하였다. 때 묻지 않은 대지 사이를 배를 타고 가로지르는 그 밤은 정말 황홀

그 자체였다.

카이로로 돌아오자, 나는 일본이 이집트에 지어준 오페라에서 공연하게 되어 있었다. 이곳은 지나치게 엄숙하고 경직되었으며, 동시에 화려했다.

게다가 음악도 전혀 달랐다. 카이로의 부르주아들은 연회복 차림을 하고서, 내 노래를 들으러 오기보다는 오히려 자신들을 드러내 보이려고 하여, 열기와 자연스러움이 이상하리 만치 없었다. 음향 장치가 고장을 일으키면서 그날 저녁을 살렸다. 세 번째 노래에서, 전기 장비가 괴상한 소리를 내는 대혼란의 와중에 나는 청중들을 향해 장비를 수리하는 동안 공연을 잠시 중단한다고 말해야만 했다. 나는 아랍어로 안내 발언을 하고 나서 한 마디를 덧붙였는데, 이집트식 삶의 지혜를 요약하는 말이었다. "인내는 아름답다." 이 말은 관중들의 소란을 진정시켰다.

그러자 나의 콘서트는 대단히 정겨운 분위기 안에서 진행되었다. 그들의 눈에 나는 이제 프랑스에서 온 가수가 아니라 뿌리를 찾아 귀향한 지역의 아들로 여겨졌다. 나는 이집트의 포크 송까지 한 곡 부르게 되었는데, 청중 전체가 따라 불렀고 사이사이 여성들의 '유유' 소리까지 곁들여졌다.

내가 태어난 땅에 대한 애착을 이렇게 표현해서인지, 전 세계 구석구석에 흩어져 이집트를 잊지 못하는 사람들이 모이는 심포지엄에 참가해 달라는 요청을 때때로 받게 되었다. 로베르 솔레는 알베르 코세리처럼 모든 유배지에 언제나 이집트를 가지고 다니는 그런 작가에 속한다. 그들의 모든 작품 안에는 언제나 이집트가 등장한

알렉산드리아 고양이

다. 장-이브 앙프뢰르는 알렉산드리아에서 알게 되었는데, 고맙게도 나를 안내하여 최근에 발굴된 공동묘지를 돌아보게 해주었고, 유명한 등대의 잔해에 대한 설명도 해주었다. 이 도시와 여기에 사는 사람들의 언어, 그리고 전통에 대하여 정통한 그를 보고 나는 부럽다 못해 질투가 날 지경이었다. 내가 여기에서 살고 있을 때는 매일 어슬렁거리며 쳐다보던 보물들의 가치를 깨닫지 못하였다. 사실 이 도시는 문명과 향료와 오렌지 꽃과 하시시의 모자이크를 한곳에 모아놓았다. 미궁과 같은 알렉산드리아의 도심에는 프톨레미 시대의 영광, 오스만 제국의 유적들 그리고 서민들이 거주하는 지역의 다채로운 생동감이 중첩되어 있다. 죄의식으로 고통받지 않는 사람들 가운데서 내가 얼마나 향락적인 삶을 영위하고 있는가를 나는 정말로 의식하지 못하였다. 특별한 우정이란 것도 실은 특별난 것이 없었고, 몰래 하는 사랑이라고 해도 무구함을 잃지 않았다. 영국인들이 이집트를 통치하던 시기에는 중동의 부르주아 유한부인들과 휴가를 나온 장교들 사이에 순정적 사랑이 이루어졌다. 반면 사병들은 데 세트-쇠르 길의 창녀들과 돈으로 이루어지는 포옹으로 만족하였다. 끊임없는 전쟁을 배경으로, 쇠락하는 사회는 온갖 변덕에 자신을 맡기고 있었다.

삼 년 전에, 알렉산드리아를 찾아서 떠나는 언어학자 루이-장 칼베가 부탁하여 내가 그에게 몇 가지 추천한 것이 있었다.

브라스리 엘리트에 가서 여주인 크리스티나 부인에게 안부를 전할 것. (그녀의 손님들 가운데는 시인 카바피도 있음.)

프랑스 길에 있는 아랍식 시장 수크를 방문할 것. (길 이름은 바뀌었을 수도 있음.)

아부키르에서 생선 구이를, 라블레 역에 있는 최고의 전문 식당에서 잠두콩과 팔라펠을 먹을 것, 아타린느의 번잡한 동네에 있는 식당 루아 데 카이유에서 메추라기 구이와 멧새 구이를 맛볼 것.

세실 호텔에서 차를 마시고, 이슬람 사원, 안토니아디스 정원, 그리스-로마 박물관을 방문하고, 그리스식 선술집에서 (아직도 남아 있다) 송진향이 첨가된 렛치나 백포도주를 마시고, 아가미의 터키옥색 바다에서 수영하고, 옛 국왕 파룩크의 여름 별장으로 오늘날 평민들이 산책하는 몬타자 궁을 한가롭게 거닐어 보고, 이집트 영화를 보러 영화관에 들어가서 분위기와 관객들의 반응도 살펴보고, 발 닿는 대로 이 길 저 길을 배회하고, 수연통도 피워 보고, 리베라시옹 대로 2호, 돌아가신 우리 아버지의 서점 <시테 뒤 리브르>(책의 성지)가 있던 곳을 순례할 것.

알렉산드리아의 아들은 한 번도 그의 노래 안에서 그의 가족의 별자리를 그려놓지 않았다. 단 하나의 예외가 있으니, 〈할아버지〉라는 노래이다.

모로코에서 만난 적이 있는 한 노년 음악가의 이미지가 내 기억속 아스라한 할아버지를 생각나게 했다. 이 노인은 할아버지와 비슷한 풍모, 품위를 지니고 계셨다.

어머니께서는 이 노래를 들으시고 놀라움을 금치 못하였는데, 내가 너무나 세밀하게 나의 조상 이야기를 하고 있기 때문이었다. 무의식적 기억인지, 우연인지 혹은 직감의 발동인지는 알 수 없으나 나에게 무엇인가가 작용했음은 분명했다.

나의 회고록 『기억 속의 여인들』에서 나는 어머니 사라와 아버지 네심을 언급하였다. 노래를 헌정하지 못한 죄책감을 달래기 위해서였다.

사라는 진정한 의미에서 유대계 그리스인의 어머니였다. 자애롭고 이해심이 많은 그녀가 우리에게 베풀어주는 사랑은 그 무엇으로도 환산할 수 없는 보호막으로 우리를 감쌌다. 힘든 일을 맡아주는 하인의 도움을 받아가며 그녀는 집안 살림을 직접 꾸려나갔다. 우리 집 일을 봐주던 그 사람은 오랫동안 나의 고민을 들어주고, 나를 지켜주고, 나의 친구가 되어 주었다. 1989년 알렉산드리아를 찾았을 때 나는 그를 다시 보았다. 나는 백발이 성성하였으나 그는 변함이 없었다.

"왜 그렇게 늙어버렸어?" 그는 내게 물었다. 그가 키우다시피 한 꼬마의 모습을 내 안에서 다시 찾아볼 수 없음에 무척이나 서운했던 모양이었다.

내가 막내였기에, 어머니 사라는 나를 특히나 애지중지하였고, 두 누나 마르셀라와 니나는 아버지로부터 오히려 과잉보호를 받았다. 어머니는 나를 데리고 자주 시장에 갔고, 그곳에서 말을 걸고 흥정하는 법을 가르쳐 주었다.

그녀는 고등 교육을 받지 못했지만, 상식적인 사고를 하였고 지중해 사람들의 말씨와 유머를 간직하고 있었다.

나는 할머니 에스더와 같은 방을 쓰고 있었는데, 할머니는 날 재우면서 많은 이야기를 들려주었다. 그녀에 대하여 내가 간직하고 있는 기억은 약간 생각에 잠겨 있는 나이가 아주 많은 여자로서, 그 나이 노인들이 자주 그렇듯이, 조금은 뒤로 물러서 있는 듯한 모습이었다. 집안사람 모두가 그러하듯이, 그녀는 나를 지우지우(Giugiu), 페포(Pepo) 혹은 페피노(Pepino)로 불렀는데, 지우세페(Giuseppe)의 애칭이다. 아버지는 특이하게 때로는 '마에스트로'(Maestro)를, 때로는 '히에스티'(hiesti)를 사용하였는데, 후자의 'hiesti'는 나중에 알고 보니 그리스 말로 '풋내기'를 뜻했다.

할머니와 함께 있으면 언제나 웃음이 가득했다. 서로 웃기는 장난을 하였다. "둥그런 것 원하니?" 그녀는 나에게 묻곤 하였다. 그러면 나는 비스킷이나 동전 한 닢을 상상했는데, 말이 통했다는 것을 확신하고, 그녀는 두 손을 모아 동그라미를 만들었다.

유대인으로서 우리는 전통을 비교적 지켜나가기는 하였지만, 계율을 철저히 지키지는 않았다. 우리는 알렉산드리아를 구성하는 다인종, 다종교, 다종족 세계에 융합되어 있었다. 이러한 세계를 나는 '세계적 통합 상태'라고 표현하고 싶다. 각각의 공동체가 그들의 전통, 그들의 의식, 그들의 개성을 지키는 것이다. 그러나 도시 전체가 유대교의 속죄제를 지키고, 그리스 정교와 가톨릭이 다함께 크리스마스를 축하하고 회교력의 9월 라마단의 밤에 헌주와 환희를 나누는 것이다.

내가 알렉산드리아를 생각할 때마다 내 머릿속에 떠오르는 것은 공동체 각각의, 개인 각각의 온전한 상태를 존중하는 이러한 조화로운 융합의 이미지이다.

나의 아버지는 이 지역의 유지라고 할 수 있었다. 나는 네심 무스타키의 아들이었다. 우리는 중간 부르주아 정도에 속해 있었다. 문화도 나름대로 향유하지만 그렇게 많지 않은 수입을 지닌 그런 계층이었다. 독학으로 학업을 마친 아버지는 서점 직원이었는데, 혼자 힘으로 서점 사장이 되었다. 그를 대단히 높게 평가한 사장으로부터 서점을 맡아서 계속해 보라는 권유를 받은 날, 그는 어찌할 바를 몰라하였다. 어머니가 나서서 그가 제안을 받아들이도록 하였고, 또 그를 격려해 주었다. 그가 직접 경영을 맡게 되자, 그는 전임자의 일을 문제없이 수행할 수 있었다.

그는 거의 책을 읽지 않았지만, 출판사가 보내는 책 소개와 뒤표지에 실린 내용 요약 부분 그리고 고객들의 취향을 완벽하게 이해하고 있었다.

그는 또한 대단히 매력적인 남성이기도 하였는데, 이것은 그의 직업적 능력에 도움이 되었다. 그의 서점에는 많은 여성이 찾아와 그에게 속삭이곤 하였다.

그는 그의 서점 <시테 뒤 리브르>를 지역 유지들, 알렉산드리아를 여행하는 지식인들, 그리고 중동의 모든 왕족을 위한 중요한 장소로 만들었다.

서점 직원 가운데 한 사람의 도움을 받아 지하실 아동용 서적 코너의 커다란 책상에서 나는 숙제를 하였다. 그곳은 내 공부방이었고 놀이터였다.

하루는 아버지가 아동용 책 코너에 한 이라크 소년을 안내하는 일을 내게 시켰다. 같은 나이의 소년으로서 서로 마음이 통하게 되어, 내가 책 두 권 사이에 몰래 숨겨놓은 춘화 사진들과 내가 좋아하는 책들도 보여주었다. 나는 이 새로운 친구가 얼마나 중요한 인물인지 그를 수행하는 경호원이 그를 찾으러올 때가 되어서야 알게 되었다. 그 아이는 이라크의 어린 국왕 파이살로서, 1950년대에 암살되고 만다.

『알렉산드리아의 사중주』의 저자 로렌스 더럴도 <시테 뒤 리브르>의 고객이었다. 서점은 진정한 의미에서 프랑스어 사용자와 프랑스어 애호가의 본거지였으며, 더 나아가 공식적인 프랑스 문화의 연장이라 할 수 있었다. 샤를 트레네, 루이 주베, 장 콕토, 앙드레 모루아 등 유명 인사들이 이곳을 다녀가면서, 그들은 자신의 저작들을 전파하는 아버지에게 감사 인사를 하였다.

나는 그들을 높은 회랑에서 지켜보았으며, 그들이 하는 말도 들었다. 짧은 반바지 차림의 꼬마로서, 나는 감히 그들 사이에 낄 수 없었으나, 문학과 공연에 목말랐던 나는 그들의 말을 마구 들이켰다.

지금도 커다란 감동으로 기억하는 일이 있는데, 시네-클럽에서 <크노크>를 상영할 때, 나를 루이 주베 옆에 앉혀준 것이었다. 상영 시간 내내 나는 감히 말 한마디도 못하고 그의 옆모습만 힐끗힐끗 쳐다보았다.

서점, 이웃 영화관의 프랑스 영화, 순회공연하는 프랑스의 스타들을 맞이하는 카바레와 뮤직홀의 샹송 사이에서 나는 이미 프랑스의 시계에 맞추어 살고 있었다. 나는 일찍 프랑스권의 시민이 되었음을 느꼈다.

야간 공습경보가 울리면, 누나들과 나는 방공호로 달려가지 않고, 오히려 서점의 지하로 대피하였다.

내가 처음 책을 읽을 때, 내가 좋아하는 주인공은 바바(Babar)였다. 전쟁으로 인하여 도서 수입이 어려워지자, 아버지는 우리에게 모든 것을 읽을 수 있도록 허락하셨는데, 단, 읽고 난 다음 다시 서가에 꽂을 수 있도록 조심스럽게 책을 다루어야 한다는 조건을 달았다. 우리는 헤아릴 수 없을 만큼 수많은 책을 게걸스럽게 먹어 치웠다. 빠른 속도로 서고는 재고의 바닥을 드러내게 되었다. 내 기억으로 단 한 권의 책도 중도에 읽기를 포기한 법이 없었다.

키플링의 『정글북』에 나오는 모글리는 나를 다른 세상으로 데려갔다. 그리고 타잔, 조로, 로빈후드, 신밧드, 다르타냥, 파르다이앙도 그랬다. 이렇게 소외된 사람들을, 잘못을 바로잡으려는 사람들을, 정의를 위해 목숨을 던지는 사람들을 우리는 체 게바라나 혹은 부사령관 마르코스에 비견할 수 있을 것이다.

오늘날로 치면 반동적이라고 평가할 수도 있는 인물로서 '무롱 루주'도 들 수 있는데, 그는 프랑스 혁명에 맞서서 싸우는 귀족들의 영웅이었다. 나는 1930년대 성공작으로 오르크지 남작부인이 발표한 이 모험 소설을 다시 한번 읽고 싶은데, 오늘날 내가 이 소설을 어떻게 느낄지 궁금하기 때문이다.

열여섯, 열일곱 살 무렵, 나는 사르트르, 지드, 카프카에 빠져들었다. 그들은 생각하는 것을 가르쳐준 나의 첫 스승들이었다.

최근 나는 로제 마르탱 뒤 가르의 『티보가 사람들』을 다시 읽었다. 이 책은 내가 사춘기 시절에 특히 좋아했던 작품이었다. 이 대하 소설은 그것의 현대성에 의해, 정치적, 이데올로기적 혹은 에로틱한 담론과의 관계를 통해 나에게 충격을 주었다. 뒤로 물러나 다시 보면, 아주 이른 나이에 우리가 이렇게 밀도 높은 작품에 열광했다는 사실이 날 제법 우쭐하게 만든다.

이 책을 읽으면서 우리는 교정에서 열정적인 토론을 벌이기도 하였다.

1942년 7월, 여덟 살 여름, 영국군이 이집트와 수에즈 운하로 진격하던 독일군을 저지하면서 알렉산드리아 항구에는 전쟁이 무섭게 으르렁거렸다. 위험한 상황은 11월에 이르도록 지속되었다. 이제 전투 지역은 엘 알라메인에서 리비아와 투브루크 쪽으로 멀어져갔다.

사막에서 롬멜 군을 물리친 몽고메리는 뉴스 영화에 빠지지 않고 등장하였다. 눈앞에 전개되는 역사 현장 속의 모든 유명 인물들도 마찬가지였다. 우리 같은 아이들은 이러한 현실과 관련될 일이 거의 없었다.

우리는 그리스인 거주 지역에서 축제 날에 짧은 치마를 걸친 전통적인 그리스 병사의 모습으로 분장한 다음, "메탁사스 만세"라고 외쳐야만 하였다. 메탁사스는 그리스 독재자의 이름인데, 그의 유일한 치적이라면 국민의 요구에 따라 어쩔 수 없이 이탈리아의 파시스트들과 맞서 싸웠다는 것이다. 그 역시 그들만큼 독재자였으나, 그들이 그를 쫓아냈기에, 그는 오히려 역설적으로 민주주의자들에게 존경을 받으며 죽게 되는 영광을 누렸던 것이다.

처음 공습이 있을 때 누군가가 "전쟁이다"라고 외치는 것을 들은 기억이 있다. 포탄 하나가 우리 집에서 15미터가량 떨어진 집에 화재를 일으켰다. 아마 약간 더 먼 곳의 집일지도 모른다. 어린아이는 거리에 대한 감각이 다를 수 있다.

　나는 이 거대한 화재를 거의 열광적으로 바라보았다. 전쟁이 어린 아이들에게 언제나 겁을 주는 것은 아니다.

　폭격은 즐겁게도 우리의 수업 시간을 혼란에 빠뜨렸고 우리는 파편 조각을 수집했는데, 그것들은 작지만 정말 멋진 조각품들이었다. 우리에게는 걱정거리도 없었고 모자라는 것도 없었다. 우리는 무엇인가가 결핍 상태라는 것을 느끼지 못하였으나, 반대로 어른들은 전쟁으로 빼앗긴 것을 심각하게 여기고 있었다.

　독일인들과 이탈리아인들은 당국의 조처에 따라 모두 감금 상태로 들어갔다. 우리는 그리스 사람들로서 좋은 편에 속하였는데, 이집트가, 국왕이 독일을 좋아하긴 했지만, 연합군 진영을 선택하였기 때문이었다.

　"동방은 노인을 신성하게 여긴다"라고 조르주 무스타키는 『기억의 여인들』에서 말한 바 있는데, 어른이 되면 무엇을 할 것인가를 묻는 사람들에게 그는 "나는 늙고 싶다"라고 대답하였다. 권위적이거나 독단적인 아버지의 감독 아래에서 놀기 좋아하고, 자유롭고, 일찍 독립을 찾는 그런 아이를 상상하기는 어렵다.

　그런데 아버지는 그렇지 않았다. 때로 학교 성적이 너무 나쁘거나 하면 눈을 부릅뜨는 경우는 있었지만, 내가 정말 묵과할 수 없는 잘못을 저지르기 전에는 뺨을 때리거나 하는 일은 거의 없었다. 오늘날 기준에서 보면 놀랄 일이지만, 당시에는 이런 종류의 처벌이란 게 굴욕적인 것도 고통스러운 것도 아니며 풍습의 한 부분으로 인정되었다.

　오히려 그는 나를 믿고, 부두에서 여객선과 해군 함정들 사이를 내가 배를 타고 항행하도록 내버려 두었는데, 위험이 없다고는 할 수 없었다.

　그는 붉은색으로 내 배에다 마스칼초네(이탈리아어로 불량배)라고 쓰게 하여 문제가 생겼을 때 쉽게 식별할 수 있도록 하였다. 내가 배에다 돛을 달려고 하자, 그것 역시 그는 붉은색이길 원하였다.

　사랑이 넘치고 사려 깊은 어머니는 내가 그림 그리기에 흥미를 보이자 데생 수업을 받도록 하였다.

　나의 성장에 대한 깊은 관심이 그녀의 선택을 이끌어내었다.

　학교에서는 한 반이 서른다섯 명이었는데 내 기억에 교정은 바벨탑 그대로였다. 각자 학교에서 사용하는 공식 언어인 프랑스어에다가 아르메니아어, 터키어, 이탈리아어, 몰타어, 그리스어 혹은 영어와 같이 자신이 모국어로 사용하는 말의 어휘들을 섞었다.

　나는 어떤 연유로 부모님이 우리의 교육을 위해 영어 학교가 아니라 프랑스어 학교를 선택하기에 이르렀는지 모른다. 아버지는 프랑스의 어떤 특정한 이미지에 특별히 관심을 기울이지 않았다. 그는 단지 프랑스어 책을 판매하는 것으로 만족하였다. 그는 프랑스어와 더불어 네 개의 언어, 그리스어, 이탈리아어, 영어 아랍어를 구사하였다. 어머니는 여기에 더하여 스페인어를 구사하였다. 아버지와 어머니는 둘이서는 그리스어와 이탈리아어를, 직원들과는 아랍어를 사용하였다. 누나들과 내가 학교에 다니게 되자 우리는 집에서는 프랑스어를 사용할 것을 강하게 요구하였다.

　알렉산드리아 고양이

중등학교와 고등학교에서 아랍어가 필수어로 된 것은 1950년대의 일이었다. 그 전에는 꼭 공부해야 하는 언어가 아니었다.

내가 어울려 같이 놀던 이집트 친구들은 대부분 종교적인 색채가 없고 꽤 영악하였다. 이 아이들과 길에서 함께 어울려 놀면서 나는 그들의 언어를 일부분 배웠다. 나는 특별한 외국인 억양 없이 아랍어를 구사하는 편인데, 누나들은 이집트에 오래 거주한 것에 비하면 아랍어가 서툰 편이다.

나는 내가 아주 좋아하는 선생 덕분에 아랍어를 완벽하게 익혔다. 그는 대단히 아방가르드적이었는데, 우리를 사막으로 데려가서 말을 타게 하고는 대자연 안에서 수업을 진행하였다. 그는 우리로 하여금 그의 언어, 그의 나라, 그의 문화, 그의 역사, 그의 음식을 이해하고 사랑하게 해주었다. 그의 덕분에 아랍어는 내가 커다란 애정을 가지고 사용하는 이집트 방언으로 나에게 남아 있다.

내 어린 시절의 그리스어 어휘들은 그리스 말을 사용하는 이웃들과 어울리면서 배운 것이다. 내가 보기에 이 언어를 배워야 하는 특별한 이점은 없었다. 나는 그리스어보다는 프랑스어를 더 좋아했다. 아테네로부터 도입된 탱고를 여자 가수들이 무미건조하게 부르곤 하였다. 그런데 오늘날 돌이켜보면 나는 어머니가 요리하며 나지막이 부르시던 이 눈물 어린 노래들에 대하여 애틋한 추억을 간직하고 있다.

나는 1960년대 초에 마노스 하지다키스를 만나고 나서야 그리스 대중음악과 가사의 고귀함을 발견하였다. 내가 이 언어와 다시 인연을 잇게 된 것은 1966년 그리스에 가서야 가능하였다.

요약하면, 오늘 나는 여덟 개의 언어를 그럭저럭 사용한다. 영어는 이집트를 통치하는 행정기구에 의해 강요된 것으로, 미국과 그 외의 지역을 여행하면서 갈고 닦았다. 이제 영어는 전 세계에서 사용하는 진정한 에스페란토이다. 네 개의 라틴계 언어는 다음과 같은 차례로 연상 작용을 동원하여 배웠다. 포르투갈어, 이탈리아어, 스페인어 그리고 프랑스어. 셈 계통의 두 언어, 아랍어와 히브리어가 있는데, 하나를 알면 나머지 하나를 구사하기가 아주 쉽다. 여기에 아직 내가 완성하지 못했지만 끊임없이 배우고 있는 그리스어를 포함하자.

이것이 내가 가진 여덟 개의 열쇠들이다.

02

검은 눈 아이들이 놀고 있는 이 연못에는
세 개의 대륙과 수 세기의 역사가 있고
예언자들이 신들이 현현한 메시아가
가을이 두렵지 않은 아름다운 여름이 있네

<지중해에는>

조르주 무스타키의 음악에 자주 등장하는 지중해는 향수에 물든 그의 시구에도 같이 등장하여, "사람 사는 섬", "그가 태어난 곳", "이집트의 알렉산드리아", 그의 "금지된 정원", 닻을 내리는 곳과 모든 출발이 이루어지는 부두를 이야기한다. 그의 조상 누군가에게 "페네로페가 만들어준 아이의 아이", 무스타키는 그리하여 율리시스의 후손인 셈이다…. 그의 노래 〈할아버지〉 안에 정답게 표현되는 조상, 그의 할아버지는 "코르푸와 콘스탄티노플의 추방자요, 여자와 꿈을 뒤쫓는 이, 무위의 스승"이었다. 어린 시절 그가 다른 풍광을 접하고, 그의 조상들이 그랬던 것처럼, 항해를 시작하게 된 것은 그의 보이스카우트 동료들과 더불어서였다.

보이스카우트 샘보리 대회에 참가하기 위하여 대원들과 함께 프랑스로 출발한 것은 내가 열세 살 나던 해였다. 그때까지 나는 독서와 학습을 통해서 알게 된 가상적인 프랑스에서 살고 있었으나 이 나라에 대한 경험적인 지식이 없었다.

마르세유에 정박하기 전에 우리는 조상의 나라 그리스 피레에 기항하였다. 나는 아테네까지 가서 아크로폴리스를 찾아보았다.

그다음 날 우리는 나폴리를 찾았는데, 전쟁의 상흔이 매우 깊었다. 알렉산드리아에서는 독일군들은 도시 초입에서 저지당했었다. 군인들이 보이고 극히 드물게 공습이 있던 것을 제외하면, 전쟁은 오히려 우리를 비켜 간 느낌이었다. 나폴리에서 나는 폐허가 되어버린 지역과 그곳의 주민들에게 가해진 참혹한 결과를 보았다. 수많은 어린애들이 길거리에서 살아가고 있었다. 그들은 날치기를 하고, 신발을 닦고, (유명한 나폴리의 "시우시아"를 말하는데, 미군들이 가져온 말 "shoe shine"에서 파생된 말이다), 암거래하고, 움직이는 기차에 올라타고, 꽁초를 주워 피우면서 생존 투쟁을 벌이고 있었다. 나는 내 나이 또래 아이에게 손에 든 돈을 빼앗길 뻔하였다. 그들의 조숙한 모습들이 대단히 인상적이었지만, 그들의 행동거지 안에서, 나는 알렉산드리아 빈민가 어린아이들의 자유로움 같은 것을 다시 보았다. 교육도 받지 못하고 스스로 삶을 깨우쳐 나가는 그들은 그들만의 살아가는 방법을 터득한 것이다. 나에게 이것은 잊을 수 없이 깊게 각인된 고통스러운 추억이었다.

프랑스를 향한 접근은 순조롭게 이루어졌다. 여정의 한 단계 한 단계가 모두 나의 깊은 관심을 끌었다. 아테네와 나의 뿌리, 그리고 나폴리, 우리 가족이 쓰는 말의 본향 이탈리아.

'동방의 문'으로 일컫는 마르세유는 실망스러웠다. 그것은 내가 머릿속에서 그리던 그런 프랑스가 아니었다. 도착하면서부터 나는 아랍인, 흑인, 지중해 전역에서 온 사람들이 가득하여 너무도 친숙하게 느껴지는 곳에 당도하게 되어 놀랐다.

내가 처음 사귄 프랑스 친구이자 우리를 맞이한 프랑스 보이스카우트 대원 가운데 하나인, 로베르 마랭은 나를 시내로 안내하면서 우리를 위한다는 의도로 거주민의 대다수가 북아프리카 사람들인 지역을 보여주었다. 아마도 내가 더 편안해 할 것으로 생각한 것 같은데, 내가 오히려 새롭고 낯선 풍광을 찾고 있다는 것을 잘 몰랐던 것 같다.

그 시절, 프랑스의 꼬마들은 나를 놀라운 눈으로 쳐다보았다. 그들이 머릿속에 그리는 이집트는 도시 안에 낙타가 있고 길 위로 악어가 돌아다니는 그런 모습이었다. 내가 그들과 너무나 닮았고, 옷도 유럽 사람들처럼 입고, 더구나 같은 말을 한다는 데에 놀라움을 금하지 못하였다.

아랍 세계에 대하여 내가 해준 말이 로베르를 솔깃하게 만들었음이 틀림없었다. 왜냐하면 우리는 세월이 한참 흐른 뒤에 튀니스에서 만났기 때문이다. 서로 알게 된 지 이십사 년이 지나 그를 튀니지에서 만난 것은 놀랍기 짝이 없었는데, 그는 그곳에서 결혼하여 정착하였던 것이다. 그는 아랍어를 완벽하게 구사하고 있었다.

내가 바라던 이국적인 풍취를 감상하게 된 것은 디종과 안시를 보고 난 다음이었다. 안시 호수를 바라보면서 나는 바다가 아닌 민물이 이토록 넓게 펼쳐져 있다는 사실에 매혹되었다. 이 호수에서 헤엄을 치면서 이 물을 마실 수도 있다는 사실은 흥미로웠다. 저 멀리 빙하를 바라보면서, 아직도 눈이 남아 있는 산지에서 이루어지는 산행은 즐거운 일이었다.

골짜기마다 우거진 푸른 초목이 만들어내는 풍광 한복판에 자리 잡은 디종, 포도주와 요리의 고장, 이미 어린아이조차 식도락과 포도주 감식의 능력을 갖춘 그곳은 나를 열광시켰다. 그때 내 눈에 보이던 것, 그것은 드디어 내가 생각하고 그리던 바로 그 프랑스와 닮았다. 결국 돌아갈 무렵, 나는 아버지를 성공적으로 설득하여 디종에 있는 학교로 진학하려고 하였으나, 행정적인 문제와 절차 때문에 나의 계획은 수포로 돌아갔다.

"출신지 인증 지중해인, 국가도 뿌리도 특정 언어도 없는 모든 연안으로부터 조금씩 섞여 허구적 국경도 없이, 모든 곳 출신이며 이곳 출신인 지중해인", 이렇게 노래를 통해 조르주 무스타키는 지중해 전체를 아우르는 정체성을 다양하게 표현해낸다. 지리적 공간, 그 주위를 늘어서 있는 페니키아, 그리스, 로마의 흔적은 수많은 세월과 교역을 통해 그 지속성이 유지되었음을 증거하고 있다. 유일신을 숭배하는 세 종교가 로마, 비잔틴, 이슬람 문명 사이에서 흘러가고 흘러오면서 서로 이웃하고, 서로 싸운다. 천 년을 단위로 시간을 쪼개보면 극히 최근의 현상이라 할 수 있는 프랑스, 이탈리아 혹은 영국에 의한 19세기 식민지 지배가 이어지면서, 생활방식과 정신구조가 서로 천천히 섞여가는 것을 볼 수 있고…. 그리고 그것은 지중해를 새로운 공간을 향해 열어놓는다. 수에즈 운하의 건설은 그것을 인도와 극동 루트의 통과지점으로 만들었다.

조르주 무스타키 집안의 역사는 다양한 관계를 맺고 있는 사람들이 결국 지중해 주위에 거주하면서 뿌리를 내리게 되는 태생적 능력을 잘 보여주고 있다.

나에게 모국이 어디냐고 물으면, 나는 실질적으로 어디가 나의 모국인지 정확하게 언급할 수 없다. 그리스? 나는 한 번도 완전히 그리스 사람이라고 생각하지 않으면서 이집트에 살았다. 이탈리아어와 프랑스어를 말하지만 나는 이탈리아 사람도 프랑스 사람도 아니다. 나는 결국 지중해를 모국으로 삼아야 할 것 같다.

때로 나는 우리 가족의 역사를 상상해 보곤 하는데, 단편적인 것들 말고는 제대로 알지 못해서이다. 아버지의 역사를 그려보면, 알베르 코엔의 부족처럼, 스페인의 종교재판을 피하여 프랑스의 남부를 거쳐 이탈리아나 터키로 온 것 같은데, 여기에서 무스타키 집안을 찾을 수 있기 때문이다. 나의 부계 조상들은 베니스 공국에 속해 있던 코르푸에서 성장하였다.

모계의 시원은 이오니아 제도들 가운데 하나인 자킨토스(잔트)로 추정되며, 에페이로스의 수도 이오안니나는 '로마니오트'들이 선택한 땅으로 알려져 있는데, 이들은 세파라드나 아쉬케나즈에 비해 거의 알려지지 않은 유대인 공동체로서, 그 어떤 지역도 경유하지 않고 팔레스타인에서 직접 도래하였다고 한다.

1996년 나는 아테네의 친구 집에 있었다. 이오안니나를 방문하고 싶다는 뜻을 친구들에게 비쳤다. 그 자리에 있던 한 남자가 자신의 조카가 그곳에 있으니 한 번 만나보라고 권하였다. 아마도 그녀가 나를 안내해 줄 것이라고 말했다. 구속당하지도 않고 친구도 없이 혼자서 여행하면서, 나는 이오난니나에서 홀로 산책하며 즐거운 몇 시간을 보냈다. 그래도 나에게 호의를 베푼 건데 연락을 안 하면 마음의 짐이 될 것 같아 문제의 조카에게 막판에 전화를 하였다.

나는 정말 멋진 여성을 만나게 되었는데, 기타와 여행 가방만을 들고 있는 나를 보고 놀라는 눈치였다. 그녀는 아마도 내가 스타처럼 수행팀에 둘러싸여 요란한 행보를 보일 것으로 생각했던 것 같았다. 그녀는 이곳을 방문한 이유를 물었고 나는 이름도 모르는 할머니의 흔적을 찾아서 이곳에 왔다는 것을 밝혔다. "내가 아는 것은 그녀가 유대인이라는 것입니다."

그다음 날은 유대교의 부활절이었다. 우리는 시나고그로 갔다. 예배가 끝나자, 랍비는 나와 함께 그 도시의 모든 가족의 이름이 새겨진 벽을 살펴보았다. 그 어떤 이름도 내 머릿속에서 반향을 일으키지는 않았다.

우리가 그곳을 나오는데, 한 부인이 나에게 다가왔다. "무스타키 씨, 전통에 따라 세데르를 위해 마지막으로 한 분 더 초대하고 싶은데 응해 주실는지요?"

처음에는 그냥 가려는 마음에 주저하였지만, 이집트에서 유대인들이 해방된 것을 기념하는 이 식사 초대에 결국 참석하기로 하였다.

대화 중에 나는 주인 부부에게 내가 이곳 이오안니나에 오게 된 연유를 설명하였다.

그들은 할머니의 성씨를 알고 싶어 했다. 그들에게 전화를 쓰게 해 달라는 부탁을 한 다음, 아마도 그것을 알고 있을 것 같은 누나 니나를 불렀다.

"할머니의 성씨는 마트사야." 나의 무지에 깜짝 놀란 듯 누나가 대답하였다.

"마트사라는 성씨를 가진 분들을 아세요?" 내가 물었다.

"예…. 우리가."

내가 할머니의 흔적을 찾고 있는데, 그녀와 같은 성씨를 가진 가족의 집에 지금 내가 있었다.

우리가 친척 관계에 있는지는 알 수 없으나 같은 소리의 성씨라는 사실에 마음이 두근거렸다.

더구나 이 'matsa'라는 말은 히브리어로 '발견하였다'라는 의미가 있어 가슴이 뛰는 것 같았다.

잔트에서도 거의 마찬가지로 사람들은 나를 그 지역 출신의 아이로 받아들였다. 내가 도착하였을 때, 어머니의 가계가 이곳 출신임을 알게 된 시장은 나에게 아파트까지 빌려주었다. 수많은 사촌과 삼촌이 나를 입양하였다.

지중해 사람이라 함은 어머니와 어머니의 선조들이 살았던 촘촘한 연안과 수많은 섬에서 자신의 집처럼 편안하게 느끼는 것을 말한다. 그것은 또한 그곳의 풍요로운 삶의 지혜가 뿌리내린 곳이라면 이 지구의 어느 곳에서도 자신의 집처럼 편안하게 느끼는 것을 말한다.

지중해에서는 일종의 마술이 분출되어, 그것은 인도양, 태평양 혹은 대서양의 가장 이상적인 곳을 비롯하여, 그 어떤 다른 곳에서도 느낄 수 없는 전혀 다른 상태 안으로, 나를 밀어 넣는다. 앞에서 안시 호수에 대해서 말했지만, 지금도 생각이 나는데, 나는 바다에 비해서 이토록 작은 호수를 항해하는 것을 가소롭게 여겼다가 하루는 조그만 돛단배를 빌려 타고 나갔다가 좌초할 뻔하였다. 겉으로 보기에 위협적이지 않은 이 호수가 나에게는 낯선 것이기 때문이었다.

지중해는 번덕스럽고 위험해도, 결코 나에게 불안감을 선사하지는 않았다.

지중해는 우리의 문명에 많은 역사를, 전설을, 여기저기 흩어져 있는 도시를, 때로는 비극적이지만, 언제나 영향을 미치는 수많은 사건을 가져다주었다.

성게를 잡으며 파도와 바위틈 사이에서 노느라고 정신없었던 어린아이 나에게 지중해는 감각의 세계를 제공하였다.

조르주 무스타키에게 그리스에 대한 관심을 불러일으킨 것은 영화다. 그것도 오늘날 전설로 회자되는 세 이름이 끝맺음자막에 새겨진 영화. 멜리나 메르쿠리, 마노스 하지다키스 그리고 미셸 카코야니스. "대부분의 영화들은 주인공이 뻔하게도 미남 무법자의 유혹에 넘어간 여자이어야만 하는 졸속적이고 빈약한 제작이었다"라고 그 시절의 그리스 영화에 대하여 멜리나 메르쿠리는 1972년 스톡 출판사에서 나온 그녀의 책 『나는 그리스 여자로 태어났다』에서 단언하고 있다. 그녀가 아테네의 라디오에서 아누이의 메데아를 연기하고 있을 때 각색자가 그녀에 대하여 말하기를 그녀는 "그리스에서 가장 자유분방한 여성"이라고 하면서 그녀를 위해 희곡을 한 편 쓰겠다고 하였다. 희곡은 무대에 오르지 못하였지만, 등장인물이 영화감독 카코야니스를 매료하였다. "스텔라는 명랑하다. 그녀는 감정이 풍부하고, 자신의 육체와 자유를 자랑스럽게 여긴다. 그녀는 사랑한다. 그녀는 진정한 사랑을 하지만, 결혼이 안전을 보장한다고 여기지는 않는다." 스텔라는 선술집에서 부주키 반주에 맞추어 노래한다. 이 영화의 주인공을 맡은 멜리나는 실제로 자료를 수집하기 위해 선술집들을 드나들었다…. 충격을 받은 관객들은 그녀를 전복적인 이 등장인물과 동일시하였다. 후에 카코야니스는 〈그리스인 조르바)를 (크레테 출신 작가 니코스 카잔차키스의 원작 소설을 바탕으로) 감독하는데, 당시 음악을 맡은 미키스 테오도라키스는 삶의 여러 지점에서 조르주 무스타키와 그 행보가 겹치게 된다.

1958년 내가 키프로스 출신의 그리스인 카코야니스가 감독하고, 멜리나 메르쿠리가 주연으로 출연하고 작곡가 하지다키스가 음악을 담당한 영화 <스텔라>를 보았을 때, 나는 깊은 전율을 느꼈다. 우연인지 모르겠지만, 어쨌든 그로부터 이년 후 하지다키스를 만날 기회가 내게 찾아왔다. 내가 기억하는 그는 생동감과 유머가 넘치는 살찐 고양이와 같았다. 그는 그리스의 모든 도시와 마을에서 들을 수 있는 모든 음악에 열정적인 관심을 보였고, 또 그로부터 영감을 얻어 노래와 모리스 베자르의 발레단이나 피란델로의 희곡을 위한 교향악 작품들을 작곡하였다. 벨라 바르톡, 차이콥스키, 코달리처럼, 그는 민중적인 테마들을 찬양하였다. 바로 그가 오래도록 전복적이고 비속한 것으로 여겨지던 악기 부주키에 귀족 작위를 수여하였다.

하지다키스는 나에게 그의 노래들 가운데 몇 곡을 프랑스어로 번역해 달라고 부탁하였다. 당시 나는 그리스어를 거의 하지 못했기에, 어머니께서 한 단어 한 단어씩 가사를 번역해 주셨고 그것을 내가 운문으로 만들었다.

나는 마노스의 노래, <우편배달부>를 열정적으로 좋아하였다. 그 노래는 언제나 나의 레퍼토리에 들어있고 또 들어있을 것이다. 그리스에서 프랑스어로 발표된 이 노래의 행로가 원래 그리스어 판본의 행로만큼이나 큰 비중을 지니고 있다는 사실에 나는 감동하였다.

1970년 모든 독재의 희생자에게 내가 헌정한 <보통 사람을 위한 진혼곡>에서, 당시 그리스에서 투옥되어있던 테오도라키스를 나는 인용하였다. 보비노에서 내가 이 노래를 부르는 것을 들으면서, 마노스 하지다키스는 나에게 우스갯소리로 이렇게 물었다. 내가 노래 안에서 그에 대해 말하려면 그도 마찬가지로 감옥에 가야 하는지.

일종의 우정 어린 미신 때문일까, 나는 내 음반 하나하나에 하지다키스의 노래 한 곡을 포함시키려고 애썼다. <조약돌>, <하나님 왜 그런가요>, <Kapou Iparkhi Aghapimou>(어디엔가 있으리 내 사랑은), <배우>같은 노래가 그렇게 내 음반에 실리게 되었다.

가장 최근에는 옛날식 왈츠 <포르노그라피>를 넣었는데, 이 노래는 마노스가 모리스 조베르와 같은 작곡가들에 의해 유명해진 프랑스 음악에 대한 찬양의 표시로 쓰게 된 것이다. 내가 콘서트에서 그의 노래를 부를 때면, 나는 그가 그곳에 있는 것 같은 인상을 받는다. 그것도 웃으면서.

1966년, 나의 첫 그리스 방문 기간에 펠로폰네소스를 주파하였고, 크레테를 방문하였다. 이어서 조각가 나탈리아 멜라의 초청을 받아 나는 스페트사이 섬을 찾았다. 피레의 항구에서부터 배로 불과 두 시간이면 닿는, 고급 주택이 즐비한 섬으로, 사위는 고요하고, 해변은 아름다운 해송으로 가득 차고, 잘 가꾼 꽃들이 무리를 지어 자태를 뽐내고 있고, 집들은 정기적으로 흰색을 칠하여 햇살에 눈부셨다. 섬은 매혹적인 모습으로 다가왔다. 나탈리아의 작품으로, 부불리나의 전신상이 항구 가까이에 있는 광장에서 방문객들을 맞이하고 있었다. 그리스의 이 여성 영웅은 콘스탄티노플의 감옥에서 태어났다. 터키가 그녀의 아버지에게 사형을 언도한 까닭이었다. 그녀는 사별한 첫 남편과 이어서 두 번째 남편과 함께 오랜 시간을 바다 위에서 항해하며 보냈는데, 두 남편이 모두 이곳 스페트사이 섬 출신의 선장이었고 둘 다 해적들을 퇴치하려다 차례로 목숨을 잃었다.

조선소의 소유주로 부유하였던 그녀는 그리스가 독립(1830)하기 몇 년 전에, 함대의 최전방에서 자신이 건조한 군함 아가멤논에 타고서 스페트사이 바다를 가로지르는 오스만 제국의 함대를 공격하는 데 앞장섰다. 이런 연유로 매년 스페트사이에서는 그 시절의 풍습을 깡그리 무시했던, 그러나 끝내 비극적인 종말을 맞이했던, 이 영원한 연인 여성 모험가를 기억하는 축제를 벌인다. 그녀는 1825년 봄에 총탄에 맞아 사망하였다. 그 이유가 허망하였다. 그녀의 아들이 이 섬의 귀족 집안의 딸을 유혹하였고 이를 모욕으로 받아들인 딸의 아버지가 벌인 마피아식 복수극이었다.

오늘날 스페트사이에 거주하는 사람 치고 이 섬의 오래된 집안 출신인 Kyria Nata(나탈리아 부인)이 어디에서 살고 있는지 모르는 사람은 없다.

스페트사이의 모든 명사가 모여 있는 그녀의 집으로 들어가면서 내가 인사한 첫 번째 사람은 바로 멜리나 메르쿠리였다. 사랑의 이야기에 대단한 관심이 있어서인지 소개가 끝나자 그녀는 나에게 말했다.

"난 당신을 잘 알아요. 에디트 피아프의 연인이었고, <나의 님>의 작가지요?"

어색한 분위기가 순식간에 사라졌다. 멜리나는 일주일 동안 그리스에 대한 그녀의 애착을 나도 같이 나누도록 만들고 싶어 하였다. 그녀는 그리스의 화가들에 대해, 음악가들에 대해, 그리고 연극에 대해 말하고, 시를 낭송하고, 춤을 추고, 노래하였다. 그녀의 친구들과 그녀의 남편 쥘 다생과 우리가 테이블을 가운데 두고 앉았을 때, 그녀는 끊임없이 겨우 이차대전에서 벗어났으나 내전에 휩싸인 '그녀의' 그리스에 대하여 논쟁의 불을 지폈다. 모여 있는 사람 하나하나가 논쟁에 참여하였고 그리스의 미래를 그려보기도 하였다. 그리스어에서 '애국심'이란 어휘는 그 표현력이 대단하였다. 여기에는 조국에 대한 연민이 개입되는가 하면 우리가 사는 이 세상에 어휘와 신화를 가져다주었다는 자부심도 섞여 있었다.

해변에서 놀다가 오후 늦은 시간이 되면서 우리는 우조를 마셨고 나는 그녀에게 <나의 자유>, <떠돌이>, <나의 고독>을 불러주었다.

그녀는 내가 내 노래를 직접 불러야 한다고 부추겼지만, 당시로는 나는 그럴 생각이 아직 없었다. 그 후 그녀는 디미트리스 크리스토둘로스에게 내 노래를 그리스어로 번역하게 한 다음 이를 노래하였다. 내 노래들을 그녀의 레퍼토리에 포함시키면서, 이 여성 혁명가가, 신경질적이고 어리석은 대령들이 그녀의 그리스 시민권을 박탈한 순간에, 내 그리스 시민 자격을 확인하였던 것을 생각하면 기쁘기 그지없다.

알렉산드리아 고양이

그리스에서 67년 4월 21일 군사쿠데타를 통해 권력을 탈취한 자들이 순수한 혈통의 이상적인 그리스인 기독교도를 기치로 내걸고, 공공연하게 체포, 추방, 고문을 자행하였을 때, 그녀가 보여준 용감한 반응, "나는 그리스인으로 태어났고, 나는 그리스인으로 죽을 것이다"는 전 세계에 알려졌다. 그들의 독재정권은 그로부터 7년이나 지속된다.

이 기간에 내 노래 가운데 몇 곡은 검열 결과, 방송금지조치를 받았다. 그리스의 일부 아티스트들은 선술집에서 몰래 부르던 저항, 자유, 민주주의를 위한 찬가에 내 노래를 섞는 방법을 통해 나의 노래를 살려냈다.

멜리나, 쥘 다생 그리고 작가 바실리스 바실리코스는 파리로 망명하였다. 우리는 일종의 연합 전선을 구축하여, 가사와 음악, 공연과 문학으로 대령들의 정권에 대항하였다. 멜리나는 우리의 정치적 조언자였다.

1970년, 감옥에서 나온 미키스 테오도라키스는 자신의 노래 가운데 몇 곡을 번역하여 불러달라고 나에게 부탁하였다. 그것은 그가 그리스 국민에게 주고 싶은 메시지를 프랑스나 전 세계에도 알리기 위함이었다. 나는 1970년 6월 <안드레아스를 위한 노래>를 녹음하였다. 안드레아스는 그들과 함께 투옥된 동지들 가운데 한 사람으로, 투옥되어 박해받고, 고문당하는 정치범의 상징적 인물로서, 독재자들에게 항거하여 싸우는 한 세대에게 희망을 전하는 모범적인 형상이기도 하였다.

1974년 대령들이 몰락한 후 다시 그리스로 돌아갔을 때, 나는 내가 좀 더 그리스에 속해있다는 인상을 받았다.

그곳에서 사람들은 나를 프랑스의 그리스인 혹은 프랑스계 그리스인으로 받아들였는데, 무엇보다도 친구로 받아들이고 있었다.

03

우리 가족은 해를 바라보는 해바라기
해로 만든 열쇠로 우리 집 문을 여세요
여름은 기쁨과 놀라움을 가득 주지요
나는 음악과 태양의 연인…

<태양과 음악의 연인>

조르주 무스타키의 노래 계보에는 프랑스, 그리스, 브라질 그리고 앵글
로색슨의 영향이 서로 섞여 있으며, 어린 시절의 음악도 영향을 미치고
있다.

아랍 음악은 나에게 그다지 좋은 기억으로 남아 있지는 않다. 그
시절 라디오에서 엄청난 볼륨과 더불어 길가에 마구 쏟아지다시피
하였던 아랍 음악은 단조롭거나 고함을 치는 것처럼 들렸다. 나는
이탈리아 오페라의 아리아나 어머니가 부르던 그리스 로망스를 더
좋아하였다.

나는 내 모든 음악적 영감의 원천을 차례로, 혹은 동시에 풀어지
는 털실 뭉치에 비유할 수 있을 것 같다.

대부분 발표되지 않은 나의 초기 노래들은 1950년대 리브고슈의
흔적을 지니고 있다.

세월이 조금 더 흘러 <에덴 블루스>는 스타인벡의 소설 『에덴의 동쪽』에서 영감을 얻은 것으로, 피에르 막크 오를랑의 노래가 보여주는 이국적 정서와 그 맥을 같이한다. 그는 젊은 가수 이렌 르카르트가 나의 노래 <에덴 블루스>를 노래하는 것을 듣고, 그녀가 음반상을 수상하도록 여러 가지로 노력하였고, 또한 나에게 그의 시 모음집을 보내왔다. 이 기간에 내가 작곡한 것으로 <네 남자에게 럼주를 주어라>가 있었는데, 간결한 노래로서, 세 개의 화음에 쉬운 노랫말이 붙어 있다. 이 노래는 언제나 나를 따라다녔고, 가는 곳마다 어김없이 축제 분위기를 연출하였다. 내가 마르티니크에서 이 노래를 불렀을 때, 사람들은 그곳 서인도제도의 민속 음악을 차용한 것으로 여겼다. 이러한 오해는 나를 아주 편하게 해주었다. 내가 전통적 노래를 만드는 기법의 비밀을 찾아냈음을 뜻하기 때문이다.

재즈와 성가는 내가 처음 미국을 여행하던 시절 <마지막 심판>과 같은 멜로디에 영감을 주었다.

마노스 하지다키스와 멜리나 메르쿠리가 나의 그리스 혈통을 일깨운 이후, 내 음악은 그리스적인 리듬과 멜로디에 물들게 되었다.

알베르 코세리의 원작 소설을 바탕으로 영화 <걸인과 오만한 인간들>을 촬영하느라고 튀니스를 찾으면서 이집트를 재발견하기에 이르렀다. 영화의 주제 음악은 중동의 다양한 음악적 흐름으로부터 영감을 얻은 것이었다.

일전에 모로코에서 <나는 비굴한 왕들을 보았어요>의 가사를 쓴 적이 있었는데, 아레스키의 음악이 여기에 마그렙 풍의 향취를 불어넣었다.

알렉산드리아 고양이

1972년 브라질 음악에 대한 심취는 나에게 결정적이었다. 그전과 그 후로 나누어야 할 것 같다. 다양하기 그지없는 브라질의 음악적 유산의 풍요로움은 내가 리오에 머무는 첫날부터 나를 압도하였다. 이 나라를 여행하면서, 나는 서로 다른 수많은 모습이며, 리듬이며, 하모니를 구분할 수 있었다. 이러한 다양함은 브라질의 아티스트들과 함께 혹은 그들로부터 영감을 얻으면서 수많은 샹송의 테마를 불러일으켰다.

프랑스의 길거리는 알렉산드리아의 그것과 비교하면 놀라울 정도로 조용하다. 그곳에는 이슬람 승려가 기도문을 읊고 있고, 집집마다 라디오는 최대 음량으로 틀어놓고, 사방에서 클랙슨 소리가 들린다. 모든 남쪽 나라에서 그러듯이, 음악은 길거리에 살아 있다. 요란함으로 가득 찬 이런 모습이 나에게 영향을 미쳤음은 당연하리라.

마찬가지로 지역 방송을 통하여 우리가 접했던 모든 프랑스 샹송들이 나에게 깊은 인상을 심어주었다.

열다섯 살이 되면서 나는 나이를 좀 들어 보이게 할 요량으로 아버지의 긴 바지를 빌려 입고는 프랑스에서 온 남녀 가수들이 부르는 노래를 들으려고 카바레를 출입하였다.

라디오와 음반을 통해 나는 앙리 살바도르, 조르주 윌메르, 조르주 게타리(알렉산드리아 출신으로 그 역시 성공을 위해 프랑스로 떠났다), 루이스 마리아노를 발견하였다. 파리에서 그녀를 만나기 십 년 전, 열세 살에 나는 어머니와 함께 모하메드 알리 극장에 가서 피아프의 공연을 보았다. 프랑스어를 알고 있었으므로 나는 그녀의 샹송을 어렵지 않게 이해할 수 있었다.

훗날, 샹송의 작사가란 직업적인 이유로 나는 앞에서 언급한 이들 중 몇 사람과 친분을 쌓을 수 있었고, 이들은 또한 내 노래를 불러줄 수도 있었다.

같은 방식으로 미국과 미국의 음악은 나를 열광하게 했다. 딕시랜드, 비-봅, 글렌 밀러, 시드니 베체트, 돈 바이아스, 디지 질레스피, 나는 모든 곳에다 내 귀를 열어놓고 있었다. 이 시기에 대해 나는 두 편의 영화를 기억하고 있다. 그것은 빅스 바이더벡의 일생을 그린 <Young man with a horn>과 즉흥 재즈 연주회에 대한 컬트 단편영화 <Jammin' the blues>이었다. 이 영화를 나는 최근에 그 당시와 같은 행복감에 젖어 다시 볼 수 있었는데, 나에게 이 영화 카피를 건네준 시네 덕분이었다.

내 두 누나는 집에 있는 피아노에 관심이 없어서 우리는 이 악기를 내 방에 갖다 놓기로 하였다. 내가 피아노 건반을 두드리기 시작한 것은 내가 들은 모든 음악을 재생해보려는 의도에서였다.

열다섯 살에 나는 술집 피아니스트를 만났는데 그는 스무 살이었다. 조르다시피 한 나는 그를 통해 피아노에 입문했다.

부모님은 음악에 대한 나의 애착이 분명해지는 것을 감지하고, 한 이탈리아인 선생에게 레슨을 받도록 하였다. 결과는 신통치 않았다. 나는 악보를 보고 연주하는 데 이어 바로 즉흥적인 연주로 나아갔다. 솔페지오는 지루하기 짝이 없었다. 나는 선생의 교수법을 따르지 않았다. 내게는 삼촌 테오필이 물려준 기타도 하나 있었는데, 나는 가끔 멜로디를 만들어내느라고 이 기타를 사용하기도 하였다.

파리에 도착해서 몇 개월이 지났을 때, 나는 악기가 그리운 나머지 어머니에게 부탁하여 이 기타를 나에게 보내도록 하였다.

바로 이것과 더불어 나의 첫 샹송이 내 매형의 서점에서 태어났다. 매형 장-피에르 로내는 시인이자 출판사 Editions JAR(Jeunes Auteurs Réunis)의 창립자였다. ('청년 작가 연맹'이란 의미를 지닌 JAR의 선언은 교묘하게도 'Le Jarrivisme'으로 정하였다. 프랑스어로 arrivisme은 출세제일주의란 뜻이다.) 매형은 내가 즉흥적으로 만드는 멜로디를 듣고 있다가 거의 내가 모르는 사이에 이제 막 태어나려는 멜로디에다 가사를 붙이곤 하였다.

매형은 나에게 내가 만든 곡을 다시 연주해보라고 하였다. 내가 기억하지 못할 때는 내가 그것을 다시 찾도록 도와주느라 그가 만든 가사를 붙여 나에게 흥얼거렸다. 처음 만든 이 노래의 후속으로 두세 곡이 더 있는데 우리가 함께 쓴 것이었다. 이날부터 나는 소그룹의 음악가가 되었다. 이 그룹의 멤버들 가운데 일부는 그림을 그렸고, 또 다른 일부는 알랭 파주, 혹은 야닉 바레크처럼 시를 쓰거나, 혹은 기 브로스처럼 책 방문 판매 외판원을 하면서 배우가 되기를 꿈꾸고 있었다.

실업자들, 학생들, 인도차이나의 귀환 장병들, 특별한 기술과 자격도 없이 일거리를 찾느라 배회하는 자들이었던 우리는 쉽기는 하지만 피곤하기 짝이 없는 이 영업에서 서로 힘을 합쳤다. 우리는 수많은 건물의 계단을 오르락내리락하면서 소설과 시집 판매에 나섰다. 우리 대부분에게 이것은 걱정이 없는 시간 보내기인 셈이어서 확실한 진로를 정하기 전 기다림의 시간이었다. 우리는 재능을 가지고 있다고 확신하며 성공의 꿈을 새기고 있었으나, 어떻게 성공에 이를 수 있는지 그 방책에 대해서는 알지 못했다. 우리의 확신에는 불안과 걱정이 끼어들 여지가 거의 없었다. 우리는 샌드위치, 우정, 사랑을 함께 나누었다.

당시 브라센스의 갑작스러운 성공이(1953년 10월 보비노의 스타가 된다) 가져다준 증거는 바리에테로 불리는 프랑스 대중음악에 새로운 형식을 도입할 여지가 있고, 개성적인 음색과 독창적인 레퍼토리를 가지고 있으면, 누구든지 샹송 애호가들의 호응을 얼마든지 끌어낼 수 있다는 것이다. 브라센스는 기타로 반주를 하였는데, 그는 보비노 공연 이후 싱어-송라이터들 가운데 최고의 인기를 누렸다.

나는 브라센스를 비범한 시인이요 음악가로 여기는데, 그는 동시에 연주 솜씨를 잘 드러내지 않는 뛰어난 기타리스트이기도 하다. 이런 경우는 흔치 않다. 그는 연주자로서 자신의 재능을 펼쳐 보이는 법이 없고, 눈에 띄지 않도록 극히 조심스럽게 그의 텍스트, 그의 멜로디, 그의 하모니가 지니는 아름다움을 전달한다.

그를 나의 정신적 스승으로 인정한다는 사실은 당연히 기타와 나의 관계에도 영향을 미쳤음이 틀림없다. 게다가 기타는 내가 살고 있던 호텔의 작은 방에 놓아두고 쓸 수 있는 유일한 악기이었다.

내 나이 열여덟 살이었다. 작곡하고 가사를 쓰고 싶은 욕구에 불타오른 나는 이제는 내 발로 '학교로 돌아가서', 내 머릿속에서 맴도는 음표를 옮겨 쓰는 것을 가르쳐 줄 선생을 찾았다. 나보다 두 살 어린 한 친구가 내게 몇 가지 기초적인 지식을 전수해 주어, 그 덕에 음악 애호가 수준에 머무는 것을 피할 수 있었다.

알렉산드리아 고양이

훗날 <나의 님>이 성공을 거두면서 음악을 전문적으로 배울 수 있는 시간적 여유와 경제적 수단이 생긴 나는 어린이와 사춘기 학생을 전문적 음악인으로 양성하는 음악 전문학교인, 스콜라 칸토룸의 일 년 과정에 등록하였다. 10대 초반의 어린 학생들 가운데 앉아서, 극히 피상적이고 주변적인 내용만 알고 있었던 음악 이론을 배우게 되었다. 이로부터 나는 영원한 학습자가 되었다.

내가 피아프와 함께 살면서 일하기 시작하였을 때, 그녀는 나의 영감을 자극할 수 있는 것이면 무엇이든지 하였다. 그녀는 전속 기타리스트 자크 리에브라르에게 부탁하여 나에게 가장 좋은 기타를 하나 골라 주도록 하였다. 그는 로베르 부세에게 그것을 주문하였는데, 이 유명한 현악기 제조인은 극히 소량의 악기를 주문·제조하기에 그가 만든 작품은 그만큼 더 귀하고 누구나 탐내는 것이었다. 사실 부세는 화가이었다. 기타는 그의 취미였다. 손재주가 뛰어난 그는 자신이 쓰려고 기타를 하나 만들었다. 이것을 보고 소리를 들은 사람들은 누구나 그에게 팔레트를 치우고 현악기 제조에 매진하라고 압력을 가했다. 그는 이 두 가지를 병행하였으나 후세 사람들에게 그는 뛰어난 기타 제작자로 남게 될 것이다.

나는 그런 선물을 받을 자격이 없었을지 모른다. 내 기타를 찾으려고 부세에게 갔던 날, 알렉산드르 라고야가 그것을 시험 삼아 연주하고 있었다. 나를 알지 못하는 현악기 제조인은 내가 어떤 곡을 연주하는지 물었다. 그의 기타가 샹송을 반주하기 위한 운명을 타고났다는 것을 알게 된 그가 너무나도 실망하는 기색이 역력하여, 이 악기에 걸맞은 음악을 연주할 수 있도록 배우고 또 배우겠다는 약속을 그에게 하였다. 열여덟 달 후 나는 기타 아카데미의 클래식 과정에 등록하였고, 흡사 꿈의 콘서트홀 가보에서 연주하게 되어 있는 것처럼 열정적으로 연습에 매진하였다.

토키뉴를 비롯하여, 막래프린, 엘레나 파판드레우 그리고 롤랑 디엔스를 거쳐, 파코 이바녜즈에 이르기까지 모든 기타리스트들은 이 부세를 보고서는 넋을 잃었다. 지극히 평범하게 보이는 기타에 지나지 않는데도. 눈앞에 있는 것이 위대한 악기임을 알기 위해서는 그 위에 손을 올려 보는 것만으로 충분하였다. 나는 이 악기를 절대로 더운 나라와 추운 나라에 가지고 간 적이 없다. 온도의 차이 때문에 그것이 고통받을까 걱정이 되어서였다. 사실, 이 악기는 그에 걸맞은 곡을 내가 연습으로 연주하는 집에 보관되어 있지 밖으로 나가는 법이 거의 없다.

하루는 <음악가의 곁에서>라는 텔레비전 방송을 위해 (<금지된 장난> 스타일의) 작곡을 나에게 의뢰한 일이 있었다. 나는 내가 할 수 있을는지 확신이 없었다. "분명히 당신은 해낼 수 있습니다"라고 프로듀서는 단호하게, 단정적으로 말하였다.

결국 나는 그것을 해내었다.

이 음악의 제목은 <포세 생-자크 길>로 붙여졌다. 친구 나탈리아 멜라의 생일을 축하하기 위해 만든 다른 곡 <나탈리아>와 더불어 그것은 기타 학교의 레퍼토리로 들어갔고, 소르, 카룰리, 빌라-로보스, 그리고 비제의 작품 옆에 놓았다. 국립교육연구소(IPN)에서 나에게 다큐멘터리에 필요한 일련의 음악을 주문할 때, 나는 푸가, 하모니, 그리고 대위법 강의를 현대음악 작곡자 미셸 퓌그와 함께 들고 있었다. IPN을 위한 이 작업은 나로 하여금 이론에서 실제로 나아가는 계기를 만들어 주었다.

몇 달이 지난 다음, 1968년 5월, 나는 퓌그에게 대학교에 연주하러 가야 하니 강의를 잠시 멈추자고 제안하였고 그도 나를 따라왔다. "자네의 직업적 음악 세계가 나의 것보다 훨씬 재미있다네"라고 그는 나에게 토로하였다. 청중에게 미치는 내 음악의 충격을 확인하고서는 지적인 음악에서 벗어나는 것이 나을 것 같다고 나에게 충고하였다.

나는 또한 클로드 르루슈의 단편 영화, 픽션, 광고의 사운드트랙을 작곡하였다. 창의적이면서 오락적인 활동이었다. 음악적 경력을 쌓아가는 것에 비하면 이것은 주변적이지만, 심리적 만족감을 주는 일이었다. 우리는 마음이 내키는 대로 제작자 제라르 시르의 보호 아래에서 검열 걱정 없이 속박도 받지 않고 일하였다. 제라르 시르는 같은 시기에 장 얀, 자크 마르탱, 필립 부바르의 경력도 관리해 주고 있었다.

열정으로 가득한 신인 감독으로, 엄격하고 절대적 성향을 지닌 클로드 르루슈는 그때 군 복무를 마치고 복귀한 터였다. 그는 영화 한 편을 스물네 시간 만에 만들 수 있는 능력을 소유한 사람이었다. 그가 카메라를 가지고 즉흥적으로 영화를 만들면 나는 기타를 가지고 즉흥적으로 음악을 만들었다. 이러한 창작 활동을 통하여 그는 영화제작자의 소명을, 나는 영화음악 작곡자의 소명을, 함께 깨우칠 수 있었다.

우리는 한 음악가의 일생을 그가 살면서 차례로 사용하는 악기들을 통해서 이야기할 수 있다. 이것보다는 저것을 선택하는 이유에서부터 시작하여 자신의 경력이 쌓여감에 따라 혹은 악기의 기술적 발전에 따라 진화하는 연주자의 요구에 이르기까지.

알렉산드리아에서 가져온 나의 첫 기타는 여행을 그리 오래 견디지 못하였다.

두 번째 기타는 50프랑을 주고 샀다. 나에게는 거금이었다. 당시 호텔에서 보름을 묵을 수 있는 금액이었다. 제대로 연주해볼 요량으로 처음이자 마지막으로 내 옆방에 사는 스페인 이웃으로부터 레슨까지 받았다. 그는 프랑코와 그 수하들의 광풍에서 살아남아 파리로 온 친구였다.

나는 작은 카바레에 출연하면서 받은 출연료로 멋진 장식의 세 번째 기타를 샀다.

내가 앙리 살바도르를 알게 되었을 때, 그는 나에게 보주 지방에서 만들어진 쿠에스농을 하나 주었다.

피아프는 나에게 금액으로 환산할 수 없는 명기 부셰 한 세트를 선물하였다.

나는 내 첫 번째 깁슨을 뉴욕의 49번가에 있는 에디 벨 가게에서 샀다.

이로부터 10년 후에 내가 '스타'로서 가장 먼저 무기로 삼았던 두 개의 기타를 들 수 있는데, 그것은 바로 마담 부셰와 맘젤 깁슨이었다.

기타를 고를 때, 소리, 모양, 가격을 고려하지 않는 경우란 없다.

기타의 목, 나무 재질, 외관이 유쾌한 기분을 주어야 한다.

독일에서 순회공연을 하는 중 나는 오베이션 하나를 받았는데, 이것은 1970년대 유일한 일렉트릭과 어쿠스틱 겸용 기타였다. 사웅 파울로의 악기 제작 장인인 디 지오르지오는 나에게 보사노바를 위해 만든 기타를 하나 선물하였다.

퀘벡에서 현악기 제조를 하고 있는 라이스는 포크 음악의 음색에 나를 끌어들이기 위해 기타를 하나 만들어 주었다. 막심 르포레스티에는 여행에서 돌아오면서 노먼을 하나 내게 가져왔다. 콜뤼쉬는 200프랑을 받고 내게 현이 네 개 달린 깁슨을 팔았는데, 유명해지자 나에게 화려하기 짝이 없는 라미레즈 하나를 배달시켰다. 일본 사람들은 내게 기타 세 개를 증정하였는데 나도 다시 이 기타들을 증정하였다.

호의로 혹은 상업적인 이유로 나는 기타, 쿠아트로스, 발라퐁, 레퀸토스, 부주키 등을 받았다. 생-루이 섬의 내 아파트에는 내 인생과 내 여행의 에피소드를 들려주는 악기들의 박물관이자 시장이 열려 있다.

기타는 꽤 많은 가수에게 그들 고유의 이미지를 선사하였다. 무대 위에서 그것은 실루엣을 이루고 무대 매너를 강조하기도 한다.

브라센스, 르클레르크, 살바도르, 브렐, 베아르 그리고 여기에 선구자라 할 수 있는 자크 두애를 포함하여, 각자는 무대 위에서 자기만의 고유한 기타 사용법을 가지고 있다. 기타를 둔기처럼 들고 있다든지, 기타를 방패처럼 사용한다든지, 기타를 사랑스럽게 어루만지는가 하면, 기타를 긁기도 하고, 기타를 할퀴기도 한다.

기타가 지니고 있는 여러 가지 장점들 가운데 하나로, 기타는 목소리를 죽이지 않는다는 것이다. 미레이유는 그녀의 작은 샹송 학교에서 학생들에게 노랫소리를 덮지 않기 위해 피아노의 약음 페달을 사용할 것을 권한다.

기타는 본질적으로 조심스러워서 그것은 스타 자리를 탐하는 법이 없고 자립하게 만들어 준다. 나는 기타를 들지 않고, 제스처를 만들면서 노래를 해보려고 하였다. 결과는 그리 미덥지 못했다. 기타 위에 놓인 손가락은 에로티시즘과 로망티즘을 은밀히 건네고 있다.

앙리 살바도르, 앙리 크롤라, 라고야, 맥래프린 그리고 많은 사람과 만남을 통하여 나는 나를 받아들인 기타의 세계에 들어갈 수 있었다.

브라센스의 샹송 〈그리운 레옹〉이 나온 이후 사람들은 알고 있다 "아코디언 연주자들을 결코 팡테옹에 들이지 않는다는 걸." 겐즈부르의 말을 빌리면 "거리 뮤지션은 아코디언의 진줏빛 작은 단추를 학살한다." 이 "가난한 자의 피아노는 목에 감겨있는" 것으로, 레오 페레에게 보였다. 무스타키는 오히려 〈불행의 악기〉라는 제목의 샹송에서 아코디언을 찬양하고 있다. 그러나 제목이란 편의상 요약한 것에 지나지 않는다.

내가 파리에 도착하였을 때, 반주하는 오케스트라에 아코디언을 두고 있지 않은 가수는 한 사람도 없었다.

이 악기의 명연주자들이 쏟아내는 열정적인 힘은 나에게 깊은 감동을 주곤 하였다.

알렉산드리아 고양이

1980년대 어느 날, 새로운 뮤지션을 찾으면서 나는 아코디언 연주자를 생각하였다. 한 동료가 내게 망설임 없이 말했다. "한 사람밖에 없어. 그건 조에 로시야."

　　조에에 대하여 내가 알고 있는 것은 이름과 명성뿐이었다.

　　나는 그에게 전화하여 함께 일하고 싶다는 제안을 하였다. 아마도 경계심에서였는지, 그는 잠시 머뭇거린 다음, 정중하게 거절하면서 나에게 그의 후배들 가운데 한 사람, 리샤르 갈리아노를 보내주었다. 리샤르 역시 클로드 누가로의 반주를 맡고 있어 언제나 자유롭지는 않았다. 조에 로시는 그를 대신하여 콘서트에 한 번만 나서겠다고 하였다. 우리는 그 전날 같이 연습하기로 합의하였다. 그는 15킬로그램짜리 악기를 메고 5층 건물을 계단으로 올라오느라 약간 숨차하며 도착하였다. 내 눈에 보이는 그 사람은 소심하면서 신중한, 일면 다소 무뚝뚝한 인상을 주었다.

　　그는 아코디언을 손에 들고 태어난 사람 같았다. 연습하는 과정에서 그는 악보의 세세한 부분은 그냥 건너뛰었다. 나는 조금 걱정이 되었다.

　　그러나 나의 판단이 틀렸다. 이 사람은 음악에 대하여, 아코디언에 대하여, 분명히 우리 인생에 대하여 모든 것을 알고 있었다. 그는 기쁘게도 십사 년 동안 정식 아코디언 주자의 자격으로 우리와 함께하였다. 그는 약간 혼란스러운 우리의 삶을 매우 좋아하였다. 내가 그에게 그가 미처 알지 못하는 음악 양식으로 반주를 해달라고 요구할 때면, 그는 그 음악이 발생한 지역을 샅샅이 뒤지다시피 하여 필요한 것을 찾아냈다.

은밀한 공모에 완벽한 우정이 더해졌다.

나는 그에게 아코디언을 내게 가르쳐 주는 두 번째 호의를 베풀어 달라고 청하였다.

그는 1980년에 첫 레슨을 나에게 해주었고 순회공연을 같이하면서 그의 가르침은 지속되었다.

이후 기타와 아코디언은 내 음악의 동반자가 되었다.

나는 기타를 가지고 있는 만큼 아코디언도 가지고 있다. 뚱뚱한 모양의 것, 어마어마하게 큰 것, 작은 것, 피아노식, 단추처럼 생긴 건반이 달린 것, 반음계 방식, 전음계 방식 등이다.

이들 가운데 오직 하나만 나를 따라 여행에 나선다. 너무 무겁지도 않고, 너무 부피가 크지 않으며, 너무 울림이 강하지 않은 것으로 선택된다.

아코디언과 관련해서 콜롬비아와 얽힌 추억이 있다. 그때 나는 베네수엘라, 콜롬비아, 그리고 스페인 출신의 다른 가수들과 함께 순회공연에 참여하고 있었다.

우리를 보고타에서 메델린으로 수송하기로 되어 있던 비행기는 콜롬비아 공군 소속이었다. 커다란 글씨로 동체에 그렇게 써져 있었는데, 그런 이유로 반군 무장 게릴라들과 마약 공급책의 표적이 되기 쉬웠다. 게다가 이 비행기는 공수부대원들의 낙하 훈련에도 사용되어 기체에 큰 구멍이 있었다. 공연단은 공황 상태에 가까운 불안감을 내보였다. 우리 가운데 한 사람이 분위기를 풀기 위해서 내게 아코디언으로 가벼운 왈츠를 한 곡 연주하라고 넌지시 권하였다. 처음 몇 음표가 울리면서, 미소가 번지고, 얼굴에 화색이 돌면서 긴장이 풀어졌다. 그때부터 우리가 비행기를 타는 일정이면, 나는 멜빵이 달린 피아노를 가지고 출발과 착륙을 반주해 달라는 부탁을 받았다. 아코디언의 매직이었다.

1982년, 프랑스 앵테르의 국장 장-피에르 파르카스가 8회에 걸친 방송을 통해 아코디언에 대한 나의 시각을 표현할 수 있도록 만들어 주었다. 사람들은 이 아코디언이란 악기를 무도장이란 게토 안에 대개는 숨겨놓았다. 이 기회를 통해 나는 이 악기를 그곳으로부터 해방시키고, 그것을 연주하는 모든 나라에 걸쳐 그것이 얼마나 다양하게 나타나는가를 알렸다.

내가 아프리카와 브라질에서 퍼커션을 들었을 때, 그것은 나에게 단순한 '붐붐' 소리가 아니라, 미세한 음색을 표현하는 악기가 되었다.

이 지역에서 퍼커션은 가히 여왕과 같은 존재라고 할 수 있다. 그것을 효과적으로 연주하기 위해서 나에게도 아프리카, 푸에르토리코 혹은 브라질 출신의 퍼커션 연주자들의 억세고 강한 두 손이 필요할지 모른다.

나는 훌륭한 피아노 연주가가 되려는 꿈은 없다. 바흐를 연주하며 피아노 앞에서 몇 시간을 보낸다는 것은 내가 누리는 사치다. <푸가의 예술>의 작곡자는 내가 알고 있는 최고의 교육자이다. 바흐가 남긴 가장 작은 작품조차도 나에게는 음악의 모든 것을 품고 있다. 그의 풍부함, 그의 도전적 정신, 그의 초월적 시간성, 그의 보편성을 통해 볼 때, 바흐는 그의 후대에 나타날 음악을 이미 보여주고 있다. 그는 대단히 로맨틱한 인물로 보인다. 사람들이 쇼팽을 연주하듯이,

나는 때로 바흐를 연주하는데, 내가 보기에 그의 악절은 대단히 아름답고 감미로운 것이어서 조화를 이룰 수 있기 때문이다. 일부 사람들은 그가 너무 수학적이라 비난한다. 그렇지만 나는 그런 수학자가 되기를 차라리 꿈꾼다. 사람들이 푸가를 배울 때, 음표 사이의 간격을 계산해야 한다. 이것이 수학적인 측면이긴 하지만, 들을 때는 이를 감지하지 못한다. 음악은 모든 것을 자양분으로 섭취한다. 비이성적인 것도 이성적인 것도. 나는 퓌그와 함께 여섯 달을 평균율 클라비어 곡집 1번 프렐류드의 네 개의 첫 소절을 분석하면서 보낸 적이 있다. 라이프치히의 대 스승이 남긴 천재적인 글쓰기를 해독해 보려는 열정적인 시도라고 할 수 있다.

내가 바흐를 발견하게 된 것은 어떤 우연한 만남 덕분이었다. 한 여성의 집에서 밤을 보내게 되었는데, 여러 시간 내게 브란덴부르크 협주곡 전부를 들려주었다. 처음에는 그녀를 실망시키지 않으려고 대단히 흥미로운 척하였다. 그런데 나중에는 내가 완전히 빠지고 말았다. 그녀에게 이 일에 대해서는 언제까지나 고맙게 여길 것이다.

바흐를 연주하는 것은 나에게 일종의 요가이자 명상이며 홀로 떠나는 여행이다. 한 삼십 분이 지나면 때로는 즉흥적으로 곡을 쓰고 싶은 욕구가 생긴다. 멜로디 하나가 노래하기 시작한다. 마치 바흐가 내게 문을 열어준 것처럼.

알렉산드리아 고양이

04

조르주의 친구들은 첫눈에 알 수 있지
바쁜 일 없다는 듯 언제나 여유만만
잘난 척하지 않고 못났다 타박 않고
인생길 헤쳐 가는 익살맞은 광대들 광대들.

<조르주의 친구들>

(이집트 호적자에 대한) 유세프 무스타키의 프랑스 거주 허가증에는
1951년 11월 12일 날짜가 새겨져 있다. 이 거주 허가증을 그대로 믿으
면, 그것은 그의 진정한 출생증명서가 되는 셈이다. 그를 이 세상에 발
딛게 만든 산파에게는 지우세페로, 알렉산드리아의 프랑스 학교 기록에
는 조제프로, 그리스 대사관에서는 이오지프로 각각 알려져 있는데, 그
는 자신이 가수가 되는 날 조르주 브라센스를 흠모한 나머지 정작 조르
주로 불리기를 선택하게 된다.

무스타키가 파리에 도착한 해, 그 누구도 브라센스를 알지 못했고,
그는 카보 드 라 레퓌브릭과 라팽 아질 등 여러 곳의 카바레에서 오디션
에 응하지만 실패로 끝난다. 그리고 1952년 3월 8일 셰 파타슈에서 진
정한 데뷔를 하게 된다. 가을이 되면서 그는 트루아 보데의 가을 새 프로
그램에 조심스럽게 등장하게 된다. (9월 19일부터 시작되는 새 프로그
램은 앙리 살바도르를 주연으로, 물루지를 전반부 마지막 출연자로 편성
하였다.) 보도에 의하면 그의 데뷔는 소란스러웠다. 관객들 가운데 일부

는 그의 직설적 어법에 모욕을 느낀 듯 화를 내기도 하였다. 〈고릴라〉, 〈나쁜 평판〉, 〈꼬마 말〉, 〈대참극〉 등 그의 초기 노래들은 SP 음반에 실려 발매된다. 다음 해 보비노는 그를 주연으로 맞아들인다.

내가 브라센스를 처음 듣게 된 것은 앙리 살바도르가 스타였던 트루아 보데에서였다. 그는 공연의 시작부에 '커튼을 여는 가수'로 등장하였는데, 무명에 가까운데다, 콧수염을 기르고, 숨을 몰아쉬면서, 땀을 비 오듯 흘렸다. 신체적 특성과 어휘가 그 시기 가수들과는 전혀 딴판이었다. 이제껏 비슷한 그 어떤 것도 들어보지 못하였다. 무언가 사건이 터질 것 같은 느낌이었다.

며칠이 지난 후, 앙리 마르크라는 기자가 브라센스를 잘 안다고 하면서 내게 소개해 주겠노라고 하였다. 그는 브라센스와 함께 장-피에르 로내의 서점으로 왔다. 이 서점은 창작 아틀리에와 만남의 클럽을 대신하고 있었고, 우리는 이곳의 열광적인 팬들이었다. 브라센스는 한 사람 한 사람과 말을 나누었다. 그러고는 내게 물었다. "그런데 너는 너는 무얼 하지?"

작곡한 노래로는 세 곡이 전부였던 나는 그에게 그것을 들려주었다. 그는 "격조가 있군"이라는 말로 나를 칭찬하고는 크게 책임질 일 없는 다소 막연한 평가를 남기고는 떠났다.

몇 주 사이에 유명해진 그는 이 갑작스러운 영광을 이용하여 여러 젊은 샹소니에들에게 실제적인 도움을 주려고 하였다. 그 젊은이들 가운데 나도 들어있었다.

이미 필립스 레코드에서 막강한 영향력을 행사하는 예술 감독이면서, 몽마르트르 언덕 기슭의 전설적인 공연장 트루아 보데의 사장

알렉산드리아 고양이

이기도 한 자크 카네티, 팔레 루아얄에 있는 카바레 밀로르 라르수이유에서 진행을 맡고 있는 프랑시스 클로드를 비롯한 여러 인사들이 나를 호출하였다. 모두들 브라센스가 아끼고 후원하는 프로테제(protégé)의 노래를 듣고 싶어 하였다. 겨우 세 곡에 지나지 않는 나의 샹송을 가지고 파리가 떠들썩해지는 것이 나로서는 부끄럽기 짝이 없었다. 사람들의 기대에 부응하고 브라센스의 명성에 누를 끼치지 않기 위해서 우선 레퍼토리를 좀 늘려보려고 하였다. 지금도 노래를 쓸 때는 그의 기대에 보답해야 한다는 느낌을 가지고 있다.

그 당시 〈청년 작가 연맹〉의 창시자이며 방문판매를 통한 서적의 전파를 시도하는 등 활발한 활동을 펼치던 장-피에르 로내는 조르주 브라센스의 소설 『기적의 탑』(Tour des miracles)에 서문을 쓰고 직접 그 소설을 출판하였다. 서로 사이가 틀어지면서 출판자 로내는 외판원들 가운데 가장 가까운 동료이자 인척인 조르주 무스타키를 잃어버리고 만다. 한동안 무스타키는 그림을 팔면서 겨우 입에 풀칠하는 신세가 된다.

무일푼 신세가 지속되면서 나는 알렉산드리아로 돌아가, 아버지의 서점에서 일하며, 기자 생활을 하거나 철학 공부를 다시 시작해볼 생각도 하였다. 그것은 쓸쓸한 포기였다.

이런 계획을 확실하게 정하기 전에, 나는 밀로르 라르수이유에서 오디션을 받게 되어 있던 한 친구를 따라갔다. 무대 주위에 모여 있던 아티스트들 가운데, 자크 뒤필로, 베르나르 라발레트, 미셸 아르노, 엘렌 마르탱, (당시 분위기를 띄우는 피아니스트로 알려지기 시작한) 세르주 겐즈부르, 카바레의 연출감독 프랑시스 클로드, 가수이자 배우로 활동하던 레미 클라리가 있었는데, 그 가운데에서도 (이후 자크 두아이앙으로 개명하게 되는) 레미 클라리가 내 마음을 뒤흔들었다.

그가 노래하는 것을 들으면서, 그가 아마도 내 노래를 불러줄 가장 이상적인 가수일 수도 있겠구나라고 생각하였다.

다음 날, 여전히 파리를 떠난다는 생각을 하면서 프랑스 수도와 고별을 위한 투어에 나서기 위해 나는 버스에 올랐다. 정말 놀랍게도 승객들 가운데 레미 클라리가 눈에 띄었다!

내 미소에 대한 화답으로 그는 내게 옆자리에 앉으라고 신호하였고 나는 그 전날 그의 눈부신 무대 연기가 감동적이었다고 말했다. 그는 내가 무슨 일을 하는지 물었다. 내가 샹송을 쓰고 있다는 것을 알게 된 그는 그날 저녁에라도 당장 그것을 보여 달라고 내게 요청하였다. 서로 마음이 통하는 것을 느꼈다. 곧바로 그는 내 노래들 가운데 일부를 그의 레퍼토리에 넣었다. 그것은 나의 큰 행복이었다. <당신의 꿈을 간직하세요>, <떠나가는 파리…>, <에텐 블루스>와 몇 가지 다른 곡들을 카바레와 라디오에서 발표한 이가 바로 그였다.

나는 커리어를 쌓을 수 있다는 희망을 품게 되었고, 고향으로 돌아간다는 생각을 그만두었다.

레미는 나를 고전음악 출판가 앙드레 셰브리에에게 소개하였다. 그는 슈당 출판사를 경영하고 있었다. 그는 내 악보를 출판하겠다고 하였다. 내 노래를 제외하고는 그의 카탈로그에는 샹송이라고는 레오 페레의 샹송밖에 없었다. 이 출판계의 신사는 값으로 환산할 수

알렉산드리아 고양이

없는 가치를 지닌 많은 악보를 소장하고 있었는데, 나에게 조심스럽게 보여준 악보들 가운데는 라벨의 것들도 있었다.

앙드레 셰브리에에게 나는 이익을 가져다주는 작곡가는 아니었다. 그러나 그는 언제나 정답게 그리고 친절하게 대해 주었다.

레미 클라리를 통해 나는 레오 페레, 장-로제 코시몽, 프레베르 등과 같은 대가들의 위대한 샹송들을 접할 수 있었다. 밀로르 라르수이유의 무대에서 그는 <파담 파담>을 부르면서 에디트 피아프를 모창하곤 하였다. 나는 그에게 내 노래를 가지고 에디트 피아프처럼 불러달라고 부탁하였다. 에디프 피아프가 바로 앞에서 내 노래를 불러주는 듯한 환상에 젖고 싶어서 그랬던 것인데, 정말 그로부터 삼 년 후에 그녀가 내 노래를 불러 주리라고는 상상도 하지 못했다.

돈이 떨어지면, 방문 서적 판매를 해본 경험 덕분에 길을 잘 알았던 나는 재빨리 노래도 하고, 레스토랑의 테라스에서 가느다란 목소리로 노래하며 곁다리로 악보도 팔았다. 그러다 먹고 살 만큼 여유가 생기면 그만두곤 하였다. 때로는 따분한 일이기는 하지만 그래도 가장 유쾌한 생존 수단이기도 하였다.

한 번은 이 시기에, 이집트의 어떤 프랑스어판 일간신문의 편집장이 매주 파리의 문화생활에 대한 기사를 써보지 않겠느냐고 내게 제안하였다. 내가 파리에서 멋진 나날을 보내고 있는 것으로 생각하고 이런 제안을 한 것 같은데, 실상 나는 말도 못하게 쪼들리며 살았다. 어쨌든 그가 할애하는 지면에 이런저런 소식들을 전할 수 있을 것 같았다. 나는 프레스 카드를 얻게 되었고, 이것을 가지고 모든 공연장을 출입할 수 있었고 프레스 센터에서는 무료로 배포하는 책들도 얻을 수 있었다. 이웃 서점에 이 책들을 되팔아 나는 약간의 금전적 혜택도 입었다.

피아노 바에서 피아노를 연주하거나, 바맨이 되어 홀에 서빙도 하고, 심부름도 하는 이런 소소한 잡일을 하면서, 음악에 언젠가는 몰두할 수 있는 때가 오고야 말 것임을 기대하며 나는 하루하루를 생존해 나갔다.

그 당시, 센강의 남쪽 리브고슈는 카바레들로 넘쳐났다. 공간이 협소하여, 아티스트들의 공연은 기타나 피아노의 반주만으로 가능하였다. 피아노가 놓이는 자리에 따라서 때로는 옆모습만을 보이면서 노래하는 경우도 있었다. 출연자 대기실이라고 해보았자 주방과 청소 용구를 두는 방 사이에 남는 공간이 전부였다. 무대가 지면으로부터 약간이라도 높으면, 아무리 좁다 하더라도, 이미 그것은 사치의 반열에 들었다. 전속 반주자가 있다는 것은 그곳에서 가장 인기 있는 출연자에게 제공되는 약간의 명예라고 할 수 있다. 노래하는 젊은 전사의 행보는 오디션과 오디션을 경유하는 것인데, 오디션 응모자들을 가지고 카바레 주인들은 공연 프로그램을 새로 채운다.

내가 처음 한 일은 기타나 피아노를 가지고, 카바레의 오디션에 응모하는 한 이집트인 친구를 위하여 반주해주는 것이었다.

마찬가지로 카바레의 한 자리를 지원하는 가수들에게 내 노래를 제안하고자 그곳에 가는 경우도 가끔 있었다.

그것은 그리 썩 추천할 만한 일은 아니었다. 텅 비어있는 방에서 그때그때 다른 기분의 사장을 마주하는 일이 그러했다. 이런 조건에

알렉산드리아 고양이

서 이러한 시험을 통과하기 위해서는 엄청난 재능이 필요했다. 오디션을 보러온 장 페라와 피에르 페레를 마주쳤던 기억도 있다. 그들도 힘든 나날을 보냈던 것이다.

브렐은 때로는 아주 조그만 텅 빈 방 안에서 흡사 뮤직홀 올랭피아의 무대 위에 있는 것처럼 노래를 부르곤 하였다. 그것은 우스꽝스럽기도 했지만, 감동적이기도 하였다. 어쨌든 그가 항상 승자가 되었다.

스타의 아류들과 진정한 재능들이 이러한 오디션 앞에 줄을 섰다. 사람들이 일자리를 구걸하거나 인정을 받으려 하면, 언제나 그렇듯이 그것은 약간 비굴하기도 하였다. 나는 그것이 잔인하다고 여겼고, 나에게 이런 과정을 겪지 않게 해주신 하늘에 감사하였다.

레미 클라리의 반주자 자격으로 나는 최전선에서 벌어지는 이러한 오디션의 고역을 겪지 않아도 되었다. 나는 그의 그늘 안에 숨어 있던 것이다. 어느 날, 사고로 그가 움직일 수 없게 되었고, 그 결과 내가 가수 노릇을 해야만 하였다.

나는 당시 최고의 카바레로 인정받던 에셸 드 자콥을 필두로 리브 고슈의 모든 카바레를 순회하였다.

"당신의 레퍼토리는 뭐요?" 자리를 비운 사장 대신에 바맨이 내게 물었다.

"내가 쓴 샹송이요."

마침 프로그램에 구멍이 하나 생겼고, 작사-작곡자라는 내 자격이 그 집의 에스프리와 일치하였다. 바맨은 즉석에서 나를 고용하였다. 그러면서 오늘 저녁, 내가 하는 것이 신통치 않으면 다음 날 다른 사람을 찾아볼 거라는 말을 잊지 않고 덧붙였다. 지금 생각해 보아도 어떻게 한 시간 만에 길거리 무대에서 조예 깊은 손님들을 위해 마이크를 앞에 두고 노래하는 유명한 카바레의 무대 위로 넘어갈 수 있었는지 도저히 상상할 수가 없다. 길거리와 레스토랑에서 적선에 의지하는 것밖에 모르던 내가 말이다.

나는 어떤 무대경험도 가지고 있지 않았다. <여드름 난 계집애>를 불렀던 가수 뤼세트 라이야의 말이 좋은 충고가 되었다.

나에게 막이 내리면서 흔히 볼 수 있는 일시 퇴장을 언제나 피하라고 권고한 사람은 바로 그녀였다. 그녀는 내게 이렇게 털어놓았다.

"내가 무대에서 나갈 때면, 관객들이 나를 다시 불러내지 않을까 봐 너무나도 두려워했다."

이 말을 기억하고서, 나는 커튼콜을 절대 기대하지 않았다.

에셀 드 자콥에서 나를 계속 고용한 것이 적당한 사람을 찾지 못해서인지, 아니면 내가 정말 멋진 모습을 보여서인지는 모르겠다. 내가 아는 것은 단지 사람들이 날 내쫓지 않았다는 것이다. 그것만 해도 대단한 일이었다. 우렁찬 목소리의 음유시인, 자크 브렐이 무대 위의 스타로 군림하였다. 내게 할당된 부분은 게으름과 이국적 리듬의 애호가를 위한 것이었다. 이러한 스타일은 결국 에디 미첼로부터 '미스터 1볼트'라는 이름을 얻게 된 계기가 되었다.

바르바라, 기 베아르, 피아 콜롱보, 안 실베스트르, 크리스틴 세브르, 모리스 파농, 콜레트 세브로, 르네-루이 라포르그 등은 이미 활동 중이었고 작사-작곡자들은 한창 주가를 날리고 있었다. 그들 가운데 대부분은 능숙하지는 않더라도, 적어도 어느 정도의 입심과 매력을 가지고 있었으며 이것을 잘 써먹을 줄도 알았다. 나는 내약한 성량을 보완해주는 마이크에 꼭 달라붙어서 무대를 떠날 때만 손에서 놓았다.

카바레에서는 때로 아주 작은 곳에서도, 보비 라푸엥트나 래몽 드보스 같은 언어의 귀재들은 재빨리 그들의 진면목을 발휘한다. 장 얀은 휴대용 오르간으로 반주하면서, 도저히 거부할 수 없는 우상 파괴적인 노래 안에서 오늘날 누구나 인정하는 그의 유머와 개성을 이미 마음껏 발산하였다. 이 시대에 족적을 남긴 수많은 아티스트의 이름을 나는 끝없이 늘어놓을 수 있을 것 같다. 어떤 이들은 흔적을 남기지 않았고, 어떤 이들은 조각상으로 당당히 남아 있다. 그들은 모두 내 기억 속에 있다. 비록 여기 목록에 등장하지 않는다 해도.

에셸 드 자콥을 떠나면서, 나는 추천서도 얻게 되었고, 다른 곳에서 계약을 얼마든지 할 수 있었다.

콜레쥬 인, 포르 뒤 살뤼, 콜롱브가 나에게 문을 열어주었다. 또한 그레구아르-드-투르 길에 있는 조그만 곳, 부아트 오 샹송은 손님 대부분이 호모였는데, 내가 보여주는 젊은 곱슬머리 지중해인의 우스꽝스러운 몸짓에 열광하였다.

나는 공연의 세계에 물불을 가리지 않고 열정을 쏟았다. 그러나 여전히 내가 작사자가 될 것인지, 작곡가가 될 것인지, 반주자가 될 것인지 알지 못하였다. 중요한 것은 이 세계 안에서 사는 것이었다. 내가 천성적으로 노래하기를 좋아하는 것만큼이나 나는 '예술가적 삶'의 주변적 요소들 때문에라도 노래하며 살기를 좋아하였다. 나는 카바레의 분위기를, 공연이 끝난 다음을, 밤에 여는 레스토랑들을, 새벽녘 파리에서 우르크 운하까지 이어지는 만남을 사랑하였다. 그것은 시적이고, 가슴 뛰는, 생생한 삶이었다. 이 유토피아와 아름다움의 세계에서 우리 신인들의 사소한 근심 걱정은 가혹하게 보이지는 않았다.

이 시기에 즈음하여 조르주 무스타키는 전문 음악인으로 인정받고, 소액이더라도 그의 초기 작품들의 연주를 허락하면서 발생하는 저작권료를 받기위해, 막강한 SACEM, 즉 작사가, 작곡가, 음악편집인 단체에서 시행하는 시험을 통과해야만 하였다. 현장에서 치르는 철저한 실기시험으로 상송 작사가 부문을 지원하는 경우, 당시 쓰이던 표현으로, "그 자리에서 바로 뽑아주는 주제에 맞추어, 세 절로 이루어진 상송 한 곡이나, 동일한 분량의 시 한 편을" 쓰고, 작곡가 부문을 지망하는 경우 주어진 노래에 반주곡을 써야했다.

음악가 단체에서는 그 당시 전문적인 능력이 없는 사람들을 받아들이지 않았다. 가사를 쓸 수 있어야 하고, 여기에 음악을 붙일 수 있어야만 하였다. 음악적 전문 지식이 없던 나는 작곡가 시험에서는 낙방하였는데, 알 수 없는 이유로 작사자 시험에도 떨어졌다. 일종의 닫힌 교실 같은 방 안에서 영감이 떠오르기 힘들다는 것은 사실이다. 그러나 내가 보기에 답안을 잘 쓴 것 같은데 심사위원의 생각은 달랐다. 이 단체가 두 팔 벌리고 나를 맞아준 것은 다름 아닌 피아프가 내 노래를 부르고 난 다음이었다. 장고 렌아르트 조차도 후일 그가 명성을 얻고 수익을 많이 창출하자 예외적으로 받아들여졌다.

1955년 무스타키는 앙리 살바도르를 만난다. 말 그대로 스타를 만난 것이다! 2차 대전 기간 중, 이 재즈광은 브라질에서 레이 방튀라 오케스트라와 순회공연을 가지면서 솔로 경력을 쌓았다. 1948년부터 그는 자신의 이름으로 〈사랑의 병〉, 〈클로팽-클로팡〉을 녹음한다. 〈늑대, 암사슴 그리고 기사〉, 〈내게 용기를 주기 때문에〉, 〈너무나 예뻐〉, 〈생-제르맹-데-프레에서〉, 〈잠수부〉 (마지막 둘은 이단아 레오 페레의 곡이다) 같은 노래들은 삼분간의 웃음을 주는 〈앙리와 함께 즐겁게〉와 같은 스케치가 가미된 레퍼토리의 수준을 가늠케 한다.

모리스 슈발리에와 이브 몽탕과 더불어 (에투알 극장, 1953) 그는 프랑스에서 원맨쇼와 라이브 녹음의 선구자였다. 이 실황 녹음이 가능했던 것은 1950년대 초 LP와 비닐 수지의 사용이라는 혁명 덕분이었다. 1954년 살바도르는 플레엘 연주 홀을 나흘 저녁 빌려서 몇몇 미발표곡을 포함한 LP 한 장(〈플레엘에서〉)을 공개 녹음한다. 다음 해 그의 원맨쇼는 여섯 달 동안 파리에서 플레엘, A.B.C., 에투알, 도누, 카퓌신 등 다섯 개의 극장을 옮겨가며 공연에 들어간다.

나는 레미 클라리와 함께 한 해 겨울을 몽마르트르 언덕에 자리하고 있는 레스토랑, 세 폼에 출연했다. 주인아주머니의 통통한 모습이 사과를 닮아서 그랬는지 그녀는 프랑스어로 '사과'를 뜻하는 단어 pomme를 자신의 상호로 정하였다. 가끔은 영화배우로 활동하기도 하면서, 그녀는 연대의 표시로 아티스트들에게 문호를 개방하였고, 그들이 노래를 마치고 나서 홀 안의 손님들에게 돈을 걷으러 다니는 것이 적절한 대접이 아니라고 여긴 나머지 그녀가 대신 나섰다. 우리로서는 일종의 사회적 지위 향상을 맛보는 셈인데 우리가 직접 나서서 접시를 돌릴 필요가 없었기 때문이다.

한 손님이 나에게 자신이 추천했다고 전하라면서 앙리 살바도르를 만나보라고 넌지시 권한 것이 바로 이곳이었다. "그는 분명히 당신의 노래를 좋아할 거요." 그는 확언하였다.

살바도르, 열다섯 시절 나의 우상 가운데 하나였다. 기타로 반주하는 경이로운 가수이자 노래하는 경이로운 기타리스트. 프랑스, 미국, 서인도 제도, 브라질 등 모든 나라 음악의 하모니, 리듬 그리고 미묘함을 자신의 음악에 녹여 넣을 줄 아는 세련미 넘치는 작곡가. 그는 언어의 황금분할을 찾아냈고, 그가 무슨 노래를 하든, 그는 마법을 건다.

바로 그다음 날, 셰 폼의 손님이 권유해준 대로 나는 살바도르가 출연하고 있는 A.B.C.로 가서, 무대 뒤로 들어간 다음 그의 대기실 문을 두드렸다.

"들어오세요." 귀에 익은 억양의 여자 목소리가 들렸다.

나는 그녀가 이집트 사람일 거라고 추측하였다.

"맞아요. 알렉산드리아에요." 내게 그녀는 답하였다.

우리는 서로 포옹하였다. 살바도르 부인이었다. 이집트에서 태어난 아르메니아 사람으로, 결혼 전에는 자클린 가라베디앙이었다.

우리는 마치 오랜 친구들처럼 떠나온 나라 이야기를 하기 시작하였다. 그때 살바도르가 도착하였는데, 그는 나를 친척 가운데 한 사람인 줄로 알고, 그의 공연과 저녁 식사에 초청하였다. 이때쯤에 이르자 그는 내가 이제 방금 그의 처와 인사를 나누었다는 것을 알고서는 내가 그에게 보여주는 노래 두세 개를 낚아채었다. 그로부터 며칠이 지나 그는 그 노래들 가운데 하나인 <아몬드는 이제 없어

알렉산드리아 고양이

요>에다 곡을 붙였다. 이 가사는 아비뇽 근처에서 아몬드 나무들 사이를 한 여자 친구와 함께 거닐다가 만들어졌다. 가지만 앙상하게 남은 나무를 쳐다보면서 그녀는 프로방스 지방의 아름다운 억양으로 내게 말했다. "이제 아몬드가 없네요. 다람쥐들이 다 먹었나 봐." 이것이 노래의 시작이었다. 그 다음은 저절로 만들어졌다.

　하루는 살바도르가 그를 찾아가 보라고 내게 권유한 사람이 누구냐고 물었다. 내가 그에게 이름을 알려주자, 살바도르는 박장대소하였다. "다행히도 넌 그 친구가 추천했다는 말을 내게 하지 않았군. 그랬으면 그대로 쫓겨났을 거야. 난 그가 보기 싫거든."

05

잊힌 사랑의 말들
그 입술에 맴돌는지
사라진 추억들
꿈속 저 깊은 곳으로
그 옛날의 환영들
내 기억을 사로잡고
그녀를 다시 볼 때면
검은 드레스의 그녀를…

<그녀가 그걸 듣게 되면>

에디트 피아프는 조르주 무스타키가 노래한 기억 속에 "이렇게도 작은 위대한 여인"(〈그녀가 그걸 듣게 되면〉)으로 남아 있다. 그들이 만났을 때, 호적상 그녀는 "이미 오래전부터 스무 살이 아니었다." 하지만 그녀는 삶에 대한 마르지 않는 열정을 넘치도록 지닌 그런 나이였다. 그 시절 그녀의 노래 〈군중〉에서 보는 이미지 그대로였다. (페루 사람 앙헬 카브랄 작곡, 미셸 리브고슈 작사) 그보다 20년 전 A.B.C.에서 거둔 그녀의 성공은 '어린애 피아프'를 에디트 피아프로 만들었다. 모나리자만큼이나 국제적으로 유명한 스타, 그녀는 미국의 관객을 정복하였다. 미국인들에게 그녀는 다른 수식이 필요 없는 그냥 '프랑스 가수'였다.

그들의 만남을 주선한 이는 나폴리 출신의 놀라운 인사였다. 샹송과

알렉산드리아 고양이

영화 음악의 작곡가, 기타리스트에다 다른 누구도 아닌 몽탕의 반주자, 그 뛰어난 손놀림 때문에 "천 개의 손가락을 가진 사나이"로 불리던 사람, 앙리 크롤라는 스윙에 열광하는 대부분의 사람처럼 재즈와 샹송을 사랑하였다. (스테판 그라펠리, 루이 볼라, 위베르 로스탱 등의) 핫 클럽 드 프랑스 재즈 오인조와 그 위대한 마누슈 재즈 악단을 중심으로 스윙은 맴돌고 있었다.

신출내기 기타리스트로서 내가 고백해야 할 것이 있는데, 나는 이론의 여지 없이 최고로 인정받고 있는 장고 렌아르트보다는 앙리 크롤라에게 더 큰 열정을 품고 있었다는 점이다. 크롤라의 터치는 나를 가장 감동시키는 그런 부류의 터치이다. 영화 음악의 작곡가로, 그는 이브 몽탕의 반주도 맡고 있었다. 그는 막 몽탕에게 <프티 루이 씨>란 제목의 노래에 음악을 써준 참이었다. 나 역시 아리스티드 브뤼앙의 시, 「도마뱀」에 음표를 그려 넣은 참이었다.

우리 두 사람이 만든 멜로디에 비슷한 점이 있었고, 그러자 한 친구가 그에게 그것을 알리면서 우리 집에서 만나 두 작품을 대조해 보자는 약속을 잡기에 이르렀다.

그가 우리 집까지 오는 바람에 나는 아주 주눅이 들어서 그를 맞이하였다. 이 멜로디의 저작권에 대한 논쟁보다는 오히려 우리는 샹송을 같이 한 번 써보기로 하였다.

그가 도착한 순간부터 우리 둘을 갈라놓는 열네 살의 나이 차이에도 불구하고 친구를 다시 찾은 기분이 들었다. 서로 한눈에 친구가 되었다고나 할까.

몇 시간을 우리 집에서 보낸 다음 그는 피아프의 집에 약속이 있으니 날더러 같이 가자고 하였다.

"그녀가 널 알게 되면 좋겠어."

피아프의 집으로 간다는 것은 나에게 크롤라와 더 오래 있을 기회였다.

내 나이 스물셋, 피아프는 마흔둘. 나에게 그녀는 지난 시대의 사실주의적 가수로 보였다. 그날의 사건은 앙리 크롤라를 만난 것이었다. 피아프를 만나는 것은 관심 밖의 일이었다.

커다란 살롱 안에 팔걸이가 없는 긴 의자 하나, 안락의자 몇 개, 피아노 그리고 디바에게 그들의 노래를 바치러 온 일군의 숭배자들, 작사가들 그리고 작곡가들. 호의적인 분위기는 결코 아니었다. 이러한 무리 속에서 나는 마음이 편할 리 없었다.

소개한다는 뜻으로 크롤라는 나를 피아프 쪽으로 밀면서 이렇게 말했다.

"대단한 친구를 소개합니다. 글도 잘 쓰고, 연주도 잘하고, 노래도 잘 불러요."

피아프는 약간 냉소적인 말투로 내뱉었다.

"그럼 신사 양반, 그대의 천재성을 조금만 보여주세요."

그녀의 요청에 놀랐고, 그녀와 그녀 주위에서 호기심에 가득 차 비판적인 눈으로 바라보는 사람들에게 노래해야 한다는 사실에 주눅이 들었지만, 나는 기타를 집어 들고 내 레퍼토리 가운데 한 곡인 <햇볕 쬐는 발가락>을 불렀다.

그녀는 미소를 지었다.

"내가 그걸 불렀으면 하는 거죠?"

알렉산드리아 고양이

그때 마침 그녀에게 더 잘 어울릴 만한 노래 두세 곡이 내 가방 안에 있었다. 그러나 잘못 불러 망쳐버렸다.

"내 생각에 당신은 나를 잘 모르는 것 같군요. 나에게 노래를 보여주고 싶다면 날 좀 잘 알아야 할 것 같네요. 난 지금 올랭피아에 출연하고 있어요. 그곳으로 오세요. 초대합니다."

나는 불쌍하게도 시험을 망쳐버렸다. 그렇지만 나는 그녀에게 깊은 인상을 남겼다. 본능인가, 암묵적 동조인가 아니면 유혹인가?

한참 뒤에 냉소적인 청중의 압박이 없고 훨씬 평온한 분위기에서 그녀는 내가 지난번에 망친 노래들을 다시 들려달라고 요청하였다. 나는 그녀에게 불러주었다. <집시와 소녀>, <어떤 이방인>, <크랭크 오르간>, <에덴 블루스>. 그녀는 이 곡들을 가지고 멋진 녹음을 해내었다.

그녀는 나를 채근하여 내 노래를 다시 한번 더 보게 하고, 바꾸었으면 좋겠다 싶은 어휘나 더 다듬어야 할 멜로디도 내게 지적해 주었다. 내가 보기에 이미 완성되어 만족스러운 노래를 다시 살펴보는 것은 어려운 일이었다.

순회공연 기간에는 호텔에서, 자동차 안에서, 레스토랑에서, 그녀는 끊임없이 테마나 주제를 나에게 던지면서 가사를 써보라고 재촉하였다. 그녀는 새로 만들 노래만을 생각하고 있었다. 하루는 내게 조용히 속삭였다.

"어느 일요일, 런던에서 일어나는 이야기면 좋겠어요. 일요일, 런던은 이 세상에서 가장 슬픈 도시랍니다. 그러니 사랑의 슬픔, 어느 일요일 런던, 이러면 완벽한 절망이겠죠."

나는 레스토랑의 냅킨 위에 몇 마디를 쓰기 시작하였다. 운율을 맞추려던 중 우연히 "Milord"란 단어를 발견하였다. 순간 그녀가 멈추었다.

"노래가 바로 여기에 있군요. 다른 아이디어는 잊어버려요."

대단히 영민한 그녀는 이 단어 "Milord"를 가지고 내 구두에 징을 박아준 셈이 되었고, 대어를 손에 쥐고 있다는 것을 알고 있었다. 이삼일 후에, 칸의 마제스틱 호텔에서 나는 우연히 초고와 그 마법의 단어를 다시 보게 되었다. 나는 여기에서 무엇을 뽑아낼 수 있을지 스스로에게 묻고 또 물었다.

우리가 아는 그대로 이 노래, <나의 님>(Milord)은 세 절과 세 후렴구로 이루어져 있는데, 별다른 노력 없이 펜이 흘러가는 대로 저절로 내 머릿속에서 만들어졌다. 오히려 이렇게 쉽게 만들어져 놀란 나머지, 나는 피아프에게 가사를 갖다 주려고 방을 나섰다. 그녀는 문 앞에 앉아 나를 기다리고 있었다.

"난 당신이 내가 놓아둔 초고를 쓸 거란 걸 알았어요."

몇 가지 소소한 점을 빼고 가사는 완성되었다.

"괜찮다면, 마르그리트 모노에게 음악을 만들어달라고 부탁해야겠군요."

마르그리트와 함께 일하다니 이런 행복을 상상할 수나 있었겠는가. 이 여자는 모든 것을 다 갖추었다. 영감과 지적 능력. 여기에 더하여 멜로디, 화음, 분위기의 감각까지. 그녀는 작곡가로서 워낙 그 능력이 출중하여 피아노에 앉아 한 소절만 연주해도 이미 그녀의 손에서는 오케스트라를 위한 편곡까지 이루어져 있었다. 바이올린

알렉산드리아 고양이

과 금관 악기의 소리는 당연히 그것이 나타나야 할 자리에서 언제나 들리는 것이었다. 어린 나이에 클래식 피아니스트로 데뷔한 이후, 그녀는 <나의 외인부대 용사>와 같은 피아프 초기의 히트작 십여 곡을 작곡하였다. 여기에는 래몽 아소, 앙리 콩테, 그리고 때로는 그녀 자신이 작사자로 참여하였다.

<나의 님>은 피아프가 리사이틀에서 부르기 시작하면서, 녹음도 되기 전에 스탠더드 넘버가 되었다. 우리는 미국으로 떠나게 되어 있었다. 출발 전날, 그녀는 <나의 님>을 포함한 그녀의 새 노래들을 소개하기 위해, 그리고 같은 기회를 이용하여 나를 알리려고, 기자들을 레스토랑 막심스로 초청하였다. 그때까지는 소위 황색 신문들만 나에게 관심을 가졌다. 나는 가장 지저분한 아첨꾼들부터 가장 무례한 막말꾼들에 이르는 자들이 내뱉는 온갖 지저분한 소리를 듣게 되는데, 그들은 "피아프의 새 사랑"으로 부르는가 하면 "젊은 기둥서방"으로 칭하기도 하였다.

그녀가 <나의 님>을 부르자, 그것은 열광 그 자체였다. 나에 대한 온갖 험담도 씻겨졌다.

이렇게 언론에 소개된 후, 예기치 않은 일….

막심스에서 저녁 식사가 있던 그다음 날, 우리는 교통사고를 당하였다. 내가 운전을 하고 있었다. 비가 퍼붓고 있는 가운데 20톤 트럭한 대가 우리 앞길을 가로질렀다. 브레이크를 밟았지만 차는 도로옆으로 미끄러졌다. 피아프는 차 밖으로 튕겨 나갔고, 나는 정신을 잃었는데, 우리는 병원에서 재회하였다. 여러 주 동안 우리는 그녀의 몸과 목소리의 건강을 무척 걱정하였다. 얼굴이 퉁퉁 부어 병상에서 고통스러워하는 피아프의 모습을 몰래 찍으려고 파파라치들이 담을 넘기도 하였다. 이들을 내쫓기 위해 나는 때때로 주먹질까지 하였다.

우리는 병원에다 본부를 차렸고, 그녀는 친구들과 업계 관계자들의 방문을 받았다.

그 당시에는 출판편집자들이 샹송을 구매하였고, <나의 님>은 전설을 써가는 중이었으므로, 그들은 이 노래를 사기 위해 엄청난 금액을 제시하였다. 피아프는 이런 상황을 무척 즐겼다. 그녀는 이렇게 말했다.

"이건 내 노래가 아니에요. 모노 씨와 무스타키 씨에게 물어보세요. 그렇지만 이건 명심해야 할 거예요. 이 노래가 앞으로 공연에서 대단히 중요한 자리를 차지할 거라는 것 그리고 전 세계 어디를 가든 이 입장은 변함이 없을 거라는 것입니다. 이 정도면 가격을 제시할 때 여러분들이 충분히 고려할 만하겠죠."

내가 보기에 그녀는 천부적인 사업가이었다. 그녀는 우리를 위해 전례가 없는 금액을 벌어주었다.

이 노래의 판권을 획득한 이는 살라베르 부인이었는데, 같은 이름의 출판사를 경영하고 있었다. 그녀는 원래 자신이 제시했던 액수의 두 배를 제시하였고, 여기에다 철갑상어 알 2킬로그램을 첨가하였다.

피아프는 약속을 지켰다. 그녀는 가는 곳마다 <나의 님>을 불렀고 성공을 거두었다. 뉴욕에서 우리의 애정이 파탄을 맞이하였을 때, 그녀는 분노한 나머지 공연 프로그램에서 <나의 님>을 빼버리려고 하였다. 이건 그녀의 매니저가 내게 해준 이야기다. 그렇지만 훌륭한 직업의식이 발동하여, 원한 때문에 이 노래를 희생시키지는 않기로 하였다. 이리하여 <나의 님>은 살아남게 되었고 세기적 샹송의 반열에 들게 된다.

피아프는 끊임없이 새로운 노래와 무대 위의 아이디어를 찾았다. 퀘벡에서 클로드 레베이예를 만났을 때, 그녀는 그의 작사가로서 재능을 알아보고, 그녀를 위해 가사를 쓰도록 하기 위해 그를 란대로의 집으로 데려와 아예 가두어 버렸다. 단 한 절의 훌륭한 가사라도 얻어낼 수 있다면 그를 몬트리올에서 이리로 오게 하는 것쯤은 얼마든지 정당화되고도 남았다.

그 시기 피아프의 작사자 가운데 하나인 앙리 콩테는 여주인공이 장님으로 나오는 사랑의 샹송을 한 곡 쓰게 되는데, 그는 이 노래의 제목을 <넌 잘 생겼어, 정말>로 붙였다.

피아프는 즉각 무대연출의 아이디어가 떠올랐다.

"네가 이 아이디어를 가지고 음악을 만들면 참 좋겠는데. 그걸 해낼 수 있을는지 모르겠어."

그러고는 여기에다 덧붙였다.

"널 아주 높게 평가하는 우리 오케스트라 감독의 생각인데, 네가 멜로디에 대한 좋은 아이디어는 가지고 있는데 그걸 지속해서 전개하지 못한다는군. 도움이 필요하면, 그에게 말해보는 게…."

아픈 데를 찔린 나는 밤을 새워 텍스트에 어울리는 멜로디를 찾기로 하였다. 결국 그것을 찾아냈을 때, 시계는 아침 다섯 시를 가리키고 있었다. 나는 그녀를 깨웠다. 피아프는 언제나 새로운 샹송을 들을 준비가 되어 있기에 놀라지도 않았다. 나는 피아노에 앉았다.

결과에 만족한 그녀는 당장 앙리 콩테를 호출하였고, 잠에서 겨우 빠져나온 그는 아침 아홉 시까지 그 노래를 듣고 또 들었다.

<나의 님>과 <넌 잘 생겼어, 정말>은 그녀가 개입하여 태어났다. 한 번은 영리한 방식으로, 또 한 번은 도발적인 방식으로.

나에게 영감을 불어넣어줄 수 있거나 창조적 생각을 발현케 해줄 만한 공연이 있으면, 그것이 이 세상의 끝에 있다고 할지라도 우리는 갔을 것이다.

내 노래가 가지고 있는 밝고 즐거운 면에 주목한 그녀는 해리 벨라폰테를 만나 한번 노래를 보여주자고 제안하였다. 피아프는 일부러 시간을 내어 날 데리고 벨라폰테를 만나러 갔다. 이보다 더 좋은 선물이 어디에 있을까! 피아프에 대해 이런 식으로 회상할 때면, 내가 단편적인 에피소드만을 전달하는 인상을 주지만, 오히려 우리는 음악, 사랑, 말다툼, 폭소, 여행, 시련으로 가득 찬 일 년을 함께 보냈다. 나는 그녀의 세계로 들어가서 한 해 동안 실제로 그곳을 떠난 적이 없다. 열광적이고 진이 빠지는 한 해였다. 피아프가 어떤 사람인지 안다면 그것을 상상할 수 있을 것이다. 관대하고 사랑으로 넘치면서 동시에 철저한 완벽주의자며 소름이 끼치도록 무서운 여자라는 걸. 내가 그녀의 삶 속에서 사랑하는 사람으로 있을 때는 지배자로 군림할지 모르나, 내가 그녀를 위해 일을 할 때는 하인처럼 철저히 그녀에게 복종해야 했다. 그리고 그녀는 당신이 당신 자

알렉산드리아 고양이

신으로부터 뽑아낼 수 있다고 여기는 것보다 훨씬 더 많은 것을 뽑아낼 줄 안다.

그녀는 나를 광범위한 청중을 동원하는 대형 가수로 만들어보려고 하였고, 나의 내면적인 음색을 벗어나 내 것이라 볼 수 없는 음역으로 나를 몰아넣기도 하였다. 세련미를 강조하는 그녀는 정장과 넥타이, 그리고 구두를 챙겨주면서, 내 무대 위와 무대 바깥의 의상에도 신경을 썼다. 나를 위한 정장과 여기에 어울리는 구두를 구매하는 것은 아즈나부르의 몫이었다.

어느 날 저녁 알제에서, 내가 그녀의 공연 전반부에 출연하였을 때, 첫 번째 노래의 반응이 미지근하였고, 두 번째 노래의 반응은 얼음같이 차가워 나는 순간 어려움에 봉착하였다. 그때 무대 뒤에 있던 피아프가 마이크를 집어 들고 내 목소리를 보조하였다. 이를 알게 된 관객들은 폭발적인 박수를 보냈다. 나는 몹시 화가 나 무대에서 내려왔다.

"당신이 왜 끼어드는 거지? 망해도 내가 망하는 거지 당신 도움으로 박수받고 싶지 않아."

우스꽝스러운 짓인지도 모르고, 나는 그녀의 배려에 오히려 화를 내고 말았다.

나는 무대의 천재인 그녀로부터 많은 것을 배웠다. 그녀에게서 수많은 깨달음을 보았고 감탄하지 않을 수가 없었다. <군중>에서 3박자 춤, <탑 위의 죄수>에서 긴 원피스, <하루짜리 연인들>에서 그녀가 닦던 술잔을, 감정이 절정에 달하자 깨트려버리는 그 술잔을.

때로는 그녀가 <함부르크에서랍니다>를 부를 때, 무대 뒤에서 나는 안개주의보를 알리는 고동을 불기도 하였다. 북유럽 항구의 분위기를 환기하는 데는 이것으로 충분하였다.

<나의 님>의 마지막 부분에 가면 그녀는 자기 엉덩이를 두드렸다. 그 효과는 폐부를 찌르는 듯 그로테스크하였다. 절망에 빠진 한 영국 귀족을 달래려고 애쓰는 거리 여자의 이미지를 던져주기 때문이었다.

1958년 여름 에디트 피아프는 칸의 팜 비치에서 조르주 무스타키를 고용토록 한다. 그리하여 그는 그녀의 순회공연에서 전반부를 맡게 된다. 1958년 9월에 일어난 교통사고 때문에 월도르프 아스토리아 호텔의 엠파이어 룸에 있을 예정이었던 피아프의 출연은 연기되어 결국 다음 해 초까지 미루어졌다. 부상에서 회복하자 곧바로 그녀는 프랑스에서 순회공연에 돌입하였고, 1월에 미국으로 날아갔다. 미국은 공연의 첫 일정이었고 라틴 아메리카의 몇 개 나라까지 이 공연은 지속될 예정이었다. 그녀의 매니저 룰루 바리에, 오케스트라 감독 로베르 쇼비뉴가 그녀와 동행하였다. 함께한 일 년간의 생활을 뉴욕에서 청산하고 그녀와 조르주 무스타키는 결별을 선택한다.

함께한 일 년간의 삶이 지난 다음, 나는 기권을 선언하였다. 더 이상은 지탱할 수 없었다. 여행, 사고, 콘서트로 가득 찬 삶에 지칠 대로 지친 나머지 나는 멀리 떠나 쉬고 싶었다. 그녀 주위를 맴도는 어릿광대들, 아첨꾼들, 그리고 온갖 종류의 장사치로부터 나 자신을 멀리 떼어놓고 싶었다.

그녀는 누군가가 그녀 곁을 떠나려고 한다는 것을 참지 못하였다.

알렉산드리아 고양이

"만약 네가 이 문을 나가면, 다시는 돌아오지마."

나는 지중해 출신의 멋진 마초답게 그 문을 나갔다.

나는 '므슈 피아프'였다. 여왕의 부군으로서 내가 통치한 기간은 가장 짧은 편에 속했다. 한 해 동안 <나의 님>을 비롯하여 여러 노래를 쓰고, 스웨덴(나의 첫 비행기 여행), 아메리카, 북 아프리카를 여행하고, 마르그리트 모노, 미셸 시몽, 앙리 콩테, <나의 회전목마>, <파담 파담>의 작곡자 노르베르 글랑츠베르, 그녀의 피아니스트 로베르 쇼비니, 수잔 플롱, 그녀의 매니저였다가 1969년에 나의 매니저가 된 룰루 바리에 같은 중요한 인물들, 그리고 그 외에도 수많은 사람을 만났다. 성공, 열정의 순간, 그리고 결별의 첫 장면으로 점철된 그 한 해는 풍요롭고 진하였다.

크리스마스를 카사블랑카에서 세르당 집안의 사람들과 함께 보내고 돌아온 그녀는 몹시 변해 있었다. 얼굴은 부어올랐고 대단히 공격적인 모습을 보여주었다. 순진하게도 꿈에도 그런 생각을 하지 않았던 나는 그녀가 이 지경에 이르다니 술이라도 퍼마셨느냐고 물었다. 그 자리에 있던 룰루 바리에가 재빨리 개입하였다. "아니, 그걸 몰랐어?" 그는 내가 이 사실을 잘 알고 있고, 심지어 내가 그녀의 알코올 중독을 조장하고 있다고 여기고 있었다.

이러한 사실이 밝혀지면서 그녀의 심한 변덕, 그녀의 무기력한 순간에 이은 신경질적인 상태를 나는 이해할 수 있었다. 알코올에 대한 의존이 그녀를 지배하고 있었다. 그녀는 더 이상 마시지 않는다는 약속을 하였지만, 그것을 지킬 수 없었고, 공모자들이 벽장 속이나 화장실 안에 숨겨둔 맥주를 계속해서 마셨다. 식당에서 때때로 그녀는 '포르토를 담은 멜론'(melons au porto)을 주문하는데, 그것은 멜론보다는 속에 든 포르토를 마시기 위해서였다. 알코올에 대한 욕구를 충족시키려고 그녀는 이 아페리티프를 두 번 세 번 시켜먹었다.

그녀가 끊임없이 술을 마셔왔다는 것을 알았을 때, 나는 배반감을 느꼈고 바보 같은 고집에 그 자리에서 당장 그녀를 떠나고 싶은 마음뿐이었다. 룰루는 외교적 역량을 총발휘하여 내가 뉴욕의 월도르프 아스토리아 공연에 그녀와 동행하도록 설득하였다. "네가 만약 그녀를 떠나면, 그녀는 절망에 빠질 것이고 모든 공연을 취소할 거야. 그건 그녀의 커리어에 치명적일 것이고 재정적으로도 마찬가지일 거야. 월도르프 최종 공연이 끝나면 가장 자연스럽게 그녀에게서 멀어지도록 내가 도와주지."

나는 받아들였다.

피아프와 함께 보내는 마지막 몇 주는 흥미롭고 흥분을 자아내는 작업으로 가득 찼지만, 임박한 이별을 생각하면 지극히 멜랑콜리하였다. 나는 룰루에게 한 약속을 지켰다. 그도 그가 한 약속을 지켰다. 뉴욕에서 승리를 거둔 후에 그는 나의 작별을 준비하였다. 그렇지만 고통을 피할 수는 없었다.

나를 프랑스로 데려갈 여객선 리베르테에 승선하는 전날, 뉴욕에 남게 되어 있는 피아프는 내가 그녀를 기다리며 그녀의 집에 머물러 있기를 고집하였다.

그로부터 몇 주 후, 언론을 통해 그녀의 새로운 연인이 등장했음을 알게 된 나는 피아프의 거처와 그녀의 세계를 떠났다.

여러 해가 지난 후 그녀가 한밤중에 내게 전화하였다. "나한테 좀 와!"

나는 자동차를 타고 파리를 가로질렀다. 시계는 새벽 두 시를 가리키고 있었다. 그녀의 비서가 나를 맞이하였고, 한 시간을 족히 기다리게 한 다음 나를 그녀의 방으로 인도하였다. 뉴욕 이후 우리는 서로 만난 적이 없었다.

"내가 널 부르면 네가 올 거라는 걸 믿어도 좋을지 알고 싶었어."

그녀의 유일한 말이었다. 가슴이 저며 오기도 하지만, 약간 병적으로 보이기도⋯. 아니면 둘 다인 것 같기도⋯.

신체적으로 그녀는 이미 퇴락의 길에 접어든 것으로 보였다.

좀 덜 늦은 시간에 그녀는 두 번째로 나를 불렀다. 내가 그곳으로 갔을 때 이번에는 나를 기다리게 하지는 않았다. 그 사이에 그녀는 테오 사라포와 결혼하였다.

"알겠지, 난 아주 어린 청년하고 결혼했어. 너처럼 그리스 사람이야. 너와 나이가 거의 비슷한데 너보다 훨씬 가냘퍼. 네가 그 애를 버리지 않으면 좋겠어. 그리고 내가 죽으면, 네가 그의 친구가 되어 줘."

살아 있는 그녀의 모습을 본 것은 그때가 마지막이었다.

06

내 면상은 어디서 굴러먹다 온 놈
떠돌이 유대인 그리스인 목동처럼
머리카락 바람에 떠맡긴 채….
나는 돌아오려네 달콤한 포로여
영혼의 동반자 생명의 원천이여
난 돌아오려네 네 스무 살을 마시러….

<떠돌이>

〈나의 님〉 이후 정확히 십 년 만에, 1969년 〈떠돌이〉의 거대한 성공은 조르주 무스타키에게 가수로서 커리어의 개막을 알리는 신호탄이었다. "어떻게 보면 은퇴한 십 년간의 삶이었다"고 재미있다는 듯 웃으며 그는 털어놓았다.

피아프를 알았다는 것이 이 분야에 몸을 담고 있는 사람들과 어울리는 것을 어렵게 만들었다. 그녀는 가수로나, 여성으로나, 인간으로나, 평균을 훨씬 넘어섰다. 나는 약간 길을 잃어버린 것처럼 느꼈다. 나 자신을 포함해 모두로부터 나는 거리를 두었다. 저작권을 통해 수입이 생기기 시작한 덕분에 나로서는 영리적인 활동에 서둘러 나설 필요가 없었다. 멀리서 바라보면, 그것은 사막 횡단이나 은퇴와 유사하였다. 나에게 그것은 기다림의 시간이고, 만회의 시간이었으며, 나의 비밀스러운 정원을 가꾸는 기회이기도 하였다.

나는 내 취향과 가장 유사한 가수에게 다가갔다. 그녀는 콜레트 르나르였다. 그녀에게는 또 다른 세계의 출중한 음악적 능력이 있었고, 불꽃이 있었고, 엄격함이 있었다. 그때 그녀는 <정다운 여인 이르마>를 막 발표하였는데, 내가 존경하는 마르그리트 모노의 음악에 실려 있었다. 우리는 새로운 두 노래 <음악가들>과 <데이지>를 가지고 매우 아름다운 직업적 관계를 유지하였다.

히트곡을 만드는 방법을 알지 못하므로 나에게 그것을 요구하는 이들에게 제공해 줄 수는 없었다.

위그 오프래나 피아 콜롱보와 같은 친구들은 때로 내 서랍 안을 뒤져, 노래 한 자락을 찾아내었고, 우리가 함께 완성한 그 노래를 그들이 녹음하기도 하였다. 나는 특별한 전망도 없이, 또한 초초함도 없이 그냥 살았다.

1960년 나는 처음으로 내 목소리로 녹음을 하였는데, 에디 살렘이란 가명을 사용하였다.

어떤 일로 조합 차원의 분쟁이 생겼는지는 모르겠지만, 국제 음악 출판 사무국은 나의 이 레퍼토리를 사용하는 것을 금지하였다. 뒤크르테-톰손의 예술국장은 나에게 이집트의 민중 노래를 녹음하자고 요구하였다. 에디는 당시 오리엔탈 폭스풍의 <무스타파>를 가지고 봄 아잠을 막 띄운 에디 바르클래를 놀려먹느라 쓴 이름이고, 살렘은 아랍어로 '평화'를 뜻하는 말이었다.

나는 이런 녹음들을 장난으로, 그리고 감상적인 행위로 치부하였다. 이 활기찬 곡조들은 아랍풍이 강조되면서 내 어린 시절을 생각나게 했다. 이제는 말할 수 있지만, 나는 심지어 민중풍이라고 내세우며 이러한 노래들 가운데 하나를 만들어내기도 하였다.

<에디 살렘, 그의 오케스트라와 그의 아랍 가수들>이란 제명의 싱글 음반에 이어서 우리는 쥘 다생의 영화 <일요일은 안 돼요>의 주제가 <피레의 아이들>을 그리스 가수들과 녹음하였는데, 그 곡은 당시 대유행이었다.

이집트적 영감에 이어서 그리스적 영감이 고갈되자 녹음실은 우리 차지가 되었다. 만화영화 닉 카툰의 음악을 담당한 바 있는 오케스트라 감독 앙드레 리베르노의 도움을 받아 앙리 가르생, 위그 오프래, 유명한 인류학자 베르나르 으벨만, 생-브누아 길에서 만난 한 미국인 가수와 함께 나는 몇 개의 록을 패러디하여 녹음하였다.

이 모든 <에디 살렘>은 최근 간행된 모음집 CD 한 장에 수록되어 있으며, 그 누구도 예기치 않았던 중요한 자료이기도 하다.

조르주 무스타키는 이어서 자신의 이름으로 <선생님, 안녕>에 이르기까지 여섯 장 가량의 싱글 음반을 녹음한다. 1965년 음반회사 뒤크르테-톰손은 그에게 계약 해지를 선언한다. 이 싱글들은 <떠돌이>의 성공에 힘입어, 더블 앨범의 형태로 1971년 다시 부상한다. 이 노래들 가운데 <음악들>, <상하이에서 방콕까지>, <에덴 블루스>, <사랑의 나라> (초기 버전으로)도 들어 있다. 스스로에게 물어보라, 이미 그의 모든 것이 들어 있지 않은가?

나의 곡 해석은 소극적이고 단조로웠다. 나에게는 압도하는 힘이

알렉산드리아 고양이

없었다. 나 자신을 판촉할 줄도 몰랐고 그렇게 하려는 의지를 보이지도 않았다. 나는 튀크레테-톰손의 담당자에게 마지막으로 앨범을 만들어보겠다고 제안하면서, 나도 앨범의 판매 추이를 심각하게 살펴볼 터이니 그도 나처럼 노력을 기울여 달라고 부탁을 하였다. 그는 내게 대꾸하기를 함께 여섯 해를 보냈는데 특별히 만들어낸 것도 없으니, 이쯤에서 서로 그만두는 것이 어떠냐고 완곡하게 말하였다. 나는 <떠돌이>의 원본을 들고서 모든 음반제작사를 뒤지고 다녔다. 모든 곳에서 거부당했다. 나는 별로 고통스럽지도 않았다. 나는 직업적이거나 사회적인 삶으로부터 조금 물러나 관조하며 살아가고 있었다. 나는 사회에 무관심하였고, 사회는 나에게 무관심하였다. 생-루이 섬의 멋진 고립은 나와 완벽하게 어울렸다.

오직, 한 쌍의 신인 가수들이었던 카트린 르포레스티에와 막심 르포레스티에 남매들만이 열정적으로 나에게 용기를 북돋워주었다. 그들의 도움으로 이 노래는 훨씬 나아졌다.

1950년대 말, 아직 '갈색 머리의 키 큰 여인'이 아니었던 그녀는 오늘날 전설적인 장소인 그랑-조귀스탱 부두길에서 노래하고 있었다. 옛날 센 강을 항행하던 선원들의 선술집이었다가 카바레로 바뀐 이곳은 그 상호를 지난 세기 초에 라 모네 부두에서 퐁-뇌프의 첫 아치에 이르는 수문(écluse)에서 가져왔다. 저녁마다 최대 팔십여 명의 손님들이 미지의 가수가 부르는 노래를 듣기 위해 이곳 에클뤼즈에 왔다. 그녀는 예명으로 성이 없이 이름만을 선택하였다. 그녀는 리사이틀에서 벨에포크의 레퍼토리에서 차용한 프라크손의 〈주인님의 친구들〉, 잔로프의 〈배우의 정부〉 등도 불렀지만, 마찬가지로 그녀는 브라센스의 〈엑토르의 아내〉와 거의 무명에 가까운 브렐의 〈우린 바라보아야 해〉와 〈왕의 어릿광대〉 같은 노래들을 불렀다. 조금씩 조금씩 그녀는 〈경의를 표하며〉, 〈언제 돌아올 건가요?〉, 〈라일락의 계절〉과 같은 자신의 첫 작품들을 무대 위에서 부르기 시작하였다.

우리는 20대에 서로 알게 되었다. 나는 내 노래를 불러줄 가수를 찾느라 카바레를 어슬렁거리며 다녔다. 그녀는 이미 카바레 에클뤼즈의 디바였으며, '한밤의 가수'로 불렸다. 스타의 풍모를 이미 보여주고 있었다. 이내 우리 둘은 서로 잘 통한다는 느낌을 갖게 되었으며 나는 그녀에게만 독점적으로 내가 만든 샹송을 주었다. 그녀는 그 당시 거의 작사를 하지 않았다. 그녀는 1961년에 〈상하이에서 방콕까지〉와 〈그에 대한 말을 들을 거예요〉를 녹음하였다. 그녀는 여전히 리브고슈 스타일을 지니고 있었다. 좀 더 넓은 음악적 영역을 찾으려고 그녀는 내게 자신을 위해 가사도 써달라고 부탁하였다.
내가 레뮈자 길에 있는 그녀의 아파트로 일하러 갔는데, 켜져 있는 텔레비전 수상기가 내 눈을 사로잡았다. 나는 그때 수상기가 집에 없었다. 잠들 때만 빼놓고 나는 그것에서 눈을 떼지 않았다. 하루는 그녀가 전원을 꺼버렸다.
"한 글자도 안 쓰면, 이걸 치워버릴 거야."
이어지는 프로를 보기 위해 마음이 급해진 나는 기타를 집어 들었고, 갈색 머리에 키가 큰 그녀가 내 앞에 있기에 이렇게 더듬거리며 노래를 시작하였다. "갈색 머리 키 큰 여자를 위해"(Pour une longue dame brune). 여기에 운율이 일치하도록 "환한 달빛 속에서"(au clair de la lune)를 이어서 배치하였다. 즉흥적으로 만들어

알렉산드리아 고양이

진 음악 위에 가사는 저절로 날아왔다. 한순간의 은총으로 노래가 태어난 것이었다. 바르바라는 피아노에 앉아서 다음 소절을 이어 불렀다.

이 노래는 듀엣으로 불리도록 만들어졌다.

"우리는 이제 서로 연결되고 말았네. 네가 없이는 난 이 노래를 결코 부를 수 없을 거야."

함께 TV에 출연하여 이 듀엣곡을 부르고 난 후 나는 그녀의 순회 공연을 따라나섰다.

이것은 우리가 일상적으로 만나서 자연스럽게 같이 하던 것을 무대 위에서 연장하는 것에 지나지 않았다.

어느 날 저녁 나는 그녀와 함께 뮐루즈에 있었는데, 바르바라가 세 번째 곡에서 갑자기 몸에 이상이 발생하였다. 공연이 잠시 중단되었다. 사람들이 무대 뒤에 있던 나를 찾아왔고, 그녀가 회복되기까지 약 한 시간 동안을 내가 무대 위에 서게 되었다. 이미 나를 찾는 관객들이 있다는 것을 나는 그때 깨닫게 되었다.

1969년 올랭피아가 있었다. 우리의 듀오는 서서히 성공을 거두기 시작하였다.

바르바라는 '리브고슈' 출신이지만, '리브드루아트'의 인물로 인정받는 에디트 피아프에 버금가는 대중적 흡인력을 지니고 있었다.

바르바라에게는 이미 음악도, 가사도, 목소리도, 인물됨도 있었다. 그녀는 단순히 샹송의 작기리기보다는 삶의 순간들, 독백, 반항, 상처와 같은 그녀만의 감수성과 경험을 통하여 태어난 말과 음악을 노래하는 여인이었다.

같은 시기에 그녀는 <난, 흔들거려요>를 녹음하는데, 넬리 카플란의 영화 <해적의 약혼녀>를 위해 내가 만든 노래 가운데 하나이다.

몇 해가 지난 다음, 우리가 같이 참가하였던 축제를 끝마치고 레바논에서 돌아왔을 때, 그녀는 피아노 위에서 내가 새로 쓴 텍스트 <직선>을 보았다. 그녀는 멜로디를 즉흥적으로 붙이기 시작하였다. 나는 예술적 영감을 받아 창작에 몰입하고 있는 그녀에게 내가 이미 음악도 만들어 놓았으니 그만두라고 말할 수는 없었다. 그녀는 이렇게 결정하였다.

"그건 어째도 상관없는 일, 우리가 각각 만든 노래를 각자 부르고 나중에 이것들을 연결하지 뭐."

1972년에 나온 우리의 앨범에 우리는 이 두 개의 버전을 나란히 실었다. 그러고는 프랑스 동부 지역으로 긴 시간 공연을 떠났는데, 그녀가 1부에 출연하겠다고 고집하였다. 그녀의 유명세를 고려할 때 이것은 다소 의아해할 일이었다.

공연을 위한 나의 여행이 점점 길어지고 멀어지면서, 우리의 관계도 일시적 중단 상태로 들어갔다. 그녀가 프레시에 자리 잡은 이후로는 우리는 팩스를 통해서만 서로 소식을 전하였다.

1997년 초에 나는 <오데옹>이라 이름 붙인 노래 한 곡을 그녀에게 보냈다. 한 때 찰리 채플린의 영화를 상영하던 이 동네 생-제르맹-데-프레의 한 영화관에서 영감을 얻었던 것이다. 어떻게 보면 우리 세대의 시네마 천국이리라.

"우리 둘이 새로운 듀오를 결성하지 못할 것도 없잖아?"라고 내가 글을 보냈다.

알렉산드리아 고양이

그녀는 나에게 대답하였다.

"내가 이젠 노래하지 않는다는 걸 넌 모르는 모양이야."

나는 내 요구를 회피하는 교묘한 방식이라고 믿었다. 사실은 그녀의 병세가 심해지고 있다는 것을 내가 이해해야 했다.

"늙어가는 배우와 복귀하는 작사가-작곡가. 한물간 두 사람. 시작이 잘못된 두 사람. 그것은 우스꽝스럽고, 감동적이면서 동시에 열광케 한다." 무스타키는 세르주 레지아니를 만난 소감을 1973년 마리엘라 리기니와 함께 르 쇠이유 출판사에서 출간한 저서 『샹송에 대한 질문』에 이렇게 적고 있다. 배우이자 연기자인 그는 (잔 모로를 샹송의 세계로 인도한 적이 있는) 자크 카네티의 강력한 권유에 따라 1965년 아카데미 샤를 크로 대상을 수상한 보리스 비앙의 앨범을 이미 녹음하였다. 바르바라의 권유 아래, 그는 가수로서 커리어를 시작하기 위해 경이로운 첫걸음을 내딛는다. 몇 달이 지나지 않아 모두의 예상을 뒤엎고 그의 두 번째 앨범(1967)은 판매 기록이 톱에 육박하는가 하면 모든 라디오가 〈늑대들〉(알베르 비달리), 〈꼬마〉(장-루 다바디) 그리고 무스타키가 만든 세 곡(〈사라〉, 〈나의 자유〉, 〈나의 고독〉) 그리고 이어서 그에게 맡긴 〈당신의 따님은 스무 살〉, 〈나에게는 시간이 있어요〉, 〈그대의 몸짓〉, 〈보통 사람을 위한 진혼곡〉을 전파에 실어 보냈다. 운명의 신호만을 기다리고 있던 아름다운 노래들의 부케라고나 할까. 여기에 바르바라의 개입은 조르주 무스타키에게 작사가-작곡가로서 자신의 소명을 되돌아보도록 만든다.

하루는 바르바라가 캉에서 내게 전보를 보냈다.

"내가 하는 공연에 네 흥미를 끌 만한 사람이 있어. 와서 한번

들어보고 그에게 노래를 써주면 좋겠어."

나는 기차를 탔다. 문제의 사람이 내가 사춘기 시절부터 감탄해 마지않는 세르주 레지아니라는 걸 나는 몰랐다.

나는 <베로나의 연인들>(Les amants de Vérone), <황금투구> (Casque d'or)와 그의 다른 영화들을 보고 또 보았다. 리사이틀에서 그는 알베르 비달리와 루이 베시에르의 <늑대들>을 제외하면 전적으로 보리스 비앙의 노래만을 불렀다. 남자로서, 그리고 가수로서 그는 내 인생에서 만난 사람들 가운데 가장 개성적인 인물 중 하나였다. 돌아오는 기차 안에서 우리는 조심스러운 말투로 대화를 나누었지만, 이미 세르주라고 이름을 부르는 친근한 사이가 되었고, 나는 왜 이 마흔네 살의 남자가 배우로서 확고한 입지를 구축하고 있는데도 불구하고, 데뷔탕 가수가 되려는 마음을 먹고 있는지 자문하면서 미래의 계획을 그려보았다. 그의 설명은 이러했다.

"나는 이탈리아 사람이에요, 나는 노래를 하도록 만들어진 사람이죠. 난 정말 그걸 사랑한단 말입니다!"

나는 그에게 "내가 당신과 아는 사이가 될 거라고 생각하지는 못했지만, 당신을 위해 가사를 쓸 준비는 되어있다"고 대답하였다.

파리에 돌아오자, 그는 나의 조그만 아파트를 본부로 삼았다. 그는 나에게 여러 사진도 보여주고, 자기 이야기를 하는가 하면, 나에게 보들레르, 랭보, 베를렌느의 시를 낭송해주며 나의 영감을 깨우려 하였다. 그러다 어느 날, 찰카닥 소리! "내 침대 속 여자는 오래전부터 스물이 아니지." 그가 내가 써 주었으면 하고 바라는 노래의 시작이었다. 그는 삶에 지친 나머지, 약간은 구부정하고, 거무스레

한 눈매의 여인들을 좋아하였다. 그의 눈에 그들은 남자의 마음을 어쩔 수 없이 약하게 만들고, 연민에 빠지도록 하여 결국 남자의 마음을 사로잡는다. 당시 열여덟 처녀에게 한참 빠져있었던 나는 내가 알게 되었을 무렵 이미 오래전부터 더 이상 스물이 아니었던 피아프를 다시 생각하게 될 때까지는, 주제와 벗어난 곳에서 문제를 풀고 있었다. 그 순간부터 노래는 저절로 만들어졌다. 세르주와 나, 우리는 서로 너무나도 멋지게 손발이 맞아서 그의 노래인지 나의 노래인지, 누가 쓴 것인지를 알 수 없었다. 그것은 <에디트>라는 제목을 달수도 있었으나, 우리는 보들레르의 시를 염두에 두어 <사라>로 불렀다. 레지아니는 배우로서 일종의 침체기로부터 벗어났고, 성공적인 가수가 되었다. 모두의 예상을 뒤엎고.

그는 나를 무대 앞으로 불러냈는데, 처음에는 작사자로서, 그리고 다음에는 가수로서였다. 내 노래의 진가를 상기시켜 준 레지아니 덕택에 나는 가는 곳마다 퇴짜를 맞았던 음반 프로젝트를 다시 끄집어내었다.

폴리도르 레코드의 회장, 자크 케르네르가 관심을 보였다. 나는 싱글로 히트를 기록하여 히트 퍼레이드의 한 자리를 차지하는 것을 목표로 삼는 것이 아니라, 작품에 상응할 수 있는 앨범을 만들겠다는 강한 의도를 표방하였다.

능력 있는 경영인으로서 케르네르는 경제적으로 우선 신중할 것을 주문하였다.

"타이틀 두 곡을 실은 싱글을 내고 잘 되면 앨범을 하나 만듭시다."

이 모든 말이 설득력이 있어 나는 제안을 받아들였다. 같은 자리에서 그는 싱글 한 장의 비용으로 두 장 내도록 하면 어떻겠느냐고 설득하기까지 하였다.

그러면서 이렇게 이유를 설명하였다.

"만약 첫 번째가 잘 안되어도 우리는 조커를 꺼낼 수 있으니까요."

첫 번째 디스크, <조제프>와 <너무 늦었어요>에 대한 반향은 거의 없었다. 우리에게 <떠돌이>와 <여행>이 남았다.

나는 이것을 디스코라마에서 불렀는데, 수많은 데뷔탕을 발굴해낸 드니즈 글라제가 진행하는 텔레비전 프로였다.

의자 두 개에 마이크 두 개가 전부인 간결한 장식 안에서 우리는 담소를 나누었는데, 한마디 한마디가 중요성을 띠고 있었다. <떠돌이>는 대성공을 거두었다.

폴리도르의 음반 제작기는 그다음 날부터 몰려드는 주문에 응하기 위해 전속력으로 돌기 시작하였다. 하루에 오천 장씩 팔려나갔다.

삼 년 전, 피아 콜롱보가 <떠돌이>를 불렀지만 아무런 반응이 없었다. 코카트릭스는 그녀에게 올랭피아 무대의 공연에서 이 곡을 레퍼토리에서 삭제하라고까지 하였다. "그대는 떠돌이의 면상을 하고서"로 시작하는 이 노래는 여성의 목소리로 이인칭 화법으로 불러서인지, 노래 자체가 착 달라붙는 맛이 없었다. 이탈리아 사람이라 그 역시 나처럼 떠돌이임에도 불구하고, 레지아니는 이 노래를 불러야 할 사람은 바로 나라고 주장하면서 노래하기를 거부하였다.

칠십오만 장, 그리고는 백만 장, 백오십만 장…. 앨범 한 장, 즉 '나의' 디스크를 만들 가능성이 주어졌다. 나의 명함이라 할 수 있는 이 디스크, 그 안에는 <떠돌이>를 포함하여, <바다가 내게 주었네>,

<가스파르>, <여행>, <나의 고독>, <너무 늦었어요>, <삶의 시간>, <사랑의 나라>, <우편배달부>와 두 개의 연주곡 등 모두 열두 곡이 나열되어 있었다. 나는 앨범 재킷 안팎에 모든 것을 다 담았다. 피아프, 레지아니, 바르바라의 사진. 브라센스가 1954년 내게 써주었던 텍스트와 샹송의 노랫말들. 단지 두 장만 팔았다고 하더라도, 나는 이 앨범을 놓치고 싶어 하지 않았을 것이다. 그래서 나는 그 안에 나의 부적과도 같은 가수들 모두가 나오도록 고집했던 것이다.

앨범 – 회색 재킷, 바람에 정신없이 휘날리는 머리털, 그의 상징적인 사진 – 1969년 7월에 출시. 1968년 5월의 혁명, 젊은이들에 의한 발언권의 요구에, 소비사회의 삶이 아닌 다른 형태의 삶을 추구하는 그들의 욕구에, 호응하는 모습으로 앨범은 등장한다. 부드러운 인상의 떠돌이와 등장인물과의 동일시는 무스타키에게 유리하게 작용한다.

나는 이미 파리의 한복판, 생-루이 섬에 살고 있었고, 그곳에서 아늑한 삶을 누리고 있었다. '떠돌이'란 말에 어쩌면 나는 빙긋이 웃었을지도 모르며, 나 자신 어떤 '떠돌이다움'도 표방하지 않았다. 그런데 사람들은 옳건 그르건 간에 어쨌건, 60년대에 프랑스에 살고 있던 3월 22일 운동의 '유대계 튜튼인' 지도자에게 추방령이 내리면서 등장한, "우리는 모두 독일계 유대인이다"라는 슬로건과 <떠돌이> 사이의 유사성에 주목하였다.

그 당시 매번 누군가가 다름에 대한 권리를 받아들이고 주장할 때면, 그는 자기 자신의 것을 만들기 전에 떠돌이의 깃발을 높이 들었다.

나의 또 다른 노래 가운데 하나로(1968년 5월 혁명의 한복판에서 촬영된 영화와 같은 이름의 영화주제곡), <삶의 시간>도 유사한 영향을 끼친 바 있다. 학생들이 벽 위에 이러한 종류의 슬로건들을 썼기 때문에, 그들이 소비 사회와 "지하철-직장-잠"이란 노동자의 반복적 일상을 규탄할 때 그들은 이 노래를 시위에 포함시켰다.

프랑스를 비롯하여 다른 모든 나라에서 불법체류자는 오늘날 떠돌이로 취급된다.

나는 불법 이민자였다. 파리의 빛에 이끌려 단지 그곳에 살고 싶다는 이유만으로 나는 파리에 왔다. 나에게는 무슨 커리어를 쌓아갈 마음도 공부를 더하겠다는 욕망도 없었다. 나는 닥치는 대로 일하며 살았고, 집집마다 방문하며 시집을 팔았으며, 완전한 불법 안에서 살고 있었다. 피아프가 만들어준 가짜 증명서 덕택에 나는 봉급생활자의 지위를 얻을 수 있었다. 고위 공무원이자 (질베르 베코의 많은 노래를 작사한) 시인인 루이 아마드는 그의 직책을 이용하여 체류하면서 문제가 생긴 공연계의 그의 친구들과 그 친구들의 친구들의 처지를 해결해 주었다. 나 역시 발각되면 추방될 수도 있는 상황 속에서 10년을 보내고 나서 그를 통해 합법적인 체류증을 얻을 수 있었다. 그러면서도 나는 십여 곡의 샹송을 썼다. 나의 처지는 추방될 위기에 처한 오늘날의 불법체류자와 다를 바 없었다.

1985년, 오래전부터 프랑스어의 시민이었던 조르주 무스타키는 프랑스 시민이 된다.

알렉산드리아 고양이

그것은 논리의 문제이다. 프랑스에서 살면서 이 나라에 대한 귀속의 타이틀을 하나쯤 가지는 것이 나에게는 정상적으로 보였다. 나는 사실상 프랑스 사람이었고, 이제 법적으로 그렇게 되었다. 프랑스에서건 외국에서건 프랑스 문화의 대표 자격으로 나를 초청하고 있는 국가기관에서도 그렇게 여기고 있다. 그때까지 나는 10년마다 약간의 행정적 번잡스러움을 감수하면서 거의 반영구적인 체류 허가증을 갱신하였는데, 그 위에는 '특별거주자'라는 표시가 거창하게 찍혀있다. 내 딸은 나의 프랑스 국적 취득을 위한 절차를 본인이 자청하여 직접 밟아보겠다고 나섰는데, 시간도 많이 걸리고 괴로운 일이었다. 과거에 소위 운동권에 몇 번 몸담았던 사실들이 나에게 문제가 되어, 나에 관한 서류철을 무겁게 하였다. 2년 동안 나의 귀화는 한 달씩 한 달씩 뒤로 늦추어졌다. 나는 결국 언론에다 성가시고 복잡한 행정처리 때문에 프랑스 사람이 되기를 포기한다고 발표하고 말았다. 학교에서 내가 쓴 시를 가르치고 있는데도 행정기관에서는 나에게 내가 프랑스어로 표현할 수 있음을 입증해 보이라고 요구하였다.

이것을 우회하기 위해서는 프랑수아 미테랑 대통령의 관심과 도움이 필요하였다. 대통령 자신도 때때로 관료주의적 병폐의 희생자가 된 적이 있었다고 내게 털어놓기까지 하였다.

지금 나에게는 조국이 둘이다. 그리스와 프랑스. 그리스 헌법에 따르면, 그리스인으로 태어나면 그리스인으로 죽는다. 나는 내 심장과 피로서 사실과 법에 따라 그리스인이고, 나는 항상 그리스 여권을 소지하고 있다. 프랑스인이 되는 것은 내가 프랑스 말로 살고, 말하고, 쓴다는 점에서 나에게는 감정적이고 논리적인 행위이다. 나는 마찬가지로 스페인 여권을 요구할 수 있을 것 같다. 오늘날의 스페인이 이사벨라 가톨릭 여왕 치하의 16세기에 이베리아반도에서 쫓아낸 세파라드 유대인들에게 그들의 시민권을 복원시켜주겠다고 제안하였기 때문이다. 그러나 기대는 되지만 그 과정에도 여전히 관료적 병폐가 끼어들지 않을까 꺼려진다.

알렉산드리아 고양이

07

우리는 원했지 전부 그리고 당장
우리는 원했지 속박 없이 살기를
그리고 대지 위에서 노닐기를
국경에 머리를 찧는 법 없이
우리는 원했지 불가능을 요구하기를
우리는 원했지 평화로운 폭풍우를
우리는 원했지 무엇보다 먼저 사랑을
중독이 되도록 넘쳐나는 행복을
상상력이면 무엇이든 할 수 있었지…

<우리는 원했지>

부서진 굴레, "그 무엇도 이제는 전과 같지 않다"고 사람들은 단언한다. 풀려버린 닻줄, 1968년 5월은 반항이요, 말의 놀라운 축제다. 수십 수만 명의 사람들은 대부분 젊은이로서, 토론하고, 토의하고, 큰 목소리로 꿈꾼다. "벽도 말을 한다", "인간 이전에 숲이 있고, 인간 이후에 사막이 남는다"를 여기서 읽는다. 조금 더 가면, "일하지 않는 사람들은 결코 지루한 법이 없다." 혹은 심지어 "행동은 충분해, 이제는 말을"도 보인다. "체계적으로 우연을 탐구해야 한다"라고 초현실주의자들, 상시에 교정의 벽들이 주장한다. 이런 말도 보인다. "지나친 찬동은 감동을 죽인다." 길에는 수많은 말이 외쳐졌으나 노래는 거의 없었다. 오월의 혁명은 삼 주 반 지속되었을 뿐이나 이 봄날의 생각이 증식하면서 생겨난 노래들은 여전히 지속되고, 이들은 각자의 기억 속에 간직된다.

1968년 5월의 구호와 벽의 낙서에서 내가 르방 섬에 머물면서 발견하였던 다른 형태의 삶에 대한 갈망들 가운데 몇몇을 나는 재발견하였다.

1954년 여름 동안, 지중해에 대한 갈증에 떠밀려 나는 코트다쥐르로 내려갔다. 그곳에서 나는 이 섬에 대한 이야기를 들었다. 자연 속에서 나체 상태로 사는 천국이라고 하였다. 배로 40분 걸려 간 그곳에서 나는 50년대의 비교적 경직된 풍속과 반대를 이루는 호의적이고 무정부주의적인 안식처를 발견하였다.

시대를 앞서가는 히피 혹은 비트닉들, 자연주의자들, 채식주의자들, 요가와 곡물과 명상을 즐기는 자들이 감미로움과 관능으로 가득 찬 주변부를 이루고, 그 속에서 뒹굴고 있었다.

먹고 살아야 하기에 나는 그 섬의 한 레스토랑에서 기타를 연주하였다. 바로 옆의 건물에는 집시 그룹이 있었는데, 장고의 제자들이었다. 하루는 그 그룹의 솔리스트가 연주용 픽을 잃어버렸고 내가 하나를 그에게 빌려주었다. 흰색의 멋진 픽이었다. 그는 나에게 고마움을 표시하면서 이렇게 말했다. "집시는 결코 다른 사람이 자신에게 베푼 것을 잊지 않는다." 몇 달이 지난 다음, 나는 생트-마리-드-라-메르의 집시 축제에 가 있었다. 내 딸과 친구와 테라스에 앉아 있었는데, 집시 네 명이 내가 앉아 있던 테이블을 원했는지 강압적으로 우리를 밀쳐내었다. 나는 힘이나 수적으로 우리가 열세인 걸 알지만, 화가 무척 난 나머지 그들의 시비에 대들려는 참이었다. 긴장이 최고조에 달했을 무렵, 모자 하나가 군중을 뚫고 나타났다. 모자를 쓰고 있는 사람은 키가 작았다. 내가 픽을 빌려주었던 바로 그 친구였다. 날 구하러 온 것이었다. 앉아 있는 우리를 이미 멀찍이서 보았다는 것이었다. 겨우 1미터 60센티미터가 될까 한 그 친구는 동족 집시들을 무섭게 꾸짖더니 싸움판을 벌이지 못하도록 그곳에서 쫓아내었다. 그리고는 그 역시 우리 자리에 합석하여 마실 것을 주문하고는 자신이 다 지불하였다. 웃다가 떠나면서 그는 이렇게 말했다. "내가 분명히 말했지. 집시는 절대 잊지 않는다고."

라방두에서 오는 배에서 짐이라고는 바이올린 케이스 하나만을 든 한 남자가 어느 날 아침 르방에 내렸다. 도시 사람의 옷차림과 하얀 피부는 일사병이라도 걸려 쓰러지지는 않을까 하는 근심을 유발시켰다. 부두로 인도하는 트랩을 넘어가면서 어설픈 동작이 보이는가 싶더니 물에다 안경을 빠뜨렸다. 내가 그것을 다시 건져 좀 안됐다는 듯한 동정심을 보이면서 그에게 건네주었다.

그날 저녁 레스토랑에서 내가 기타를 긁어대는 걸 듣고 있다가 그는 나에게 쓰라린 지적을 하였다.

"젊은이, 적절하게 화음을 내려고 노력한다면 훨씬 더 훌륭하게 연주를 할 수 있을 것입니다."

기분이 거슬린 나는 그에게 대답하였다.

"바이올린 켜는 선생님, 누구시길래 그런 말씀을 하시나요?"

그는 겸손하게 웃으면서 이렇게 덧붙였다.

"저는 기타 연주자들을 좀 알고 있습니다. 장고 렌아르트의 친구이기도 하지요."

그럴 리가, 나는 비꼬았다.

그러다 나중에 그가 스테판 그라펠리임을 알았다. 그는 나에게 결코 불쾌함을 드러내지 않았다.

그것은 내가 재즈 음악가를 처음 만나게 된 계기였다.

1968년, 오월 초 며칠간 캉의 문화원에서 원장의 요구에 따라 재즈 콘서트의 일정을 편성하였다. 나는 기쁜 마음으로 여기에 헌신하였는데 이 책무가 나의 주요 음악적 취향들 가운데 하나와 일치하기 때문이었다. 이를 통하여 나는 에디 루이스, 마르시알 솔랄, 다니엘 위매르, 필 우드, 덱스터 고던을 비롯한 재즈의 거물들을 소개할 수 있었다.

시즌 마지막 콘서트를 위해 나는 다시 미셸 포르탈, 가토 바르비에리, 알도 로마노, 장-피에르 드루에, 그리고 지크프리트 케슬레르와 함께했다. 그날, 문화원의 구성원들과 캉의 저널리스트들 사이에 축구 시합이 예정되어 있었다. 우리는 팡파르를 울리며 그들을 응원하러 갔다. 전반전이 끝나자 탈진한 선수들이 속출하였고 우리가 교체선수로 들어갔다. 그것이 나의 마지막 축구 시합이었다. 나는 공을 쫓아가느라고 있는 힘을 다 쓰는 바람에 정작 골을 넣기 위해 슛을 하는 순간 다리를 움직일 힘조차 없었다. 터져 나오는 웃음과 야유가 관중석에서 진동하였다. 미셸 포르탈과 가토 바르비에리, 축구광에다 각각 스페인 사람, 아르헨티나 사람인데도 나보다 더 나을 것도 없었다.

다음 날 아침 포르탈이 소식을 전하던 모습이 기억에 생생하다.

"파리에서 혁명이 일어났어!"

경찰이 소르본느에 진입하였고 사백 명이 넘는 학생들을 연행하였다는 것을 우리에게 알려준 사람이 바로 그였다. 카르티에 라탱에서 폭동이 일어났다고 사람들은 전하였다. 나에게는 낯선 두 진영, 학생들과 노동자들이 서로 연합할 준비를 하고 있었다. 멀리서 우리 눈에 보이는 상황은 마음을 들끓게 했다. 시위는 즐겁고, 생기 넘치고, 때로는 폭력적이지만, 어쨌건 눈길 끄는 장면이 많았다. 그들의 슬로건은 나의 것과 가까운 생각을 표현하고 있었다. "아스팔트를 걷으면 해변", "그대의 욕망을 현실로 바라보라", "철저하라, 불가능을 요구하라"는 정치적 소요에 속하는 말이 아니고, 오히려 그것은 시적이었다.

그 어떤 이념 단체에도, '분노한' 세계에도 속하지 않으면서, 나는 '삶을 바꾸려는' 그들의 의지에 지지를 표하였다. 파리에 돌아오자마자, 좀 더 가까운 곳에서 사태를 바라보려고 나섰다. 기타를 둘러매고서 소르본느에서 축제를 벌이기 위해 나는 이절랭을 따라나섰다.

나는 서른네 살에 처음으로 그곳에 발을 디뎠다. 내가 십오 년 전부터 여기에서 수업을 듣고 있었다고 알려졌지만, 사실은 외국인 학생으로서 나의 거주 허가를 정당화하기 위한 것이었다.

그들을 위해 음악을 만들어야겠다는 강한 욕구와 나와 생각을 같이하는 변혁 운동에 대한 열렬한 지지를 통해 나는 학생들과 자연스럽게 어울리게 되었다. 물론 젊은 그들의 항의와 비난의 대상이 될 수 있는 점도 고려해야 했다. 그들은 나를 타도의 대상인 기성세대나 그들이 비난하는 정치사회적 소외의 책임자들 가운데 한 사람으로 충분히 여길 수도 있기 때문이다. 이러한 상황은 열띤 토론을 일으켰다. 나는 내 딸 피아를 데리고 갔었는데, 열네 살 한창 나이의 그녀는 고등학생들이 나를 공격하는 모습을 보고 즐기는 모양이었다.

몇 달 전부터 같이 살면서 피아와 나는 하루하루 조금씩 서로를 다시 알게 되었다. 그녀는 나의 공연에 따라오거나, 함께 리사이틀을 보러 가고, 전시회도 같이 둘러보고, 재즈 클럽에도 가보고, 여행을 떠나기도 하고, 겨울 스포츠도 즐겼다. 나는 그녀가 어린 시절 누리지 못했을 것이 분명한 것을 그녀의 사춘기에 가져다주고 싶은 마음이 강렬하였다.

내가 곧 아버지가 된다는 것을 알게 되었을 때 나는 스무 살이었다. 나는 내 수입만큼이나 초라했던 카르티에 라탱의 한 호텔에서 나의 동거녀와 함께 살고 있었다. 나는 직업의 안정성을 전혀 누리지 못하는 처지에 있었다. 우리의 삶은 즐거운 모험이었고, 근심도 없었고 창조적이었다.

훌륭한 유대 어머니답게, 나의 어머니는 기쁨의 열정에 어쩔 줄 몰랐고 만약 딸이면 피아라는 이름을 택하자고 제안하였다. 잔트와 코르푸 출신들은 이탈리아식 이름을 즐겨 쓰기도 하는데, 그곳 인구의 반이 이탈리아어를 모국어로 삼기 때문이다.

딸이었다.

내 동거녀의 자매들과 모든 친구는 갓난아기가 이 세상에 오는 것을 준비하기 위해 총동원되었다. 당연히 좀 더 편안한 보금자리와 돈벌이가 더 잘되는 일자리를 찾아야만 하였다. 이것은 오히려 고무적이었다. 아버지로서의 책임감이 게으름에 쉽게 빠져버리는 내 성향을 극복하고 작곡가로서 나의 커리어를 좀 더 심각하게 여기도록 채찍질하였다고 나는 생각한다.

이러한 불안정한 상황에서 아기를 가진다는 것은 분별없이 보이기도 하였다. 그렇지만 우리는 걱정되지는 않았다. 우리의 방랑을 함께 나눌 어린 손님을 맞이한다는 생각에 커다란 희열 말고는 아무것도 느낄 수 없었다.

나는 피아를 등에 업고, 내가 가는 모든 곳을 돌아다녔다. 내가 친구들을 만나기 위해서 가는 모든 카페에서 그녀는 당연직 참석자가 되었다. 카바레에 노래하러 가야 하는데 그녀를 돌보아줄 자원자가 없을 때는 나는 그녀를 그곳으로 데려가서 옷보관소에, 바텐더에게, 혹은 잠시 쉬러 오는 거리의 여인들에게 맡겼다. 이 즉흥적인 베이비시터들은 이 년 내지 삼 년 동안 사랑하는 삼촌이거나 내가 택한 이모들이었다.

훗날 내가 공연계에서 제법 한 자리를 차지할 때까지도 나는 그녀를 그곳으로 데리고 갔다. 그녀는 스타급 출연자들에게 아무런 거리낌 없이 말을 걸었고, 이것이 그들을 매혹하는 동시에 당혹스럽게 만들기도 하였다.

내가 스콜라 칸토룸에서 음악 공부를 다시 하기로 작정했을 때, 수업을 마치고 나오는 아버지를 찾으러 오느라 역할이 바뀌었다는 것을 그녀는 무척이나 기뻐했다.

열다섯 무렵, 한때는 면도도 제대로 하지 않고 커다란 오토바이를 타고 나타나는 이상한 젊은 아빠를 창피하게 여긴 적이 있었다. 학급 친구 아빠들의 이미지에 훨씬 부합하는 그런 아빠를 분명히 꿈꾸었을 테다. 이러한 수치심이 자부심으로 바뀐 것은 가수 르노를 비롯한 그녀의 동기생들이 내 모습에 반하고 말았다는 사실을 그녀에게 알려 주었기 때문이었을 것이다. 그녀는 나의 노튼 오토바이의 특별한 고객이었고, 나의 여행과 순회공연을 함께 하였다. 그리고 어느 날 첫사랑과 독립하여 살겠다며 집을 떠났고, 이번에는 자신의 차례가 되어, 꼬마여자 손님을 낳았고 가엘랑으로 이름을 정했다.

1968년 5월로 돌아가자. 목전의 사태를 두고 어떤 입장을 취해야 할지를 알기 위해 우리 가수들은 콩트레스카르프 근처의 한 카페에 모여 있었다.

파업 중인 나라에서 예술인들은 무엇을 해야 하는가? 그들 가운데 많은 이들이 실업 상태에 있었다. 파업에 들어간다는 것은 아무런 의미가 없었다. 파업 참가자들을 위해 노래하고, 국영라디오-텔레비전(l'O.R.T.F.)으로 하여금 우리 노래를 방송하지 못하도록 해야 하지 않겠는가?

당시 루 보냉이란 친구가 있었는데, 그는 1936년 그와 래몽 뷔시에르, 물루지, 프랑시스 르마르크들이 함께 하였던 프레베르 형제들의 10월단이 어떻게 파업하는 노동자들의 요구사항을 노래를 통하여, 시를 통하여 그리고 합창을 통하여 지원하기 위해 공장으로 가게 되었는지를 내게 말해주었다.

콩트레스카르프 광장에서의 토론 중에 나는 10월단을 언급하였고 파업 참가자들을 지지하고 위로하기 위해 우리가 노래하러 갈 수 있을 거라는 생각을 말했다.

나는 리더의 정신을 가진 것도 아니고 이런 종류의 계획을 주도해 나갈 최소한의 소명도 지니고 있지 못하다. 그런데 내가 무슨 말을 했던 것일까. 그들은 모두가 여기에 대해 나를 지목하였다.

"네가 맡아야겠어. 우리에게 뭘 할지, 어디 그리고 어떻게 할지를 말해 줘."

등에 기타를 지고서 나는 정찰병의 자격으로 오토바이를 타고, 발라르 광장 쪽에 있는 시트로엥 발라르 공장으로 떠났다. 포위된 건물 주위로 경찰들이 순찰을 돌고 있었다. 파업 감시인이 들여보내 주었다. 내 친구들과 내가 파업의 현장에서 노래하려는 제안을 나는 설명하였다. 노동총연맹(C.G.T.)의 노조 간부는 즉각 경계심을 발동했으나 연설은 하지 않는다는 조건에서 내가 노래하는 것을 받아들였다.

"당신들에게 우리가 배워야 할 것은 아무것도 없소."

나에게는 가르쳐줄 것도 없었다.

나는 이렇게 대답하였다. 내가 여기에 있는 것은 서로 알기 위함이고, 모두 만족하면 계속 진행해보자는 의도에서이다. 나는 음향증폭기도 없이 노래했다. 사람들은 내 노래를 가까스로 들을 수 있었다. 노동자 가운데는 많은 외국인이 있었는데, 포르투갈인, 아랍인, 스페인인, 유고슬라비아인들인 이들은 프랑스어와 친숙하지 못해 긴장한 모습이었다. 분위기가 조금 달구어졌다. 파업지도부는 특권층으로 여겨지던 아티스트들이 그들의 투쟁에 관심을 보인다고 높이 평가하기에 이른다. 상임위원회가 열려있는 콩트레스카르프로 돌아와서 나는 다음과 같이 보고하였다.

"사람들은 의심에 찬 눈초리로 우리를 맞이했고, 감시하였지만 그래도 가볼 만한 가치가 있었다. 우리가 좀 더 많았더라면, 훨씬 나았을지도 모른다."

우리는 로맹 부테이유, 피아 콜롱보, 조엘 파브로 그리고 콜뤼슈 와 더불어 팀을 구성하였고, 공연행동대 조직망의 책임자를 내가 맡았다. 나는 그들을 데리고 발라르 광장, SNECMA, 클리쉬에 있 는 시트로엥 클리쉬 공장, 그리고 파리와 그 주변에서 파업 중인 대학, 고등학교, 그리고 공장으로 갔다.

휘발유가 거의 바닥난 상태에서도 동지들은 우리에게 연료를 제공 하였고, 우리는 캉과 생-나재르로 갈 수 있었다. 나는 더 이상 대자보 에 몰입해있는 공상적인 학생들의 편에 있지 않았고 투쟁 조직의 활동적인 부분에 참여하였다. 여기에서 아마도 <명명하지 않아도>, 혹은 <선언>과 같은 노래들이 생겨난 것 같다. 정치적 성향을 표출하 는 노래들 말이다.

거침없이 말하는 노래들. 〈명명하지 않아도〉…. 그것은 영속적인 혁명 이다. "영속적인 행복의 상태에 대한" "선언"은 정확히 "늙어가는 이 세 기"를 기술하고 모든 고통이 사라져버린 미래를 향해 자신을 투사한다. 여기에는 우리의 깨달음도 있어야 하며, 우리의 책임도 뒤따라야 한다는 조건이 결부된다. 여기 이 두 노래가 1973년과 1974년에 어떤 정치적 의견의 표현으로 등장하였을 때 이들이 그렇게 여겨질 수 있을 만큼 충분히 명료한 내용과 입장을 견지하고 있었다.

알렉산드리아 고양이

내가 레오 페레를 만났을 때, 그는 내가 하는 일을 잘 알지 못했다. 나는 그에게 내가 직전에 녹음한 디스크를 들려주었다. 그는 나에게 말했다. "너는 내가 고함치는 것을 낮은 목소리로 노래하는구나." 내가 속한 가수들의 집단은 우리가 사는 이 세상의 어떤 면에 대하여 대단히 분노하고 있으며 그것을 노래를 통하여 말하고 있었다. 그 안에는 나같이 '속삭이는' 타입도 있고, 페레나 브렐처럼 '고함치는' 타입도 있었다. 브라센스 같은 경우 순박함이 노래에서 묻어나고, 나는 조용한 목소리로 들릴 듯 말 듯 노래를 불렀다. 우리의 목표는 임금님이 발가벗고 있다는 사실을 그걸 보지 못하는 사람들이나 그걸 보려고 하지 않는 사람들에게 밝히는 것이었다.

예술가, 가수, 시인으로서 우리의 역할은 사랑과 공격성을 가지고, 우리를 둘러싸고 있는 것을 비판하는 것이다. 나는 절제할 줄 아는 사람으로 통하지만 나의 노래들 가운데 일부는 때때로 복수심에 불타고 있다.

삶을 통해 나는 많은 것을 얻었다. 나는 앙갚음을 해야 할 대상도 없고 뼈저린 아픔을 느낄 이유도 없다. 그러나 신문을 펼치거나 텔레비전을 켰을 때 우리의 지구와 그 속에 사는 사람들을 끊임없이 학살하는 광경을 목도하게 되면, 나는 내가 지닌 무기인 말과 음악을 가지고 분연히 싸울 의도가 있다.

그렇다고 해서 나는 정당에 가입하고픈 마음은 결코 없었다. 젊은 시절에 나는 가끔 공산주의 쪽으로 기울기도 하였지만, 그것은 엘뤼아르나 피카소와 같은 몇몇 예술가들의 참여를 통해서였던 것 같다.

아라공이 기고할 때 공산당 기관지 위마니테에는 시가 존재하였다. 이 신문을 읽어야 할 이유가 여기에 있었다.

나는 노동자였던 적이 없었고, 외국인이나 유대인이라고 해서 특별히 핍박을 받은 적은 없었다. 내가 정치적으로 표현하고 싶은 욕구를 느낀다면, 그것은 도덕적인 차원에서, 가까운 친구들이든 잘 알지 못하는 친구들이든 그들과 함께하려는 연대의식 때문이다.

나는 내 생각을 어떤 사상적 지침서로부터 길어오는 것이 아니라 혼자 힘으로 감지하고 분석할 수 있는 것으로부터 펴온다.

1967년, 그리스에서 일어난 군사 쿠데타는 처음으로 나에게 거리로 뛰쳐나가 공개적으로 항의하고 싶은 욕망을 불러일으켰다.

사실 나는 어원적인 뜻에서 무정부주의에 호감을 가지고 있다. (그리스말로 "무정부주의", "anarkhia"는 원래 "우두머리의 부재"를 뜻한다. 따라서 "anarkhia"의 첫머리에 나오는 "a"는 "결핍의 a"로 불린다.) 나는 '권력의 결여', 혹은 '비-권력'에 동조하는 것이다. 그것은 모든 충성서약이나 모든 위계질서로부터 초연한 것이다.

무정부주의는 무질서가 아니라 동의한 질서다. 너무나 많은 사람이 이 말을 사용할 테면, 그것을 희화화하고, 단순화하거나 왜곡하고, 난장판이나 폭력을 연상하게 만든다. 몇몇 나라에서 무정부주의적 경영의 시도는 완숙성, 절대적 공정성을 표출하고 있음에도 말이다.

무정부주의자들을 보며 내가 발견한 것은 그들이 추구하는 이상이 대단히 높고 고상하다는 점이다. 나는 박애정신이 가장 일상적인 행위에서 자연스럽게 표출되는 유스호스텔에서 이들을 많이 만났다. 『게으름의 권리』의 저자이자, 카를 마르크스의 사위이며 프루동

알렉산드리아 고양이

의 경쟁자인 폴 라파르그로부터 자크 프레베르나 바쿠닌에 이르기까지 무정부주의에 동조하는 비판적 담론은 복지의 향상, 더욱 부드럽고, 훨씬 존중할 만한 삶의 방식을 열망하는 반면에, 자유롭다고 자부하는 자본주의는 대단한 것들을 자유롭게 만들지도 못하였다.

정치에서와 마찬가지로 샹송에서도 리브고슈와 리브드루아트 사이의 간극은 문화적, 시적, 진보적 소명과 상업적, 보수적 경향 사이에서 볼 수 있는 감수성의 대립이다.

나는 리브고슈 쪽으로 기울었다.

피아프는 리브드루아트에 속하지도 않았고 리브고슈에 속하지도 않았다. 그녀는 모든 곳에 다 속했으며, 모두에게 인정을 받았다. 그녀가 루비콘 강을 건너 대중의 노래를 향해서 나아가라고 나를 설득하였고, 이것은 나중에 나로 하여금 대형 무대 위에서 복합 스포츠 센터와 대규모 원형 극장에서 공연을 하도록 만들어주었다.

브라센스는 이미 이 길을 열었다. 그는 자기 노래를 시적이고 지식인을 대상으로 하는 당파정신 안에 매몰되도록 내버려 두지 않았다. 번지르르한 겉치레 없이 가식적 감정도 없이, 그는 대단히 넓은 관객층에 직접 호소하였다.

사람들은 그의 뒤를 따랐다. 사람들은 무대 의상과 해묵은 관례를 버렸다.

영어권의 동업자들은 오히려 쇼비즈의 미사를 사랑과 음악의 축제로 변모시켰다.

이러한 새로운 풍습에 상인들이 가세하였다. 그들은 심지어 이것들을 자신들의 것으로 만들었다. 그것은 피할 수 없는 것이었다.

1954년 5월 조르주 브라센스는 무스타키에 대하여 이렇게 쓰고 있다. "그는 터무니없는 가사를 대강 버무리거나 제법 서정적이기는 하나 진부하기 짝이 없는 가수들을 시켜 자기의 노래를 부르게 할 수도 있었을 것이다. 그는 가파른 길을, 막힌 길을 선택하였다. 그는 관객을 믿었다. 그는 보답을 받을 것이다. 악평을 일삼는 자들도 언젠가는 연미복을 걸치고, 굳건한 시인 무스타키를 필요로 할 때가 있을 것이다. 오늘 이 시인을 물어뜯으려 한 자들이여, 그대들은 그에게 아첨해야 할 것이다. 아첨할 기회조차 있을는지 모르겠으나. 공격자들 심지어 가장 사나운 공격자들도 그저 내버려두고, 무스타키여 너는 노래하라."

십오 년도 더 지난 다음, 1970년 1월, 조르주 무스타키의 이름이, 스타의 자격으로는 처음으로, 라 개테 길에 있는 오래된 보비노의 전면을 환하게 밝히고 우리의 가수는 밤이 끝나도록 자기와 함께 축제를 벌일 준비가 된 관객들을 만나게 된다.

보비노는 리브고슈의 카바레가 확대된 것처럼 보였다. 여기에서 사람들은 물루지를, 파타슈를, 브라센스를 들었다. 내 차례가 되어 여기에 출연하는 것은 내가 그들의 계보를 잇는 것이다. 처음으로 내 이름이 포스터 제일 높은 곳에 등장하였다. 이것은 내 부모님을 안심하게 했고, 그들의 눈에 나는 이제 본격적인 아티스트가 되었다. 공연 홀은 그 규모로 보아 관객들과 상호교류가 충분히 가능하였다. 여기에서 나는 두 번째 앨범 <보비노 70>를 녹음하였다. 홀의 분위기에 힘입어 나는 테크닉도, 악보도, 심지어 때로는 음표의 정확함조차도 잊어버릴 지경이었다. 나의 상업적 성공이 지속될는지 나는 알 수 없었다. 청중과 교감이 이루어졌다는 것만은 확신하였다.

알렉산드리아 고양이

나는 소위 연예계의 전문 기술자들이 나를 재단하도록 내버려 두고 싶지는 않았다. 나는 쉽게 남의 말에 속아 넘어가는 그런 사람은 아니었다. 나는 쇼비즈의 내부자이며 동시에 국외자였다. 나는 소위 이 마당의 코드는 잘 알고 있었지만, 언제나 그것을 지켜야 한다고 여기지는 않았다.

그 당시의 빅 히트를 앞지르면서 내 음반이 베스트셀러의 최고 자리를 차지하자, 혜성처럼 등장한 나는 전혀 안면도 없는 사람들과 섞여, 대규모 리셉션이나 페스티벌로 불려 다녔다. 나처럼 이집트에서 태어났고 이것만이 나와의 유일한 공통점이라고 할 수 있는 클로드 프랑수아의 공연에서 나는 전반부를 담당하였다. 당시 그는 스물여섯 명의 뮤지션을 데리고 다녔다. 우리 팀은 통틀어 네 명이었다. 친구이자 뮤지션들인 셋과 나 이렇게 넷이었다. 쇼비즈의 고속도로 위를 완전히 장난하듯 산책하는 꼴이었다.

하루는 나에게 장거리 여행 제안이 들어왔다….

나는 어렸을 적부터 알렉산드리아 항구에서 밀항자나 선원이 되어 세상 저 끝까지 가고 싶어 달아오르곤 했다. 나에게 일본, 캐나다, 브라질, 혹은 쿠바에서 공연을 해보자고 말했을 때 나는 현기증이 났다.

나는 다시 여행을 꿈꾸던 사춘기 소년이 되었고, 봄날 눈 녹듯 유혹에 넘어갔다. 이 세상을 가로질러 내가 선 그곳 무대 위에서 내 집처럼 편안히 느낀다면 얼마나 멋진 일인가.

보통 사람들은 자신이 일하고 있는 장소나 주변, 길모퉁이 카페를 제외하고는 다른 표현의 장소가 특별히 없는 반면에, 가수라는 사회적 위치는 가수에게 연단의 확장을 가져오고, 따라서 그의 말에 엄청난 파급효과를 부여한다.

발언의 기회는 다른 사람이 우리에게 주는 것이 아니라 우리가 발언하는 것이다. 우리가 매우 중요하다고 여기는 것에 둘러싸여, 우리는 언제나 왜곡되거나, 배반당하거나, 조종당할 위험을 감수한다. 성공은 복수심에 찬 말을 달콤하게 만들 수 있고, 행동을 변질시키기도 한다. 우리는 우리가 조종할 수 없는 이미지를 전달한다. 노래는 모든 나이층에서 삶의 조건이나 감수성과 무관하게, 때로 저작자와 동떨어진 가치 체계를 견지하는 많은 사람에게 감동을 줄 수 있다.

하루는 아프리카에서 드골 장군의 동료였던 프랑스 대사 한 분이 리사이틀이 끝나자 내게 다가와 축하하면서 저녁 시간을 그의 관저에서 만찬을 겸하여 같이 보내자고 나를 초대하였다. 나는 그에게 감사하면서 날 기다리는 사람이 여섯 명이 넘어 사양해야겠다고 말했다.

"그건 문제가 없어요, 당신과 다 같이 갑시다."

그는 그 자리에서 십여 명의 초대 손님들을 위해 진정 가르강튀아다운 대규모 파티를 열었다. 우리가 이제 작별의 인사를 나눌 시간이 다가오자, 그는 아쉬움을 표하며 다시 한번 치하하였다.

"드골 장군께서 당신의 노래를 들어본 적이 없다니 참으로 유감입니다. 매우 좋아하셨을 텐데."

언젠가, 대단한 활동가 신부였으며 후일 성직을 떠나게 되는 장-클로드 바로를 내가 청하여 만난 적이 있었는데, 그는 나에게 생 아나스타즈가 한 말 "하나님은 인간을 신으로 만들기 위해 스스로 인간이 되었다"라든지, 혹은 생 폴이 복음 말씀에 대하여 "전복, 추문, 그리고 광기"에 지나지 않는다고 한 말을 인용한 적이 있었다.

나는 그에게 말하였다.

"나는 유대인이고 무신론자입니다. 우리가 공통으로 가지고 있는 건 뭐죠?"

그는 나에게 대답하였다.

"그대의 노래 안에서 기독교는 가능하다오."

"참여 가수"라는 표현은 60년대 말에 등장하는데 거의 동시에 음반 산업계에서 이를 재사용하여 제법 이득을 얻었다…. 반면에 이런 이름표가 붙은 진정한 가수에게는 실질적인 위험이 된다.

이런 손해를 입은 사람이 한 둘이 아니다. 스페인의 파코 이바녜즈의 커리어도 이로 인해 침해를 받았다. 그는 독재치하 스페인에서 그가 음악을 붙인 시인들을 노래하면서 신화적 인물이 되었다. 그를 여전히 존경하지만, 사람들이 말하였다. "이제 정치화한 노래와는 결별하자. 이제 우리에게 필요한 음악은 록, 살사 등이다."

쿠바나 콜롬비아에서 살사의 노랫말은 흔히 정치적 의미를 지니고 사회적 진실을 이야기한다는 것을 그들은 알기나 할까? 그리고 파코의 노래에는 투쟁성만큼이나 유머와 사랑도 있다는 걸 그들은 모르는 걸까?

지난 세기에는 바주키를 둘러메고 그리스를 돌아다니는 사람은 불량배나 하시시를 피우는 사람으로 여겨져 체포될 위험이 있었다. (아테네의 빈민층, 감옥 그리고 아편굴의 대중적 노래인) 레베티카 (rebetika)를 부르며 음악을 통해 사회적 전복을 꾀하며 웃음 짓는 가수는 은어 투의 신랄한 시를 가지고 사회에 이의를 제기한다.

사람들이 가수들로부터 정치적 분석, 도덕적 판단, 기발한 주제에 대한 평가같이 자신들의 능력을 넘어서는 주제들에 대한 단호한 선언을 기대하는 것을 나는 거부한다. 나는 정치평론가도 아니고, 그 어떤 영역에서도 전문가나 비평가가 아니라는 것을 때때로 명시한다.

작품 안에서 내가 표현하는 것은 명확하고 모호성이 없는 것으로 보인다. 나는 이 작품이 그것을 듣는 이에게 어떻게 받아들여지는지 모른다. 내가 영속적 혁명에 대하여, <명명하지 않아도>를 작곡하였을 때, 그것은 좌파 군중에 의해 트로츠키의 연설처럼 받아들여졌다. 퐁디셰리의 은둔자 집단의 구성원들은 여기에서 영성의 찬가를 보았다. 드골 장군의 옛 장관 미셸 조베르는 드골주의자들의 영향을 여기에서 발견하였다.

모든 것이 노래가 될 수 있다. 가장 하찮은 것으로부터 가장 심오한 것에 이르기까지. 그곳에는 규칙도 없고, 레시피도 없고, 마법의 공식도 없다. 오직 자기 자신과 조화를 이루는 것만이 중요하다. 무엇보다도 자기 자신이 만족해야 한다. 히트곡 모음이라든지 베스트 모음이 있는 이 시기에 세월을 넘어 생명을 유지하는 노래들을 우리는 평가해 볼 수 있다.

알렉산드리아 고양이

사람들은 내가 '참여 가수'였다가 '브라질풍 음악'을 만들어내는 것을 비난하기도 한다. 나는 내 노래의 단 하나도 후회하지 않는다. 자신이 사랑하는 것을 쓴다는 것은 보답이다.

08

바히야 어부들 선원들
바히야 항구의 아가씨들
바히야 모든 성인에게
바히야 산 살바도르에게

노래가 아직 끝나지 않았으니
내가 그걸 가지고 갔지
언젠가 돌아와 네게 흥얼거릴게
이타포아 백사장에서….

〈바히야〉

조르지 아마두는 『연안 항해』에서 브라질과 무스타키의 첫 번째 만남에
관해서 이야기하고 있다. 그를 공항에 마중하러 가려고 택시를 찾던 여
배우들 알렉산드라 스튜어트와 수잔나 비에이라는 근처를 어슬렁대던
대단한 미남자에게 그녀들이 서두르는 이유를 설명하고 그의 폭스바겐
에 올라 공항에 가기에 이르렀다는 것이다. 무스타키의 팬인 이 플레이
보이는 〈떠돌이〉를 휘파람으로 불면서 자신을 소개한다. "마리엘 마리
스코트입니다." 30년의 징역형을 피해 도망 중인 그는 특수부대 장교였
다. 그는 여성 손님들에게 자동차 바닥을 들어 올려보라고 권한다. 그
아래에 그는 무기를 감추어두고 있다. 돌아오는 길에 가수와 그를 미중

나온 여배우들을 내려놓는 순간, 그는 공연 초청을 공손히 거절한다. 경찰의 협조를 남용할 수 없다는 것을 거절 사유로 내세우면서.

내가 남미를 발견하게 된 것은 카라카스 대학교의 콘서트를 시작으로 막이 오른 순회공연 기간이었다. 순회공연은 정말 색다르게 진행되었다.

뭐라고 형언할 수 없는 소란 속에 내가 무대에 오르고 뮤지션들과 내가 첫 음표를 연주하자 이 소란은 절대적 침묵으로 변하였다. 우레와 같은 박수 소리, 이어서 다시 소란, 그리고 내가 다음 곡을 시작하자 다시 찾아온 침묵. 전반부 전부를 나는 이 야유가 나를 묻어버릴 것이라고 두려워하면서 보냈다. 지친 나는 막간을 이용해 쉬고 있었다. 그때 학생 둘이 들어와서 자신들을 소개하였다. "이 소란이 아마도 당신을 놀라게 했을 것입니다. 설명을 하겠습니다. 우리는 정치적으로 두 계파를 대표하고 있고, 많은 사람을 모으는 당신의 리사이틀을 이용하여 우리의 생각도 전하고, 슬로건도 외치려고 하는 것입니다. 당신이 노래를 시작하자마자 우리가 입을 다무는 것을 볼 수 있었을 겁니다. 안심하세요, 당신을 방해할 일은 없을 것입니다." 콘서트가 끝날 때까지 이렇게 진행되었다.

그것은 첫 번째 만남으로는 기발하고 예기치 못한 일이었다.

부에노스아이레스에서는 진보주의 진영이 내가 아르헨티나의 사태에 대해 침묵을 지키고 있다고 비난하였다. 언론에서도 나를 비판하였다. 나중에 배우기는 하였지만, 당시 나는 스페인어를 구사하지 못했고 아르헨티나의 정치적 문제에 대해서는 아는 바가 없었기 때문에, 내가 나서서 코멘트를 붙이거나 내 입장을 내세울 상황이 아니었다. 아르헨티나의 대형 여가수들 가운데 하나인 메르세데스 소사가 나를 구원하였다.

"조르주 무스타키가 정치적 입장을 선언해야 할 이유가 없다. 그는 시인이다. 그 자체로서 그는 전복적이다. 모든 시는 전복적이다. 이게 대답이다."

부에노스아이레스는 언제나 탱고를 연상시킨다. 이종 교배로 이루어진 도시의 음악, 탱고. 그것은 가우쵸의 음악에서부터, 미롱가로부터, 칸돔블레로부터 그리고 하바네라로부터 음악을 차용한 후에, 재빨리 그가 태어나 자라나는 것을 지켜본 매음굴을 벗어나, '변두리 지역 음악'이 되었다가, 이제는 세계를 정복하기에 이른다. 연주가 되고, 노래로 불리고, 춤이 되고, 무용으로 만들어지고, 콘서트의 음악이 되는 탱고는 흘러간 지난 세기에서 유일무이한 자리를 차지하고 있는데, 그것은 끊임없이 진화하지만, 결코 자신의 본바탕을 배반하지 않기 때문이다. 아르헨티나의 시인 엔리케 산토스 디스케폴로가 탱고를 보고 결정적으로 내린 마지막 정의는 다음과 같다. "춤이 되어 버린 슬픈 생각."

나에게 탱고는 반도네온 연주자이자 예외적인 작곡가인, 아스토르 피아졸라이다. 반도네온이 노래할 때, 우리가 듣는 것은 아르헨티나다. 15일간 계속된 순회공연 기간 중에 피아졸라를 그의 나라에서 만나보려고 수소문하였지만 헛수고였다. 코르도바와 부에노스아이레스에서 보여준 환대는 나에게 특별히 감동적이었다. 나를 수행하며 가이드와 통역으로 활약한 젊은 여성은 떠나는 순간 나의 슬픔을 감지하고는 나에게 이렇게 예언하였다. 다음 예정지 리우로 가면, 브라질에 눈이 부셔 아르헨티나를 곧 잊어버리고 말 거라고. 이 말은 거의 사실이었다.

리우의 호텔 테라스에서 아침을 먹고 있는데, 한 남자가 나에게 미소 지었다. 나도 미소로 답했다. 그는 내게 다가왔다.

"저는 아스토르 피아졸라입니다. 만나게 되어 기쁩니다."

거대한 산이 내게 온 것이었다. 그는 나디아 불랑제와 함께 공부했던 곳 파리에 대한 짙은 노스텔지를 내게 말해주었다. 그녀는 지역성이 덜한 문학으로 마음이 끌려가던 그에게 이렇게 말했다고 한다. "당신의 음악, 그것은 바로 탱고 그 자체이지 다른 그 어떤 것도 아니오." 그는 이 말에서 교훈을 얻었다.

우리는 각자 거주하는 나라로 돌아갔고, 나는 피아졸라로부터 편지 한 통을 받았다.

당신의 시 한 수에다가 언젠가 음악을 쓸 수 있으면 좋겠습니다. 그게 가능하다면 나에게 시를 몇 수 보내주시고 무스타키-피아졸라 듀오도 만들어 봅시다. 친구 아스토르.

그가 올랭피아의 콘서트를 위해 파리에 온 어느 날 우리는 재회하였다. 그의 노래를 들으면서, 그의 음악으로부터 영감을 얻은 나는 시를 한 편 썼다. 멜로디를 구성하려면 피아노가 필요하였으므로, 나는 그에게 나의 아파트 열쇠를 빌려주었고 나는 며칠간 집을 떠나 있었다. 돌아와 보니, 그 사이 그는 다른 곳으로 떠나고 아스토르 피아졸라의 음악은 내 집 피아노 위에서 나를 기다리고 있었다. <내일의 탱고>라는 제목이 붙은 그것은 우리의 공동 작업에서 탄생한 첫 번째 악보였다. 그가 파리에 있을 때면 거주하는 생-루이 섬의 골목길에서 우연히 서로 만나게 되어, 우리는 노래 몇 곡을 쓰기도 하였고 이 노래들은 나의 조그만 보물에 속한다.

어느 날 우리는 런던으로 녹음을 하러 갔다. 런던에 가면 나는 오토바이용 액세서리와 옷을 구매하곤 한다. 나는 아스토르를 가게마다 데리고 다녔는데, 그가 바이커용 외투와 가죽 장화에 특별한 관심이 없다는 걸 나는 알지 못하였다. 게다가 그는 소아마비로 인한 후유증 때문에 장시간 걸어 다니는데 몹시 힘들어하였다. 그는 상냥하게, 전혀 그 어떤 원망도 하지 않고 나중에야 나에게 털어놓았다.

브라질은 상상의 세계에서, 기억에서, 무스타키의 노래에서 독자적인 한 자리를 차지한다. 그것은 그의 어휘나 음표에 언제나 영감을 불러일으킨다.

세 번에 걸쳐 브라질은 나의 삶 속으로 비집고 들어왔다.

스물다섯 살에 조르지 아마두의 소설 『마르 모르토』에서 브라질의 깊은 곳을, 시적이고 관능적인 브라질을 그리고 폐부를 찌르는 이상한 브라질을 발견하였다.

그 후 피에르 바루는 나에게 보사노바의 창시자, 조앙 지우베르투를 소개하였다. 놀라움 그 자체였다.

알렉산드리아 고양이

1969년 제네바에서 나는 예쁜 브라질 여성 베라를 만났는데, 우연하게도 그녀는 조르지 아마두의 동생의 조카였다. 그녀는 나에게 그의 나라를 방문해 달라고 요청하였고, 그러면 나를 아마두 집안으로 데리고 가겠다고 하였다.

이 프로젝트는 내가 리우 국제 상송 페스티벌에 초청받아 브라질을 방문하면서 성사되었다. 아프리카 원류의 브라질 신의 음덕으로 나는 그곳에서 베라를 다시 만났다. 그녀는 나의 가이드이면서 동반자가 되었다.

엘리스 레지나, 치코 부아르케, 조르주 벤, 지우베르투 지우를 만나게 되면서 나는 단 하루 저녁나절에 브라질 대중음악 깊숙한 곳에 있는 모든 새로운 경향을 발견할 수 있었다. 그곳을 떠나 나는 젤리아와 조르지 아마두를 만나기 위해 바히아로 향했다. 그들은 나를 그들의 에덴 데 리우 베르멜로에서 맞았다. 그들의 집, 그들의 테이블에 나를 앉히고, 그들은 나를 내 집에서처럼 편안하게 만들어 주었다. 언젠가 나의 어머니가 내게 이렇게 물었던 적이 있었다.

"너는 바히아를 그렇게 사랑한다면서 왜 그곳에 집을 가지고 있지 않니?"

그러자 조르지가 어머니에게 이렇게 대답하였다.

"집이 한 채 있지요. 그렇지만 자주 그곳에 없으니 우리가 살고 있는 셈이지요."

일요일, 페이주아다(feijoada)를 먹으면서 나는 조르지와 젤리아의 친구들을 다 만났다. 카리베, 바스토스, 제너, 칼라장스 그리고 아우타로사, 도리발 카임미….

파리로 돌아와서, 비니시우스 데 모라에스와 토킹뉴가 란라그 극장에서 연주한다는 소식을 접하고, 나는 그곳으로 달려갔다. 현직 외교관이며, 시인이자 타고난 가수라 할 수 있는 비니시우스는 나를 따뜻하게 맞아 주었고 그의 노래 가운데 몇 곡을 프랑스어로 한 번 번역해 보면 어떻겠냐고 나에게 제안하였다. 그리고 같이 노래를 써보는 것도 간절히 바란다고 하였다. 비니시우스는 나에게서 바히아 사람의 심장을 본다고 하였다. 나는 새로운 시민 자격을 기꺼이 받을 준비가 되어 있었다.

브라질은 음악의 나라들 가운데 하나다. 각 지역에 고유한 음악이 있고 유럽, 아프리카, 아메리카로부터 전래된 리듬과 멜로디들이 융합되면서 음악은 더욱 풍요롭게 된다….

이민자들과 원주민은 서로 그들의 문화를 섞었다. 이 문화들은 신비로운 상징들과 에로티시즘 안에서 서로 결합한다. 악기들이 섞이면서 사람과 마찬가지로 이종교배가 이루어진 소리의 세계가 만들어지기도 한다. 음악은 모든 사람의 관심사다. 카리오카(cariocas)라 불리는 리우데자네이루 사람들은 춤추는 인상을 주면서 걷고, 성냥 상자를 흔들고, 리듬에 맞추어 클랙슨을 울려댄다. 삼바 학교는 카니발이 열리는 사흘간의 춤과 음악을 위하여 일 년 내내 연습하는 애호가들로 구성되어있다.

브라질 출신의 타악기 연주자들, 콘트라베이스 연주자들, 플루트 연주자들, 혹은 기타 연주자들은 종종 새로운 음향을 나의 반주에 가져다주었다.

브라질의 동북부 지역, 세르탕우는 옛 식민지의 모습을 간직한 척박한 지역으로, 가난과 삶의 부드러움 사이에서 배회하고 있는 것처럼 보인다. 그곳에서는 아코디언이 기타를 대신하여 북동지역 의적들, 캉가세이로스(cangaceiros)의 빛나는 활약을 이야기하는 노래들을 반주한다. 북동지역의 가장 유명한 작곡가, 루이스 곤자가는 그들의 복장을 다시 찾아 입고 우스꽝스럽거나 격렬하면서, 지극히 선동적인 노래들을 불렀다. 가끔 나는 이 노래를 나의 콘서트에 포함시키기도 하였다. 자원은 빈곤하지만, 인류애가 풍부한 이 지역에 나는 경의를 표한다.

무스타키는 브라질 음악의 두 거장, 비니시우스 데 모라에스와 안토니우 카를루스 조빙의 노래를 번안하여 대단한 인기를 얻었다. 특히 조빙의 노래 〈3월의 비〉는 프랑스어로 번안되어 널리 알려졌다.

내가 안토니우 카를루스 조빙을 만나려고 했을 때, 나는 그가 브라질에 있는 것으로 여겼고, 그는 내가 파리에 있을 거라고 생각했는데, 사실 우리는 뉴욕에서 서로 300미터 정도 떨어진 거리에 머물고 있었다.

그 역시 내가 그의 노래를 번역해주기를 바랐다. 내가 비니시우스 데 모라에스와 협력 관계를 맺고 있다는 것을 그는 들어서 알고 있었고, 여기에 대해 약간의 질투심을 나타내기도 하였다. 불가분의 관계에 있는 이 두 사람, 보사노바를 만든 이 두 거장 사이의 라이벌 관계는 애잔한 그 무엇을 보여주었다.

조빙의 노래 <3월의 비>를 나는 리우에서 엘리스 레지나가 부르는 것을 들었는데, 노래에 열광하지 않을 수 없었다. 감정이 고조된 나는 그녀에게 다가가서 고맙다는 인사를 하고 한 번만 더 그 노래를 불러달라고 간청하였다. 그다음 날, 나는 녹음테이프를 구입하여 해 뜰 때부터 해지기까지 한 마디도 알아듣지 못하면서 노래를 듣고 또 들었다.

사람들이 나에게 노래를 번역해 주었을 때, 나는 프랑스어로 번안하는 것이 매우 어려워 보이는 어휘와 소리의 연속적인 배열만을 볼 수 있을 뿐이었다. 나는 수수께끼처럼 보이는 이 말들의 뜻을 조빙에게 물어보았다. 그의 대답은 명쾌했다.

"신비할 것도 없어요. 지금 삼월이라고 한번 상상해 봐. 자연 속에서 모든 게 변하려고 하겠지. 너는 주위에 벌어지는 일을 잘 보고 그대로 쓰는 거야."

브라질에서는 겨울이 삼월에 시작한다. 작사자의 동의를 얻어 약간은 초현실주의적인 이 장편의 노래를 나는 북반구로 자리매김하였다.

브라질에서 사람들이 구사하는 포르투갈 말은 내 귀에 마법의 소리처럼 들렸다. 나흘 만에, 나는 원 가사 옆에 포르투갈어의 음향, 에스프리 그리고 글귀를 가능한 한 존중하면서 프랑스어로 번안한 가사를 써넣었다. 이 노래는 내가 접할 기회가 있었던 작은 기념비들 가운데 하나다.

조빙을 만날 때, 그의 언어도 아니고 나의 언어도 아닌 영어를 사용하여 서로 말하는 우리를 보고 나는 참 우스꽝스럽다고 생각했다. 더군다나 그는 원래 프랑스 사람이라고 주장하던 터였다. 그는 모리스 슈발리에의 악센트를 흉내 내면서, "내 이름은 앙투완 샤를르 조뱅입니다"라고 분명히 말했던 것이다. 우리는 각자 상대방의 언어를 배워 보기로 약속하였다. 파리에 돌아오자, 나는 3주 동안 포르투갈 사람 이웃과 더불어 포르투갈어 학습에 몰입하였다.

내가 조뱅을 만나기 위해 다시 브라질로 돌아갔을 때 그는 공항에서 텔레비전 제작진과 함께 나를 기다리고 있었다. 나는 무난하게 포르투갈어로 인터뷰에 응했다. 프로를 처음부터 지켜본 젤리아와 조르지 아마두의 칭찬에 내 기쁨은 배가되었다. 조뱅은 여전히 프랑스어로 세 단어 이상을 알지 못했다.

브라질의 또 다른 거장, 가수이자 소설가인 치코 부아르케의 노래 〈포르투갈〉의 경우, 조르주 무스타키는 그 노래를 프랑스어로 번역하지도 번안하지도 않는다. 더 정확히 말하자면 그는 그 노래를 〈카네이션 혁명〉으로 번안한다. 당시 포르투갈에서 진행 중인 이 혁명은 10년간의 독재에 종지부를 찍는다. 의도적으로 정치적인 노래라고 볼 수 있다.

치코 부아르케와 루이 게라의 노래 <열대의 파두>는 포르투갈의 식민지배 아래에서 원주민들이 겪은 수탈을 다루고 있었다. 나는 그의 음악 위에 포르투갈 1974년 4월 25일 혁명을 기리는 프랑스어 가사들을 붙여보았다. 이 노랫말들은 살라자르의 독재 치하에서 고통을 겪었던 모든 사람에게 전하는 메시지로서, 소총의 총구에 붉은 카네이션이 피었다는 것을 그들에게 알려주기 위함이었다. 이 노래는 반항군의 신호를 혁명지지 장교단에게 전달하기 위해 라디오에서 방송했던 조제 아폰소의 노래, <그란돌라 빌라 모레나>에 호응하는 것이었다.

<열대의 파두>를 내가 만든 가사에 실어 최초로 부른 것은 내가 독일에서 순회공연을 돌고 있을 때이었다. 관객석에서 앙코르가 터져 나왔고 그들은 이 노래를 자연스럽게 <포르투갈>이라고 명명하였다. 나는 이 제명을 그대로 간직하기로 하였다. 이 노래는 길에서 아니면 광장에서 즉흥적으로 벌어지는 집회에서 혁명 이후의 시대를 동반하였다. 그것은 이제 그 나라의 역사에 귀속되지만, 내가 그것을 부르면 사람들은 언제나 그 위에 눈물을 쏟는다.

정치색이 강했던 작사가-작곡가-가수인 치코 부아르케는 노래를 통하여 브라질을 탄압하던 독재에 대항하였다. 그의 콘서트에서 청중들은 그를 대신하여 검열로 인해 금지된 노래를 불렀다. 그는 그들에게 반주를 해주는 것으로 만족하였다. 내 노래들 가운데 일부가 검열 대상이 되는 나라에서 내가 노래할 때면, 나는 가끔 그로부터 이러한 술수를 빌리기도 한다.

"누가 먼저 자유의 화음을 부를 수 있을 것이며, 누가 프랑코 없는 스페인에서 플라멩코를 부를 것인가?"라고 1975년 조르주 무스타키는 물었다. 정기적으로 초청을 받는 이베리아반도에서 그는 제2의 새로운 선택의 땅을 발견한다.

스페인은 나를 끄는 그 어떤 것도 없었다. 프랑코 정권, 투우, 싸구려 바캉스 그리고 관광객을 겨냥한 저질 파엘라 등, 나에게는 통째로 증오의 대상이었다.

알렉산드리아 고양이

내가 처음으로 그곳에서 노래했을 때, 내가 있던 카탈로냐가 언어와 문화에 있어 스페인과 다른 지역이라는 사실조차 나는 알지 못했다. 나는 내 제작자에게 부탁하여 청중에게 그 나라 말로 읽을 수 있도록 몇 마디를 써달라고 하였다. 그는 나에게 카탈랑으로 몇 줄 적어주었는데, 나는 그것을 읽으면서도 스페인의 방언 정도로 생각했다. 그런데 카탈랑은 프랑코의 스페인에서 공식적으로 사용이 금지된 언어였다. 청중들은 의도하지 않았던 이 대담함에 아연실색하였다.

나에게 바르셀로나로 가보라고 채근하였던 사람은 파코 이바네즈였다. 신문 기자들이 그리스의 독재에 대한 내 입장을 가지고 한참 물고 늘어진, 소란스러운 기자회견이 끝난 다음 공연 무대로 이동하였을 때, 그곳에는 나와 비슷한 생각을 가진 청중들이 나를 기다리고 있었다.

내가 그때 막 완성한 노래 <지중해에서>를 그들에게 불러주고 싶은 마음을 나는 억누를 수가 없었다. 문제의 시구 "자유란 말은 더는 스페인어로 말해지지 않는다"(liberté ne se dit plus en espagnol)가 공연장에 있던 검열관을 피해갈 수 없었다. 나는 독재자 프랑코가 죽을 때까지 이베리아반도에서 공연을 금지당했다.

여기에 대한 반발로 나는 프랑코를 제거해버린 스페인을 이야기하는 <플라맹코>를 작곡하였다. 스페인 대사관에서 나의 음반제작사를 상대로 시장에서 이 노래를 판매 중지하도록 소송을 하였지만 물론 패소하고 말았을 뿐이었다. 삼십 년이 지난 지금도 사람들은 여전히 이 노래를 불러달라고 요청한다.

1980년, 프랑코 치하에서 반프랑코 운동을 벌이는 투쟁가들을 지원하기 위한 콘서트를 조직하던 친구가, 유료 순회공연을 기획해 보라고 나에게 제안하였다. 나는 받아들이기를 주저하였다. 바르셀로나에서 열었던 나의 유일무이한 콘서트가 9년 전의 이야기인데, 누가 날 기억하겠는가?

　마드리드의 기념 극장은 대만원이었다. 스페인은 피레네 너머에서 오는 노래에 목말라 했다. 원형 극장에서 대형 체육관까지 우리는 마라톤 공연일정을 소화하였고, 여기에 추가 공연까지 더해졌다.

　이러한 순회공연은 내 마음 깊은 곳에 숨겨져 있던 나의 세파라드 유전 인자를 깨웠다. 그의 조국에 대한 경배로서, 나는 파코와 함께 <내 마음속 스페인>을 썼다.

　이러한 스페인은 라틴을 향한 나의 열광의 원초적 대지가 되었다.

09

떠돌아다녀야 해
저 멀리 떠나야 해
아무도 아닌 곳으로
아무것도 모르는 곳으로

다른 언어를 말하고
다른 소리를 듣고
다른 과일을 맛보고
다른 전설을 살아볼지니….

<떠돌아다녀야 해>

무대는 다시금 노래에 대한 판단이 이루어지는 곳이다. 왜냐하면, 무대 위에서 노래들은 녹음을 통해 음반에 새겨져 있거나 연출과 편곡을 통해 우리의 기억 속에 굳어져 있는 그들의 형태로부터 벗어나기 때문이다. 가수의 입장에서는 청중을 앞에 두고, 노래들이 삶과 다시 만나고, 순치해야 할 그곳의 음향과 부딪치고, 그 순간의 자신의 기분과 때로 자신의 허약함과도 해후하는 것이 된다. 이러한 것들이 감지되는 것은 어떤 공감의 순간인데, 이때는 어떤 작품이 시작할 때 함께 하는 사람들이 황홀경의 신호들을 보내고, 그들만의 특징적인 침묵이 박수의 크레센도가 되어 들어온다…. 이때가 되면 청중의 일부가, 역할을 바꾸면서,

목소리를 내고… 우리로부터 가수를 앗아갈 것이다. 간단히 말해, 공연 안내 포스터 위에 등장할 정도로 자격을 갖춘, 그리하여 그 역시 '자신의' 가수와 함께 순회공연을 떠날 수 있을 자격을 갖춘 청중을 보게 될 것이다. 조르주 무스타키의 리사이틀은 언제나 자유로움이 흘러넘친다는 인상을 준다.

그것은 정해진 여정이 없는 떠돌아다니기다. 우리는 밤 아홉시 경에 출발하면서 열한시 경에 어딘가에 도착하길 기대한다. 마음이 내키면 자정까지 계속 이어나갈 수 있기를 바라면서. 브라질에서, 아르헨티나에서, 그리스에서 멈추면서, 피아프와 브라센스와 연인들과 그리고 영원한 친구들의 추억과 더불어. 내키는 기분에 따라 나는 아코디언 한 곡조를 연주하고 싶다가, 기타를 놓아두고 부주키를 집어 든다든지, 피아노 앞에 앉았다가 탐탐을 두드리고 싶어 할 것이다. 이 모든 것이 예정된 순서에 따르는 것이 아니다. 가는 곳, 만나는 사람에 따라 변하는 것이다.

다정스러우면서 가만히 있지 못하는 스페인 사람들과 함께 있을 때는 그들이 듣고 싶어 청하는 곡을 슬그머니 빼먹다간 난리가 난다. 음악에 대한 숭배심이 아주 강한 독일 사람들은 음악가에 대하여 거의 종교적인 존경을 표시한다.

어디로 가는지도 모르면서 떠나는 모험을 감행할 수 있는 사람들은 대단히 드물다. 내가 하는 공연은 내가 공연을 벌이는 그 장소에서 그 순간에 태어나는 것으로 매번 다를 수밖에 없다.

거의 모든 나라에서 실제로 그러하다. 관객들은 분명히 알 것이다. 내가 그들을 위해서 공연하는 것이 아니라 그들과 함께 공연한

알렉산드리아 고양이

다는 것을. 반응하지 않는 청중의 주의를 내가 억지로 짜낼 수 있을 정도로 내게 재능이 있는 것은 아니다.

가수들은 이런저런 노래를 들으면서 결혼을 했거나, 위로를 받았거나, 유혹했거나, 울었거나, 사랑을 한 사람들의 내면으로 들어간다. 관객 한 사람 한 사람의 머릿속에는 빙산의 감추어진 부분이 있어서 그것은 무대 위에 드러나는 부분보다 훨씬 중요하다.

우리는 감추고 있는 조그만 증류기 안에서 알코올을 증류해 내는데, 알코올이란 완성되는 순간 우리를 완전히 벗어나 버린다. 한 곡의 노래가 태어나는 은밀한 내면에서부터 듣고 감동하는 사람에게 그것이 지니는 중요성에 이르기까지 무대는 청중과 가수를 잇는 가교라고 할 수 있다.

나의 리사이틀이 시작하기 직전에 내가 무대의 커튼 뒤로 가는 법은 거의 없다. 그러나 어쩔 수 없이 그래야 하는 경우에는, 공연이 시작하길 기다리면서 커플들이 사랑을 속삭이며 서로 쓰다듬고, 입 맞추고, 다소 지나친 스킨십에 빠지는 모습을 보는 게 무척 즐겁다.

청중들은 언제나 오래된 노래들을 더욱 열정적으로 반기는 경향이 있다…. 조르주 무스타키 자신도 마찬가지로 더 즐거운 마음으로 그 노래들을 부른다고 한다.

하루는 벨기에의 한 카페에서 내 노래들이 '흘러간 옛 노래'(vieux machins)의 카테고리에 실려 있는 쥬크-복스를 우연히 보게 되었다. 그 안에 함께 한 멤버들은 화려하였다. 레오 페레, 바르바라, 브렐, 달리다…. 난 웃지 않을 수가 없었다.

이날부터 나는 가장 많이 알려진 내 노래들을 모아놓은 레퍼토리의 이 부분을 따로 분류해 놓기 위해 '흘러간 옛 노래'라는 표현을 사용한다. 성공작이 되면서, 노래는 아티스트를 규정하게 되고 그것은 그가 내딛는 발걸음을 따라 모든 곳을 따라다닌다. 노래는 청중들에게 잊지 못할 순간들을 환기한다. 청중들은 노래를 흥얼거리거나 가수와 함께 부른다. 내가 이런 노래를 기꺼이 다시 부르는 것은 동일한 효과를 발휘하지 못하는 새 노래의 힘을 북돋우는 역할을 수행하기 때문이다. 처음 성공이 청중의 뇌리 안에서 차지하는 자리는 너무나 압도적이어서 최근의 작품을 가지고 그것들을 덮어버릴 수 있기를 바라는 것은 난망한 일이다.

한 특정한 순간에 서로 나누게 된 감수성에서, 다시 말해, '그 시절 그 곡조' 안에서 태어난 노래는 시간이 흐를수록 시대에 뒤떨어지는 것처럼 보일 수 있다.

<릴리 마르렌>이나 <버찌꽃 필 무렵>은 그 시대를 기록하였지만 그렇다고 그 시대와 함께 흘러가 버린 것은 아니다. 아름다운 노래는 영원히 남고, 시대를 초월하고, 보편적이고, 영속적이다.
늙어버린 노래는 한번도 젊었던 적이 없었던 것이라고 나는 여긴다.
<서푼짜리 오페라>를 가지고, 쿠르트 베일과 베르톨트 브레히트는 오페라에 새로운 바람을 가져왔다. 오페라의 각본과 음악은 전형적으로 1920년대풍이지만 작품은 여전히 현대적이다. 오페라의 여

알렉산드리아 고양이

러 테마는 (루이 암스트롱, 카트린 소바주, 쥘리에트 그레코, 그리고 보비 다랭 같은) 벨 칸토에 속하지 않는 가수들이 리바이벌하면서 그것들에 영원한 현재성을 부여하고 있다.

1997년, 바르셀로나에서 조르주 무스타키는 자신의 뮤지션들 없이 출연하게 된다. 그는 1998년 파리의 유명한 재즈 클럽 르 프티 주르날에서 무대 위에 홀로 서서 다시 한번 그런 공연을 재현한다. 이것은 이제 정기적인 만남이 되었는데, 매년 2월, 발렌타인 무렵, 오직 하룻밤만, 초창기와 같은 최소 조건에서 그의 공연이 이루어진다.

이 최소적 조건이란 등받이 없는 의자 하나, 한 사람의 목소리, 그리고 어쿠스틱 기타 하나로 요약될 수 있다. 그 어떤 전기적 효과가 없고, 약간의 반사음만이 음색을 강조하기 위해 동원된다. 아이디어는 바르셀로나에서 가졌던 사흘 저녁의 콘서트에서 기인하였다. 제작자가 혼자 무대에 올라보는 것이 어떻겠느냐고 나를 약간 자극하였다. 내가 다시 가수 겸 기타리스트를 할 수 있을지 미덥지 않은 상태였지만, 나는 그의 도전에 응했다. 청중이 합창을 해주었고 홀로 장거리를 달리듯 노래하는 가수가 고독을 이겨낼 수 있도록 도와주었다.
오케스트라와 더불어서라면, 화음을 힘주어 동시에 연주하고, 잠시 물러났다가 세 박자 떨어진 곳에서 뮤지션들을 따라잡을 수도 있다. 혼자인 경우, 계속 최고의 집중 상태를 유지한 채로, 템포를 확실하게 통제하면서, 하모니, 음정의 전회, 저음부에 신경을 써야 한다. 물론 그룹을 지어 연주할 때보다 훨씬 자유롭게 템포를 늦출 수도 있고 독특한 맛을 첨가할 수도 있다. 이리하여 베를리오즈가 부르듯이 '작은 오케스트라'의 기능을 우리는 기타에 돌려주게 된다. 혼자 무대에 올라서 나는 내가 작사-작곡-노래를 겸하던 초창기 시절의 상황을 다시 보게 되었고, 이런 연유로 <그대의 꿈을 간직하시오>와 같은 나의 초기 노래들을 다시 레퍼토리 안에 포함할 생각을 하게 되었다.

몽파르나스의 르 프티 주르날에서 우리는 무대 아래에 바짝 붙어 앉아 있는 손님들의 무릎 위에서 노래하는 셈이었다. 그들이 식사를 막 끝냈다는 사실은 가수에게 또 다른 어려움을 안겨준다. 저녁 식사를 하는 청중들의 주의를 끌기 위하여 제기되는 문제에도 불구하고, 나는 그곳에서 솔로로서 경험을 다시 되풀이하고 싶은 욕구를 가졌다. 공연이 시작되고 맞이하는 처음 몇 분 동안, 나는 흡사 갤리선에서 노를 젓는 것 같았다. 내 눈에 전광판 시계가 보였는데 시간이 지나가는 느낌도 없고 내가 앞으로 한 시간 반의 콘서트를 지탱해 나갈 것 같지도 않았다.

점차 홀과 접촉도 이루어지면서 나는 유람선의 속도로 나아갔다. 나는 시간을 잊어버렸다.

나는 자주 이 공연을 <카이모스>로 끝맺었는데, 그리스식 향수가 눈물이 되어 뚝뚝 떨어지는 이 노래를 나는 내 가슴 속의 형제 조르주 달라라스가 내게 준 부주키로 반주하였다. 내가 기타를 내려놓는 유일한 순간이다.

콘서트홀의 명성이나 무대의 크기가 어떠하든지 상관없이 무스타키는 언제나 흰옷을 입고 노래한다.

알렉산드리아 고양이

조르지 아마두는 특별히 종교를 갖고 있지 않지만 아프리카-브라질의 종교적 감수성을 지니고 있다. 그는 영광스럽게도 나를 마이 메니니나앙 데 강투아에게 소개하였는데, 그녀는 보두와 마쿰바의 바히아 계에 속하는 칸돔블레교에서, 성인들의 어머니(여사제)이다. 그녀는 내가 옥잘라의 아들이라고 일러주었다. 옥잘라는 바히아에서 쥬피터에 해당하는 신으로, 오릭사(orixàs)라고 하는 열두 수호신들 가운데 하나이다. 그녀는 나에게 내 오릭사를 기쁘게 해 주려면 나는 흰색 옷을 입어야 한다고 했다. 이 사제에게 복종하는 의미에서 나는 곧 옥잘라의 색깔로 옷을 갈아입고, 듀오 무대를 위해 비니시우스 데 모라에스와 합류하였다. 나는 너무나도 큰 행복감을 맛보았기에 무대 위에서는 흰색 옷만을 입기로 하였다. 옥잘라를 공경하는 의미에서, 중대한 사건을 찬양하기 위해서는 언제나 여기에는 물론 공연 무대에 오르는 것도 포함되는데, 나는 흰옷을 차려입는다.

무대는 은총의 상태가 펼쳐지는 바로 그 순간부터 마법의 공간이 될 수 있는데, 그것은 아티스트와 청중 사이에 이루어지는 진정한 교감으로부터 기인한다. 어떤 가수들은 이 공간으로 들어가기 전에 땀을 비 오듯 흘리거나, 구토하거나, 열이 나기도 한다. 바르바라, 기트리 혹은 루이 주베에게 배우가 되는 것은 종교 안으로 들어간다는 것을 뜻한다. 레오 페레는 그 속에 혼자 있는 느낌이라고 말하곤 했다.

나로서는, 무대가 나를 진정시킨다고 할 수 있는데, 그 안에서는 이가 아프지도 않고, 등이 아프지도 않다. 그곳에서는 최고조의 기분을 느낀다.

사람들은 고별 순회공연을 하거나 반복해서 아듀를 외치는 조르주 무스타키를 상상할 수 없을 것이다. 그렇지만, 때로는, 은퇴의 유혹이 그를 스치기도 한다.

집으로 돌아가면 나는 가끔 은퇴의 유혹을 받는다. 순회공연 중에는 결코 그런 생각을 하지 않는다. 왜냐면 그날그날의 공연은 다음 날의 공연을 위한 연습이지 전날의 반복이 아니기 때문이다. 노래를 하지 않고도 살아갈 수 있으리라고 내가 상상할 때면, 내 직업에 대한 정열을 통해 이 잘못된 생각을 당연히 바로잡게 된다.

나의 순회공연을 여드레 동안 따라다닌 한 친구는 저녁마다 춥고 황량한 극장에 도착하여 그것을 빛나고 열기로 가득 찬 장소로 만들고, 시지프처럼, 다음 날이면, 원점에서 출발하여 모든 걸 다시 해야 하는 또 다른 춥고 황량한 극장으로 떠나기를 어떻게 견디어 낼 수 있는지 자문해 본다고 한다.

그 어떤 경제적이거나 직업적인 이유로 나는 무대에 오르지 않는다. 내가 그것이 필요한 이유는 살아 있는 나 자신을 느끼고 싶기 때문이다. 모든 것을 함께 물 흐르듯 수행할 수 있는 내 주위의 동료들, 뮤지션, 에이전트, 테크니션들을 다시 만나기 위해서이다.

마이크를 시험하면서 즉흥적인 작품을 만들어내기도 하는데 그것 자체가 공연의 한 부분이다. 그렇지만 우리가 당일 저녁에 연주하려는 것과 일치하지 않기에 순간적이고 덧없는 무대일 뿐이다. 그것은 또 다른 음악을 만들어내고, 즐기면서 새로운 아이디어를 찾아내는 기회라고 할 수 있다.

관객들이 도착하기를 기다리면서, 우리는 무대 뒤로 가서 같이

알렉산드리아 고양이

식사를 하거나 흰옷으로 갈아입는다. 공연이 시작되면 우리는 아직은 우리가 어디로 갈지 모르나, 곧 모든 길이 우리를 그리로 인도할 것이다.

〈떠돌이〉의 성공으로 내친김에 갖게 된 공연) 앨범 〈보비노 70〉의 뒷면에서 무스타키는 무대 위에서 깜박 잊은 것들에 대하여, 테크닉의 문제에 대하여, 악보의 문제에 대하여 그리고 심지어 음표의 정확성에 대해서까지 사과하였다. 그래도 소위 분위기는 대단히 좋았다고 이 마지막 문제를 정당화하였다.

내가 〈보비노 70〉을 받아들이기까지는 시간이 좀 걸렸다. 처음에는 결점밖에 보이지 않았다. 스튜디오에서 녹음할 때면 이 결점들을 좀 완화시킬 수도 있지만, 하나의 콘서트 무대를 전기 신호로 전환하면서 이러한 문제들은 피할 도리가 없는 것이다.

오늘날 나는 라이브(live)가 갖는 결함과 결점에 대하여 애정을 느낀다. 그것들은 라이브의 실재성을 강조한다.

나는 실황으로 올랭피아, 보비노, 테아트르 데자제 그리고 일본에서 디스크 몇 장을 녹음한 적이 있다. 이 음반들은 내가 어떤 뮤지션들과 어떤 노래들을 불렀던 특정 기간을 분명히 기록하는 역할을 한다. 그것들은 내 음악 영상 앨범들이다.

스튜디오에서 녹음하는 것은 때때로 유폐되어 있는 느낌을 나에게 준다. 그 속에서 공기는 흐르지 않는다. 두꺼운 방음벽이 외부로부터 들어오는 소리를 차단하고 있다.

호흡을 제대로 하기 위해서, 나는 그때마다 쾌적한 스튜디오와 마음에 맞는 뮤지션들과 같이 최적의 조건들을 만족시키려고 한다.

기술적인 면이 뮤지션들이나 가수들보다 더 큰 중요성을 띠는 경향이 있다. 전자 효과를 많이 사용하여 즐거움을 주려는 노력은 자연적인 상태의 음악보다 우위에 서 있다. 환경 자체도 이제는 창문이 없는 벙커를 닮았다. 그 속에 두 달, 석 달, 넉 달씩 갇혀 지내는 나의 동료들이 혹시 정신분열증을 앓는 것은 아닌지 의심이 가기도 한다.

내가 처음 녹음할 무렵의 분위기는 집에서 벌이는 축제를 연상시켰다. 우리는 밤에도 작업하였다. 시간은 별로 중요하지 않았고, 마리화나나 하시시는 우리를 행복감에 도취시켰으며, 이때쯤이면 스튜디오는 내가 사는 집이 되고 더는 소리를 만들어내는 실험실이 아니다. 유행을 좇는 음악적 선동의 악순환에 결코 빠지지 않았던 위베르 로스탱, 프랑수아 로베르, 또는 크리스티앙 슈발리에 같은 나의 편곡자들에게 나는 감사한다. 그들은 스튜디오의 분위기를 창조적 활기로 가득 차게 만들 줄 알았다.

나는 영국에서, 브라질에서, 스페인에서, 이탈리아에서, 벨기에에서, 독일에서 녹음하기도 하였다. 매번 더 나은 행복을 찾아서. 다른 나라로 가는 것이 때로는 나에게 그것을 가져다주기도 하였다.

나의 마지막 앨범 <할 말이 그대로 있어>를 위해, 나는 바탕으로 되돌아와, 우리 집에서 두 걸음 떨어진 곳에서 녹음하였다. 걸어서 또는 자전거를 타고 나는 스튜디오에 갔다. 우리는 센강의 둑길에서 몇 걸음 떨어진 곳에 있었는데, 녹음작업 사이의 빈 시간에 그곳을 어슬렁거렸다.

알렉산드리아 고양이

나의 아파트에서 자급자족의 방식으로 앨범 하나를 녹음할 수 있을 것이라고 순진하게 믿고서, 나는 최근에 다중 트랙 녹음기를 마련하였다. 나는 내가 기술적인 것에서 잃게 될지도 모르는 것을 생동감에서 만회할 수 있기를 바랐다. 그 상태에 언제쯤이나 도달할 수 있을지 의심스럽다.

하루는 위베르 로스탱에게 건넬 초벌 작품을 녹음하고 있는데 이웃에 있는 성당에서 종소리가 울렸다. 그는 너무나도 이 종소리를 좋아한 나머지 교향악 타악기를 가지고 이것을 재생해보려고 노력하였지만 헛수고였다. 길에서 들리는 소음, 영국 악센트가 가미된 영국제 바이크 노턴의 부르릉거리는 소리, 이웃 학교 아이들이 떠드는 소리는 나의 홈 스튜디오의 녹음 안으로 스며들 때는 대환영이다. 그러나 이것은 전문적인 스튜디오에서는 받아들여지지 않는다.

모든 것이 규격화한 것으로 여겨지고, 생산에서 수용까지 시장의 지분에 따라 평가되는 사회에서 노래가 여전히 표현의 수단이 될 수 있는지 우리는 자문하게 된다.

샹송은 없어서는 안 될 예술이다. 상인들은 결코 결정권을 가질 수 없다. 비록 마케팅의 법칙들이 때로는 오염시키거나 조작할 수 있지만, 그들이 모든 힘을 가지고 있는 것은 아니다.

<떠돌이>는 시장에서 요구하는 그 어떤 것에도 부합하지 않았다. 이 노래는 결정권자들의 개입이 없어도 그것을 성공으로 이끌어간 요소들을 그 내부에 지니고 있었다. 이 노래의 영향력을 가장 먼저

감지한 사람은 대단한 분별력과 정열을 동시에 가진 예술국장 자크 브도스였다. 내가 그것을 녹음하고 있을 때 1차 시험 작업이 끝나자마자 그는 지중해 사람들의 특유한 활발함과 더불어 열광적인 반응을 보이면서 이렇게 외쳤다. "아! 됐어. 넌 이제 빅 히트를 친 거야!" 난 회의적이었다. 그가 옳았다는 건 이어지는 결과가 말해주었다.

우리는 시간도 있고, 사무실과 돈도 있으나, 모든 것을 다루기에는 능력이 모자라는 상상력 부재의 사람과 흔히 접하게 되는 경우가 있다.

자크 브도스는 감수성과 직관력만으로 가득 찬 인물이다.

10

오 무장 해제된 나의 장미
사랑받지 못하는 미소에
빛이 밝혀주지 않는 네 시선
언제나 오려나 우리 아주 멀리 떠날 때가
이 정원에 사랑과 평온을 찾으러

<발베크의 장미>

무스타키가 그의 노래에서 환기하는 지중해는, 흰색 돛들이 여기저기 떠다니고 원주민들과 관광객들의 즐거움을 위해 그늘과 햇빛이 어우러지는 그런 이상적인 곳이 아니다. 그는 감미로움과 지나침을 동시에 가진 그 세계의 현실을 감추지 않고 그대로 보여준다. "연안을 떠도는 피비린내. 그리고 생생한 상처만큼이나 멍든 땅"이라고 그는 〈지중해에서〉라는 작품에서 말하고 있다. 일상에서 우리에게 친근하고 우리를 안심시키는 바다는 위험만큼이나 상호교환의 기회도 정기적으로 부여하는 엄청난 공간임이 틀림없다. 정복자들의 배는 상인들의 배를 선행하였다. 그 해안은 여전히 불바다를 이루고, 비둘기와 올리브 나무는 여기저기에서 피를 흘린다. 우리의 정신이 돌이킬 수 없는 나락으로 떨어지기 전에 우리의 시인이 본래 "모든 문이 활짝 열린 집"(〈정원이 하나 있었지〉)의 향수를 되돌아보도록 하기까지는…. 평화를 부르기 위해 말을 사용하자. "이 땅의 진정한 지중해인으로서 나는 내 형제들에게 서로

화해할 것을 요구한다"거나 혹은 "발베크의 장미, 무관심의 벌판에 핀 연약한 꽃"을 말하기 위해서라도.

비블로스 축제가 열리던 때, 어마어마한 잔칫상에다 포도주와 과일을 곁들인 환영 만찬에서, 나는 레바논 사람들의 뜨거운 손님맞이 전통과 분쟁 지역 가운데서도 평화로운 한 나라의 감미로움을 다시 발견하였다.

1971년, 나는 처음으로 지중해를 가로질러 레바논에서 노래하였다. 삼 년 연속 초청을 받아 그곳에 갔으나, 이후 전쟁으로 인하여 거의 사반세기 동안 나는 레바논에 발을 디딜 수가 없었다. 전쟁 보도를 통하여 환대의 땅 베이루트가 폐허의 장으로 변한 것을 보며 나는 경악하였다.

오늘날 베이루트는 시리아와 레바논군의 감시 아래 재건되면서 투기꾼들과 개발업자들의 수중으로 들어갔다.

예전에 베이루트는 나에게 알렉산드리아를 생각나게 했다. 무사태평한 모습 하며 유럽에서 건너와 중동지방에서 동화된 건축물들 때문이었다.

그곳은 지금 세계의 모든 수도에서처럼, 유리, 금속 그리고 철근 콘크리트로 지은 똑같은 건물들이 솟아오르고 있다.

비블로스 축제는 고전음악을 위주로 프로그램을 짜고 있는데, 레바논 사람들에게는 중요한 문화적 사건이다. 1997년, 23년만에 다시 찾은 그곳에서 장식조차 변하지 않고 그대로인 무대 위에서 나는 노래했다.

사춘기 때 내 노래를 들었던 젊은 여성들이 변함없는 사랑을 보여주었다. 청중들은 전쟁의 상처를 달래주는 내 노랫말을 들을 때면 더욱더 열광했다.

내 친구들은 대부분 죽거나 망명해 버려, 찾아볼 수가 없었다. 그러나 멕시코의 명예 영사인 페페는 만날 수 있었다. 그는 비블로스에서 가장 오래된 레스토랑을 운영하고 있었다. 물론, 우리는 둘 다 모두 늙었다. 인생을 즐길 줄 알고, 바다와 여자를 좋아하는 이 친구는 아흔한 살의 나이에도 예전의 미소를 그대로 간직한 채, 최신식 해변 휴양지에 둘러싸인 그 옛날 베네치아 공국의 항구를 굽어보는 성채만큼이나 변치 않고 여전한 모습이었다.

내가 찾아준 것을 고마워하여, 화석 가게의 상인은 수억 년의 세월을 지켜온 화석을 나에게 두 개나 주었다. 값을 상상할 수도 없는 선물을 웃음 지으며 정중하게 안겨주었다.

나는 모자르 샤인도 만났는데, 그 옛날 나를 베카 평원을 가로질러 시리아로 데리고 가서 다마스의 화려함을 보고 감탄하도록 만들어준 친구였다. 그는 부수크(bousouq), 르바브(rebab), 그리고 그 외 고유한 악기들의 소리를 내게 알려주었었다. 그의 아버지는 중동지역의 음악에 필요한 4분의 1음을 만들기 위해 일종의 피아노를 발명하였는데, 그것은 보조 페달을 피아노에 부착한 것이었다.

나는 레바논을 다시 찾을 것이다. 그때까지는, 이 나라가 모든 악귀를 퇴치해 버리고 분쟁 이전의 자신의 모습을 다시 찾기를 나는 기원한다.

나는 마찬가지로 이스라엘로 돌아가지 않고 여러 해를 보내기도 하였다. 1993년, 열두 해 만에 나는 <자파의 밤>에 초청을 받아 무대에 오르게 되었다. 이 축제는 중동식 정원에 일만 명가량의 청중을 모았다. 지중해의 큰 항구인 자파는 한때 텔아비브를 교외로 거느렸다. 오늘날에는 상황이 역전되었다. 자파는 박물관 도시로, 텔아비브의 보헤미안과 유복한 계층의 별장으로 변했다. 두 시간 동안의 음악은 이 지역의 긴장을 잊게 하였다.

다음 날, 공연을 보도하는 신문의 1면은 처음으로 이스라엘과 팔레스타인 사이의 대화를 여는 오슬로 협약에 대하여 말하고 있었다.

<자파의 밤>에서 열렸던 자신의 콘서트에 대해 언급하면서 조르주 무스타키는 그것이 12년만에 이스라엘의 무대에 다시 서게된 것이라고 말하였다. 그를 초청하는 나라에 그가 오가는 횟수를 생각해볼 때 그것은 긴 부재였다.

이 12년은 일종의 핍박 시기라고 볼 수 있는데, 그것은 팔레스타인 편에 서서 싸우다 이스라엘에 갇히게 된 한 젊은 모로코 여성과 나의 관계 때문이었다. '테러리스트'란 이유로 그녀가 체포되었다는 발표는 한동안 떠들썩했다. 내가 이 단어에 따옴표를 붙이는 이유는 그녀가 그 누구에게도 테러를 가한 일이 없기 때문이다. 그녀는 파괴하려는 소명을 가지고 있는 것이 아니라 팔레스타인 사람들의 권리를 고양하려는 소명을 가지고 있었다. 평화협정에 서명하던 라빈 바로 그 사람처럼.

유대인 공동체의 구성원으로서, 나는 무죄로 선고되었지만 동시에 손가락질을 당했다. 몇몇 이스라엘 친구들은 나에게 등을 돌렸다. 반면에 다른 친구들은 기대치도 않았던 지원을 베풀었다. 그들은 나를 도와 나의 친구에게 구금 상태에서 필수불가결한 구호품들을 전달하도록 하였다. 이러한 연대는 내 가족 안에서도 볼 수 있었다. 가족 모두가 언제나 내 생각에 동의하는 것은 아니었지만 나의 애정 생활에 우선권을 두었다.

오늘날 내가 말하는 그 친구는 이제 없다. 그녀의 건강은 그녀가 감옥에서 겪어야 했던 것을 지탱할 수 없었다. 그녀의 총명함과 그녀의 아름다움은 언론을 통해 그녀를 상징적인 인물로 만들었다. 여성이었던 교도소장은 그녀에게 특별한 모성애를 베풀었고, 그녀의 정치적 반대파들도 그녀의 생각을 존중하였다.

팔레스타인 일부가 이스라엘 국가가 되기 위해서는 열망, 희망, 조작, 연막, 협상, 테러, 의심스러운 동맹과 다양한 압력이 필요했다. 그것은 "사막을 다시 꽃피우기" 위해 그리고 옛 조상이 살던 터를 재탈환하기 위해 치러야 할 값이다.

여성 감독 시몬 비톤이 만든 팔레스타인에 관한 영화를 볼 필요가 있다. 우리는 그 안에서 모든 당파주의자가 알지 못하는 현실을 마주하게 된다. 오늘날 이스라엘 사람들과 팔레스타인 사람들은 화약고 위에서 살고 있다. 약속의 땅은 그들에게 분노와 소음만을 약속할 뿐이다.

사포가 주도하여 실현된 중동의 상황에 대한 성찰집, 『그렇게 가까운 중동』에 나는 이렇게 썼다. "유대인들이 드디어 더 이상 두려움에 떨지 않을 수 있는 유일한 땅, 이스라엘은 그들이 가장 위험에 처해있는 지역이다."

그들의 방식으로, 시온주의 철학자 레이보위츠, 그리고 이스라엘 영화인 에얄 시방도 동일한 의견을 표현하였다.

유대 민족이 디아스포라(서기 135년)에서 벗어나 팔레스타인으로 돌아간다는 생각은 19세기에 생겨났다. 헝가리의 유대인 작가 테오도르 헤르츨과 결부되어, 그것은 1897년 바젤에서 열린 제1차 시온주의자 공청회가 끝난 후 널리 퍼졌다. 그 결과 영국의 장관 밸푸르는 1917년부터 팔레스타인에 유대인 정착촌을 설립한다는 계획을 발표한다. 제2차 세계대전이 끝난 후 UN의 결의안 181조가 통과되었고, 그 결과 1948년 5월 14일 이스라엘 국가가 탄생한다. 바로 다음 날 1차 이스라엘-아랍 분쟁이 벌어진다. 알렉산드리아에서 보이스카우트 대원이던 조르주 무스타키와 같은 나이 또래의 유대인 친구들이 당시에 가지고 있던 깃발은 후일 이스라엘의 상징이 된다.

육각형 별, 다윗의 방패가 그려져 있는 그 깃발은 모범적인 키부츠 위에 휘날리고 있었고, 이곳에서 젊은 알렉산드리아 유대인들은 팔레스타인에서 개척자의 삶을 영위할 준비를 해나가고 있었다. 이집트 정부는 이 정도의 활동은 허용하였다.

동시에 시온주의 운동 단체들은 중동의 모든 지역에 특사를 파견하였다. 그들은 유대인들에게 그들의 미래의 나라를 세워야 한다는 것을 설득하였다. 사람들은 나에게도 찾아왔지만 헛일이었다. 나는 알렉산드리아에서 잘 지내고 있었으며 만약 내가 떠나야 한다면 그것은 유럽 그중에서도 프랑스일 것이다.

이스라엘 국가의 선포는 이 지역 모든 곳에 혼란을 초래하였고,

그것은 망연자실이었다. 가슴이 찢기도록 눈물겨운 장면은 이집트 남자와 결혼한 유대 여인들은 그들의 남편이 이스라엘군에 대항하여 싸우러 가는 것을 보아야 하는 것이었다. 그 여인들은 셰익스피어적인 정신 상태를 지니고 있지는 않았다. 모든 병사의 아내처럼 그녀들은 그들이 돌아오지 못할 수도 있다는 생각에 몸을 떨었다.

우리에게 전해지는 이야기들은 우리를 거대한 혼란에 빠뜨렸다. 두 진영에서 승리와 패배에 대한 반응이 진짜인지 꾸며낸 것인지 알 수 없지만, 마구 고조되면서 삶은 뒤죽박죽이 되었다.

1963년, 나는 첫 이스라엘 여행을 하였다. 하이파에 도착하여, 나는 어린 시절 친구이자 키부츠의 구성원이었던 자크를 다시 만났다. 그동안 그의 이름은 야코브로 바뀌어있었다. 키부츠들은 여전히 집단정신의 순수성 안에서 살고 있었다. 현역 시절 오케스트라 감독이었던 한 정원사가 유럽의 오케스트라를 고용하여 바로크와 아방가르드 음악 콘서트를 기획하였다. 콘서트가 열리는 극장은 농경지 한복판에 세워져 있었고, 트랙터를 타고 오는 클래식 애호가들을 맞이하고 있었다.

이스라엘을 방문하던 이 시기에 나와 자크, 그리고 그의 가족 사이의 의사 교환은 프랑스어로 한정되었고 키부츠의 이슬람 실습생들과 나는 아랍어로 소통하였다. 히브리어는 셈 계열 언어로서, 아랍어의 여동생이라 할 수 있어 배우기가 어렵지 않아 보였다. 나는 자크에게 나를 도와달라고 부탁하였는데, 그는 내가 새로운 언어를 배우기에는 너무 늙었다고 여기는 것 같았다. (사실 그때 나는 채 스물아홉 살이 안 된 나이였다.) 돌아오는 배 위에서 내가 몽파르나스에서 알게 된 이스라엘 친구가 나에게 히브리어를 가르쳐 주겠다고 제안하였다. 아랍어를 아는 사람은 이 언어를 쓰고, 읽고, 발음하거나 어미를 변화시키기가 쉽다. 히브리어의 일부 자음은 나 같은 중동 출신 유대인들보다는 유럽 출신의 유대인 이민자들에게 발음에 있어 훨씬 많은 어려움을 주는 것 같다. 석 달이 지난 다음 나는 자크에게 완벽한 히브리어로 쓴 편지 한 통을 보냈다. 그는 놀라 기절할 지경이었다.

홍해를 오가는 유람선을 타고, 에일라트에 기착하였을 때, 나는 미니스커트를 걸친 여자들이 사람들이 보는 앞에서 연인들과 입맞춤을 하는 광경을 즐거운 마음으로 쳐다보았다. 자연스럽게 그리고 순진무구하게. 사람들은 이것을 서구의 풍속이 중동으로 유입된 것으로 혹은 자유분방한 행동으로 여길 수 있다. 그렇지만 이것은 오래전에 알렉산드리아에 존재했으며, 그곳에서는 성 본능이 자유롭게, 강렬하게 표현되고 있었다. 오늘날 그것이 억압받고 있는 것을 보고 있노라면 한심하기 짝이 없다. 이집트 영화의 여자들은 베일을 걸치지 않았고 화면 위에서는 서로 껴안기도 하였다.

1956년 수에즈 운하의 국유화는 중동에 새로운 분쟁을 촉발한다. 이 운하는 해상 교통, 특히 원유 수송선의 필수적 통로다. 이 분쟁은 그가 태어나고 사랑하는 땅 이집트와 영국을 중심으로 한 동맹을 대립시키고 있다. 영국과 동맹한 두 나라는 그가 애착을 느끼는 이스라엘과 프랑스로서, 프랑스는 그가 삼 년째 살고 있는 선택의 땅이기도 하다.

1956년, 나세르가 수에즈 운하의 국유화 결정을 선포하던 날, 나는 이집트에 있었다. 이 나라의 아들로서 서구에 맞서는 이 남자를 보면서 나는 어떤 자부심 같은 것을 느꼈다. 특히 영국에 대해서. 알렉산드리아에서 영국이 보여주는 모습은 경멸적이고, 거만하고, 지역 사회와 지역 주민들과 유리되어 그들만의 클럽에 갇혀있고, 점령군 같은 군대를 통솔하고 있는 그런 것이었다.

1956년, 이스라엘의 병사들은 더는 나라 건설에 매진하는 장발의 중년들이 아니라 수에즈 운하의 주주들을 구하러 날아온 중무장한 군인들이었다. 이집트 사람들은 또다시 서구인들이 삼키고 싶어 하는 욕망의 표적이 되었다. 처음으로 이스라엘인들은 공개적으로 서구 열강들 옆에 도열해 있었다.

1967년 6일 전쟁이 발발했을 때, 나는 이스라엘 여자와 동거하고 있었다. 그녀의 오빠가 시나이반도 전선에서 전사하였고, 그의 죽음은 우리를 몹시 괴롭게 만들었다.

나는 이집트에 대해서도 마찬가지로 걱정하였다. 이집트의 상황은 날이 갈수록 불안정해지고 있었다.

티란의 해협을 봉쇄하면서 나세르는 도발을 감행하였지만, 그의 허장성세는 국토의 남쪽 지역에 대한 위협을 심각하게 받아들이고 있는 이스라엘의 병력 앞에서 거의 존재감이 없었다.

나는 이집트 사람에 대하여 한결같은 애착을 지니고 있다. 그들을 착취하거나, 핍박하거나 혹은 웃음거리로 만들 때면 내 가슴은 찢어질 듯 아프다. 이집트 병사가 사막에다 내버려 두고 간 신발을 찍은 사진들이 비웃음과 빈정거림을 불러일으켰는데, 나를 분노케 하였다. 맨발로 뜨거운 사막 위를 달리면 고통스럽다는 걸 누가 모르겠는가. 이 사진 속에서는 소위 이집트인들의 비겁함만을 의도적으로 부각하고 있었다.

1956년 분쟁의 여파는 이집트에서 난폭한 반작용을 몰고 왔다. 그것은 공격 측에 섰던 나라들인 영국과 프랑스 사람들의 공동체와 일부 유대인 공동체를 겨냥하고 있었다.

그때까지 유대인들에 대하여 어떤 공식적인 조치들이 철저히 적용된 적은 없었다. 사실 알렉산드리아에는 지금도 여전히 유대인 예배당이 한 곳 있다. 그러나 유대인 국가의 창설은 가혹한 혼란을 야기하였다.

외국인들이 운영하던 상업 시설과 기업들의 국유화와 몰수는 이들의 대규모 이탈을 가져왔다. 게다가 나라의 사정도 악화되어 개인 사업은 점점 어려워졌다. 나의 아버지와 같은 이들에게는 예순한 살의 나이에 자신이 그럭저럭 키워온 사업체의 경영인으로 있으면서 공공기관의 고용인이 된다는 것은 극히 어려운 일이었다. 내 부모님은 덜 혼란스러운 상황에서 여생을 마치고 싶어 하여 파리에서 나와 합류하였다.

최근 나는 알렉산드리아에서 그곳에 남기를 선택했던 옛 친구들을 만났다. 그들은 점점 불안정해지는 삶의 즐거움을 영속시켜보려고 애쓰고 있었다.

이집트 대통령 사다트와 이스라엘 수상 베긴 사이에 1978년 맺어진 캠프 데이비드 협정은 두 나라 사이에 지속적인 평화의 조건을 만들었다. 지중해의 차원에서 세계의 차원에서 역사적인 협정이다.

알렉산드리아 고양이

사다트는 1977년 이스라엘의 국회, 크네세트를 방문하였다. 그날 딸을 낳은 한 친구에게 그 애를 그리스어로 '평화'를 뜻하는 이렌느(Irène)로 부르면 좋겠다고 내가 권하기도 하였다. 그녀는 희망의 탄생을 상징하는 것이리라. 우리는 전 세계 여러 곳에 흩어져 살지만, 같은 생각을 나누는 친구들의 집단이다. 어떤 일이 발생하면 우리는 브뤼셀에서, 뉴욕에서, 퀘벡에서, 혹은 파리에서 전화한다. 세상은 우리가 바라는 만큼 그렇게 충분히 변하지는 않지만, 그래도 한 걸음은 더 나아갔다고 우리는 서로 말한다. 서구의 어떤 나라들이 합의를 부추길 때면, 이것은 "전쟁을 멈추고 서로 사랑하시오"를 뜻하기보다는, 오히려 "평화를 이룹시다, 그게 여러분께 이익입니다"를 뜻한다. 이러한 개념은 사람들 사이의 화합으로부터 아름다움의 일부분을 앗아간다.

　그렇지만 텔아비브에 사는 내 어린 사촌이 내가 이집트에서 노래하는 것을 들으러 오기 위해 비행기를 탈 수 있게 된 날, 나는 무엇인가가 변했다는 인상을 받았다.

　사람들은 정치에 대해 말하기를 그것은 가능성의 예술이라고 한다. 나는 그것이 실현된 유토피아의 예술이기를 바란다.

　정치인들은 때때로 대단히 소심하다. 사다트나 라빈처럼 위험을 무릅쓰는 이들은 총탄에 쓰러질 위험도 감수한다.

　주관적이지만, 나는 라빈을 좋아했다. 그는 허세를 부리지 않고, 신념과 능력을 갖추고 군인으로서의 소명을 다했다는 인상을 주었다. 정치인이 되어서도, 그는 평화를 안착시키기 위해서 그의 신용과 생각을 모두 걸었다. 그는 이 방향으로 한 걸음 내디뎠다. 비록 아라파트와 악수하는 그의 손이 다소 힘없어 보이기는 했지만. 그에게 화해는 사심 없는 행위라기보다는 이겨야 할 전투였다. 그렇지만 그것은 아무것도 안 하는 것보다는 나았다.

사람들은 아라파트가 권위적이고, 주위 사람에게 냉혹하다고 말하지만, 그가 지금껏 어떤 삶을 살아왔던가? 그는 단순한 한 사람의 투사가 아니라 진정으로 자신이 최고의 원리이고 이 원리의 연인이다. 그는 그렇게 믿고 있다. 그가 생전에 재건된 팔레스타인을 통치하지는 못하겠지만, 그는 자신의 이상에 가능한한 가장 가까이 접근하기를 열망한다.

나는 팔레스타인의 시인 마무드 다르위치와 저녁 식사를 한 적이 있다. 우리 둘은 테이블에 앉아서 서로 대단히 근접한 세계관을 표명하였다. 그는 조르다니에 살고 있는데, 자치 지구에 한 걸음 담고 있으면서 이스라엘의 좌파들과 대화를 지속하고 있었다. 일부 팔레스타인 사람들은 언젠가는 그들의 땅을 가꿀 수 있기를 기원하면서 그들의 정신을 가꾸고 있다.

조르주 무스타키는 처음 이집트 바깥으로 나갔던 여행에서 아프로디테의 섬으로 일컫는 키프로스를 보고 경탄에 빠졌던 추억을 간직하고 있다. 베를린 장벽이 무너진 이후, 그 섬은 장벽에 의해 나누어진 유일한 유럽의 국가이기도 하다. 1974년 터키 군부에 의해 점령된 북쪽의 3분의 1은 1983년부터 (인구 20만의) 북키프로스 터키 공화국을 구성하고 있는 반면에, 그리스어를 사용하는 키프로스 공화국이 남쪽을 차지하고 있다. 두 공동체 사이에는 UN 평화 유지군이 경비 임무를 수행하고 있다. 상황이 더욱 복잡하게 뒤얽힌 것은 키프로스 공화국이 유럽 연합에 가입할 가능성에 대비하여, 터키 정부는 이 섬의 북쪽을 완전히 합병하 겠다는 카드로 맞서고 있어서이다.

내가 태어난 알렉산드리아 바깥으로 내가 처음 얼굴을 내밀었을 때, 그것은 키프로스를 향해 떠나는 여정이었다. 이 여행을 통해 나 는 나의 뿌리라고 할 수 있는 그리스와 비잔틴을 찾게 되었다. 내 나이 열두 살이었다. 그것은 또한 내가 처음으로 내 조상의 언어를 통해 내 생각을 표현해본 기회이기도 하였다. 나는 이 섬을 걸어서 종주하는 보이스카우트 대원 가운데 한 사람으로 우리는 종종 갈증 을 해소하기 위해 걸음을 멈추어야 했다. 섬 주민들에게 물을 얻어 오는 임무는 당연히 내 차지였다. 이렇게 하여 나는 키프로스 사람 들의 환대를 체험하였는데, 그들은 물뿐만 아니라, 언제나 과일도 주었고, 때로는 쉬어갈 곳도 마련해주는가 하면, 심지어 식사와 숙 박도 제공하였다.

키프로스 섬은 나뉘어 있지 않았다. 우리는 걸어서 이 마을에서 저 마을로, 북쪽에서 남쪽으로, 동쪽에서 서쪽으로 헤집고 다녔다. 우리는 놀란 눈을 크게 뜨고 굴곡이 도드라지고 높낮이가 또렷한가 하면, 초목이 싱그럽고, 곳곳에 물길이 있는 풍광을 보고 또 보았다. 메마른 아프리카 출신이라 그런지, 키프로스는 지중해 한복판에 있 는 오아시스처럼 우리에게 다가왔다.

1972년, 중동에서 가진 순회공연의 일환으로 나는 니코시아에서 무대에 올랐다.

사춘기 이후 가본 적이 없는 이 섬에 다시 서 있게 된 나는 무척 행복하였다. 잠정적이겠지만, 독재자들이 탈취한 어떤 그리스로부터 떨어져, 나는 키프로스에서 어떤 자유의 나라를 보았다. 이 나라 자체에도 내부의 분쟁이 있고 그로 인한 위협이 이 나라를 짓누르고 있음에도 불구하고 말이다.

1974년 일군의 그리스 대령들이, 이 흉포한 멍청이들이, 키프로스를 그리스로 합병하기 위하여 당시 키프로스 국가의 수반이었던 마카리오스를 전복시키려고 대들었다. 터키는 터키어 사용권 주민들을 보호해야 한다는 명분을 내세워 섬 전체의 3분의 1이 넘는 면적을 침탈하였다. 키프로스의 그리스 사람들을 쫓아낸 다음, 이들은 자칭 공화국의 수립에 착수하였다.

오래전부터 공생하며 살아오던 두 공동체 사이의 불안정한 균형이 깨어져 버렸다. 니코시아는, 예전 베를린과 예루살렘처럼, 증오의 장벽을 지니게 되었다.

그러나 키프로스는 여전히 품위 있게 손님을 맞을 줄 알고 있다. 의연한 태도를 조금도 잃지 않고, 섬은 상처를 치유하고, 좌절과 절망을 극복하였으며, 내가 열두 살 때 알았던 미소 짓는 상냥한 모습을 변함없이 보여주고 있다.

나보다도 더 명료하게 키프로스에 온전한 상태를 긴급히 되돌려주어야 할 이유를 설명할 사람들이 많을 것이다. 인류애적이고, 정치적이고, 역사적이고 문화적인 이유에, 나로서는 나의 어린 시절의 추억이 덧붙여지길 바란다.

움직이지 않는 여행자의 첫 꿈속에는 멕시코와 일본도 있었다.

알렉산드리아 고양이

멕시코, 나는 이 나라를 어린 시절 영화를 통해 상상하였다. 광대한 사막을 질주하는 조로와 그의 친구들, 판초를 걸친 멋진 실루엣, 석회를 칠한 하얀색 작은 교회당, 갈색 피부의 예쁜 여자들, 모두가 생생한 한 편의 그림이다.

노래를 천직으로 알고 살아온 덕분에 1975년 나는 그곳에 갈 수 있었다. 그것은 아스테카 문명 국가와 첫 만남이었고, 마야 문명의 유적지 앞에서, 웅대한 풍경 앞에서, 말로 설명할 수 없는 사람들의 친절함 앞에서 그리고 한가락 마리아치(mariachis)의 음악의 부름에도 펼쳐지는 축제의 감각 앞에서 나는 처음으로 충격을 겪었다. 친구들끼리의 만남, 연인들과의 만남, 사업상의 만남들을 통하여 나는 이 나라를 좀 더 알게 되었고, 내가 상상하는 멕시코와 공해에 찌들고 폭발 직전의 사회적 상황에 직면한 현실의 멕시코를 대질하게 되었다.

멕시코 대학교와 몇몇 주요 지방 도시에서 자주 공연을 하면서 나는 이 나라에 뿌리를 내리고 살려는 목적에서 테포즈틀란에 땅까지 마련하려는 유혹에 빠지기도 하였다. 그러나 나는 나 스스로 완고한 유목민임을 깨닫고, 이것을 포기하였다.

지난해에는 쿠에르나바카의 알리앙스 프랑세즈 원장의 초청으로 멕시코에 다시 갈 수 있었는데, 상송을 통하여 프랑스어를 배우려는 젊은 멕시코 학생들을 대상으로 콘서트를 열었다. 공연은 야외극장에서 이루어졌다. 그런데 청중과 무대 사이에 배수로가 있어 서로 격리되었다. 오리 떼 한 무리가 그곳에서 장난을 치고 있었다. 시도 때도 없이 꽥꽥거리는 오리 떼들 때문에 저녁 공연을 망치치지나 않을까하고 모두 걱정했던 것 같았다. 그런데 이게 웬일인가 그들은 공연을 시작하자 조심하면서 조용해졌다. 조류 친구들을 관중으로 모시게 된 것은 처음 있는 일이었다.

의류 시장의 옷가게로 와이셔츠를 사러 가면서, 놀랍게도 어떤 가게에서 틀어놓은 음악들 가운데서 내 노래 한 곡이 들렸다. 나는 가게를 지키는 여주인이 나를 안다는 것을 알리려는 예우 차원에서 일어난 일로 여겼다. 그런데 설명은 전혀 달랐다. 프랑스어를 열정적으로 좋아하는 그녀의 딸이 내가 가게에 있다는 사실을 알지 못한 채, 내 노래를 배경 음악으로 틀어놓으라고 그녀의 어머니에게 요구하였다는 것이었다.

전쟁 기간에 독일의 동맹국이었던 일본이 나의 관심을 끄는 이유는 아마도 이국적인 것에 대한 내 취향에 기인하는 것 같다.

그 후에, 무술 수련을 하면서 하이쿠의 매력, 닛폰 화류계의 오묘함, 오시마의 영화와 미시마의 소설을 찾아가면서, 나는 나로 하여금 일본에 관심을 가지도록 만드는 더 명백한 이유를 발견하였다. 나를 그곳으로 끌고 간 것은 나의 직업이었다. 순회공연하러 다니는 가수로, 영화 촬영지를 물색하는 배우로, 환상 영화 페스티발의 심사위원장으로, 공개 강연자로 그리고 특히 만족을 모르는 산책자로서, 나는 이 열도의 구석구석을 파악할 수 있었다.

일본의 청중은 조심성이 지나친 나머지 노래와 노래 사이에 손뼉치기를 꺼려하는데, 이 점은 나를 놀라게 하였다. 이런 태도는 공연에 무관심하다는 인상을 주었다. 그들은 공연이 끝나서야 그들의 열정을 표현한다. 그들의 조심성은 그제야 기립과 발 구르기로 변하는 것이다.

알렉산드리아 고양이

나의 첫 콘서트에서 히로시마에 대한 노래가 사건이 되었다. 한 이방인(gai-jin)이 순교한 도시에 경의를 표하는 것이 연대의 행위로 받아들여졌던 것이다. 서로의 가슴이 열렸고, 여기에서 비롯한 관계는 30년째 지속되고 있다.

도쿄에서 그리고 오사카에서 프랑스 샹송 애호가들은 파리의 리브고슈에 있는 에클뤼즈나 에셸 드 자콥과 유사한 카바레를 열었다. 프랑스의 스타들은 그곳에서 숭배의 대상이다. 그곳에서는 피아프, 브렐, 페레, 베코를 일본어로 번안하거나 텍스트의 원문으로 부르기도 한다.

샹송에서 새로운 커리어를 쌓고 싶어 하는 한 일본 여배우를 위해 열 곡 정도의 샹송을 작곡할 의향이 없는지 어느 날 어떤 사람이 내게 물었다. 이 새로운 제안에 솔깃한 나는 작업을 시작하였다. 녹음을 위해 도쿄로 초청받았는데, 나는 나의 통역과 함께 아름답고 재능 있는 모모이 카오리를 만났다. 그녀가 설명하기를, 열다섯 살에 내 노래를 들으면서 스타가 되는 꿈을 꾸었는데, 그래야만 내가 그녀를 위해 곡을 써줄 것으로 믿었다는 것이다.

11

머리 굴리기 또는 주사위 던지기 통과
이번 판은 나 없이 노세요. 나는 통과
몽상의 세계에서 별천지를 향해
어디로 가는지 모르나 나는 통과하네….
<나는 통과>

마라케쉬의 엘 바디아 궁전 정원에 펼쳐진 카이드의 천막 아래에서, 카지노 드 파리, 올랭피아, 지방 극장의 무대 뒤에서, 소박한 아티스트의 대기실에서, 조르주 무스타키는 언제나 마치 집에서 전날 헤어진 지인들이나 친구들을 맞이하는 듯한 인상을 준다. 그는 이들과 함께 물이나 샴페인 혹은 여성 팬들이 정성스럽게 갖다 놓은 포도송이를 나눈다. (샴페인의 경우 그는 극히 소량을 마신다.) '쇼'(show)의 긴장과 '비즈'(biz)의 뜨거운 겉모습으로부터 수천 리 떨어져 있는 듯한 분위기에 싸여 있다.

그가 대규모 공연단과 실무 지원팀의 우두머리가 될 때면 (예를 들면, 1978년, 부르주 봄 음악 축제에서처럼) 모두들 회사명 "무스타키 투어"(Moustaki Tour)를 등에 붙이고 다니기도 하였다.

이러한 대규모의 공연단을 조직하는 아이디어는 나의 독일인 제작자에게서 나온 것인데, 스위스, 캐나다, 미국, 일본, 멕시코, 독일

알렉산드리아 고양이

을 논스톱으로 순회하는 것이었다. 대여정이 거의 끝날 무렵에 내 안색이 분명히 좋지 않았을 것이다.

내 무사태평한 냉정함에도 불구하고, 일과 여행과 알칼로이드의 과다로 인하여 나는 혹사에 가까울 정도로 시달렸다. 나는 이 대가를 바이러스성 간염으로 치렀다. 이로 인하여, 여러 달을 누워있는 신세가 되었지만, 오히려 나는 이 기간 동안 내 주위를 거리를 두고 바라볼 수 있게 되었고 반성의 시간을 가질 수 있게 되었다. 나의 건강 상태는 다행스럽게도 통증은 없었지만, 최우선 고려 사항이 되었고 절대적 안정을 해야 하였다.

나는 다시는 이런 종류의 순회공연을 하지 않는다. 나는 편안하게 지내면서 장거리를 달리지 않는다는 조건에서 평균 한 달에 두 번 해외로 떠난다. 나를 "고속도로의 강제노역자"라고 평하는 브라센스의 주장과는 달리.

1970년대에 이르면, 비트(Beat) 세대와 그보다 10년 전의 아류들과 불가분의 관계가 있는 LSD의 유행이 지나버렸고, 마리화나가 콘서트홀의 주변에서 부드러운 금지의 향기를 내뿜고, 수수께끼 같은 노랫말들을 불러일으켰다. 무스타키가 〈다행스럽게 풀이 있네〉를 이렇게 노래할 때면, 오직 몇몇 천사 같은 환경주의자들만이 잔디와 풀밭의 축복을 믿었다. "다행스럽게 부드럽고 향기로운 풀이 있네. 사랑 조금에 햇빛 조금이면 자라는 데 충분하다네." 또 다른 노래 〈잡초〉 덕분에 그는 오늘날 대부분의 이웃 나라들이 채택한 연성 환각제 합법화에 동조하는 활동가로 분류된다.

나는 언제나 처벌 대상에서 제외하는 것을 찬성하였지만 그것이 나의 주된 관심사는 아니다. 마리화나는 때때로 나의 노래 안에서 일상적인 환경의 한 요소로 등장한다. 가볍게 동조한다는 의미이지 결코 열성적 권유는 아니다. 나는 중동에서 사춘기 시절에 카나비스를 알았는데, 지금처럼 널리 퍼지기 훨씬 전이다.

오랜 기간 감기를 앓고 난 후 모자라는 몸무게 몇 킬로를 보충하기 위해 나는 담배를 끊었다. (그 와중에 마리화나도 끊었다.) 금연은 그때까지 사회적인 이슈는 아니었다.

물론 내가 보기에 알코올, 담배, 암페타민 그리고 그 외에도 많은 독성 물질들을 허용하면서 마리화나를 금지하는 것은 앞뒤가 맞지 않는다.

나에게 마약이란 조종할 줄 알아야 탈 수 있는 경주용 자동차와 마찬가지다. 신진대사의 균형을 무너뜨리면 그만큼 심각한 위험을 감수해야 한다. 콜트란, 밀 데이비스 혹은 빌 에반스와 같은 위대한 뮤지션들이, 자유자재의 예술적 기량을 가지고 있다는 것을 그들의 작품을 통해 증언하고 있음에도 불구하고, 어떻게 하여 마약 앞에서는 속수무책으로 무너지면서 스스로 파멸할 수밖에 없었는지를 나는 언제나 자문한다.

마약은 단순한 민간전승을 훨씬 넘어서는, 밤의 세계에 속하는 것이다. 그것을 소비하는 사람들은 부르주아, 아티스트, 또는 그냥 보통 사람 할 것 없이, 이를 통하여 일상을, 불안을 그리고 권태를 피할 수 있다고 강력히 확신하고 있다. 뮤지션의 길 위에서, 나는 소중한 친구들, 여행의 동반자들을 잃었다. 그들이 와해되는 모습을

알렉산드리아 고양이

어찌할 바를 몰라 그냥 지켜만 보았다.

호기심에 나는 콜롬비아에서 코카인을 맛본 적이 있었다. 그곳에서 그것은 지역 주민의 전통에 속했다. 주민들은 합법적으로 필요한 에너지를 길어내기 위해 코카 잎사귀로 탕제를 만들어 마신다.

나는 대단히 취약하던 시절에 두 번 헤로인을 복용한 경험이 있다. 좋은 기분을 조금도 느끼지 못하였다. 오히려 반대로 구토, 다리의 무기력증, 구역질이 몰려와, 결정적으로 이 약물을 멀리하는 계기가 되었다.

바에서 피아니스트로 일할 때, 나는 손님들이 권하는 위스키를 절대로 마시지 않았다. 그랬더라면 날이 샐 때까지 버텨내지 못했을 것이다. 이 덕분에 나는 알코올 중독을 피할 수 있었다.

반대로 하시시는 중동 문화의 한 부분이다.

내가 그것을 맛보게 된 것은 카이로의 아편 흡연소에서였다. 바타네야로 불리는 지저분한 구역이었는데, 소외집단이나 빈민층 사람들이 드나들었다. 지도자가 있어서 그가 의식을 집행하는데, 복용량과 혼합 비율을 정한 다음, 차를 제공하고 흡입하는 방법을 일러준다. 그리고 깨어 있는 꿈을 동반하는 음악을, 일반적으로 이집트의 여가수 움 칼숨의 음악을 선택한다.

나는 하시시도 오래전에 그만두었다.

주변인은 제도화되었다….

최근에 나의 작품 전부를 대상으로 하여 나에게 상을 주었다. 사람들은 나를 문학과 예술 부문 프랑스 레지옹도뇌르 3등 훈장 수훈자로 그리고 브라질의 남십자 기사장 훈장 수훈자로 명명하였다.

로제 마르탱 뒤 가르는 이렇게 썼다. "인간이 명예를 얻을 때는, 그것은 이미 그가 이제 그럴 자격이 없다는 뜻이다."

처칠은 이렇게 말하였다. "훈장은 요구하는 것도 아니고, 거절하는 것도 아니며, 달고 다니는 것도 아니다."

그것은 유명세의 액세서리에 해당한다. 귀찮은 일이나 거북한 일을 피한다는 것은 지극히 어렵다.

공연이 끝나고 불이 다시 들어오면, 나는 어둠 속으로 녹아들면서 내가 직전까지 몸담고 있던 신비의 세계를 남몰래 빠져나갔으면 하고 바란다. 하지만, 그 대신에 극장을 나가면서 나는 아마추어와 프로 할 것 없이 사진사들 앞에 서 있어야 하고, 열광적 사인 수집가들의 요구를 받아주어야 하고, 대부분 별 의미도 없는 물음에 답해주어야 한다. 그것은 멋진 요리를 앞에 두고 나를 기다리는 전사들의 휴식과 식사를 보장받기 위해 내가 지불해야 하는 청구서다.

그것은 바로 영광의 몸값이다. 이 말은 아이콘이 된 아티스트와 광적인 추종자로 변한 그의 팬 사이의 왜곡된 관계를 잘 보여주고 있다.

그런가 하면 우스꽝스러운 상황을 즐길 수도 있다.

어린 시절부터 나를 아는 친구들은 내가 유명세 때문에 겪는 불편함을 상상하지 못한다. 어느 날 그들과 함께 뉴욕을 산책하다가, 우리는 어떤 섹스숍의 문을 밀고 들어갔다. 만약 사람들이 나를 알아보면 곤란한 처지에 놓일까 봐 걱정이 되어 전에는 한 번도 그런

적이 없었다. 외국에서는 내가 덜 주목받기에 위험이 없을 거라고 생각하였다.

겨우 들어가자마자, 내 귀에 들리는 말. "안녕하세요, 무스타키 씨, 여기서 뭘 하시나요?" 어떤 벨기에 관광객이 날 알아본 것이다. 이 짧은 문장이 내 친구들에게 얼굴이 알려진 사람들이 겪는 불편함을 일깨워주었다.

그들이 콘서트에서 나를 볼 기회가 한 번도 없었기에, 1973년, 나는 퀘벡 에이전트에게 뉴욕 공연을 기획해 달라고 부탁하였다. 그는 황송하게도 카네기홀을 선택하였다. 나는 두 해를 연속 이곳의 무대에 올랐다. 이 전설적인 장소는 내 마음에는 들지 않았다. 전설적인 겉모습 뒤에는 공연의 공장이 있었다.

이어지는 콘서트는 브룩클린 대학에서 열렸다. 세계적으로는 덜 알려져 있는지 몰라도 그 명성이 높은 무대이다.

유명세로 인하여 겪는 문제들은 나로 하여금 끊임없이 자신의 몸 위에 던져진 시선의 무게를 감내하는 여성들이 느끼는 감정을 생각하게 하였다. 인간으로서, 자신의 엉덩이, 자신의 가슴 혹은 자신의 머릿결이 주된 관심의 대상이라고 생각하는 것은 분명히 괴로운 일이다. 나는 여성들의 절망적 기분을 이해한다.

이슬람에서는 베일이 여성들에게 어느 정도 거리를 확보해준다. 베일에 찬성하지는 않지만, 내가 보기에 베일을 쓴 여인은 신앙인이든 아니든, 손댈 수 없다는 이미지를 제공하면서, 음흉한 마음을 먹는 행위를 원천봉쇄하는 것이다. 나는 그것을 내가 머무르고 있던 알렉산드리아 호텔의 종업원을 통해 직접 확인하였다. 그녀는 컴퓨터를 두드리고, 세 나라 말로 표현하며, 손님들과 대화를 나누지만, 전통 복장과 히잡(hejab) 아래 자신을 보호하고 있었다. "여자에게 가장 어려운 것, 그것은 여자라는 것이다"라고 지오르지 에시가 말했다.

앨범 재킷, 포스터는 가수에게 명함을 대신한다. 여기에 명성까지 더해져 모르는 이가 반가운 몸짓이나 웃음으로 인사를 할 때 그 만족감이란.

사람들이 잘 모르지만 저명한 내 친구들 가운데, 나는 헨리 밀러에게 특별한 자리를 부여하고 있다. 우리 둘의 만남은 두 번에 걸쳐 이루어졌다. 1970년 나는 그를 만나고 싶어서 그의 집 앞으로 찾아갔는데, 그 시점이 분명히 적절하지 못하였다. 그는 그때 친구들 사이에 둘러싸여 술이 아직 깨지 않은 모습이었다. 그렇지만 그래도 그는 예의를 갖추려고 애쓰고 있었다.

"탁구 칠 줄 알아요?"라고 내게 물었는데, 마치 그것이 이 세상에서 가장 중요한 일이라고 여기는 것 같았다.

나보다 두 배나 많은 거의 여든의 나이에 놀랍게도 그는 나를 이겼다. 그가 게임에 완전히 전력투구 하였다는 점을 강조해야 할 것 같다. 그의 회고록에서 그는 단 한 번의 라켓을 휘두르거나, 단 한 번의 시합을 하더라도 언제나 그의 일생이 걸려있는 것처럼 집중한다고 말하였다.

"탁구 시합의 흥미로운 점은 그것이 지적인 토론을 피하게 한다는 사실에 있다. 상대방이 아무리 중요하고 또 아무리 매력적이라해도, 나는 절대로 정신을 파는 법이 없다"고 그는 회고록에서 설명하고 있다.

알렉산드리아 고양이

칠 년 후, 그가 죽기 몇 달 전에, 나는 캘리포니아 대학교에서 노래하고 있었다. 그는 나의 포스터를 보았고, 덕분에 우리의 첫 만남을 기억하였다. 그는 내게 이렇게 글을 보냈다. "I like your face."

그가 요청하여 우리는 두 시간 동안 다시 만났다. 우리가 서로에게 말할 수 있었던 그리하여 서로에게 글로 쓸 수 있었던 그 모든 것이 가득 찬 순간이었다. 나는 그에게 고백하였다. 그의 책 『마루시의 거대한 상』이 나에게 그리스를 다시 보게 해주었고, "그리는 것은 다시 사랑하는 것이다"는 그림을, 존재에 대한 어떤 철학을, 에로티즘을 영위하는 즐겁고, 때로는 심각하고 그리고 거의 종교적인 방식을 깨우쳐 주었음을. 그의 작품을 더욱 천착하기 위해 나는 심지어 육백오십 페이지에 이르는 『섹서스』를 영어로 읽어 보려고까지 하였다.

여전히 유명세와 인기의 효과로, 쥐라 지역의 비종교 사회사업 연합 단체에서 운영하는 바캉스 촌 가운데 하나가 1987년부터 무스타키의 이름을 걸고 있다. "그의 걸출한 재능과 타인에 대한 그의 존경심을 기리며"라고 그 이유를 관리자는 적시하고 있다. 그는 강조하기를 무스타키의 노래에 등장하는 이국적 취향이 오-쥐라에 있는 소도시 레 무시에르의 주변과 즐겁게 대조를 이룬다고 한다.

나의 에이전트 겸 수호자, 마리-앙주 미랑드는 쥐라 출신으로 그녀가 나에게 이 요청을 보냈을 때, 나는 그녀를 기쁘게 해주기 위한 목적도 있었지만, 그 지역에 대한 호감 때문에 그것을 수락하였다. 거친 지역인 이곳은 딱딱한 껍질 아래 감추어진 온화함 같은 인상을 주는 지역으로, 여름에는 몹시 덥고, 겨울에는 몹시 춥다. 사람들은 말하기를 프랑스의 퀘벡이라고 한다. 쥐라 사람들은 대단히 아름다운 자연과 벗 삼는 그들의 삶의 질에 애착을 가지고 있다. 문화적 휴양, 모두를 위한 바캉스를 추구하는 '조르주 무스타키 마을'의 착상은 나의 신념과도 잘 어울리는 것이었다. 그러나 이것을 수락하면서, 나는 테이프를 자르는 순간 관료들과 유지들에게 둘러싸여 개막 기념식까지 참석해야 할 것이라고는 꿈에도 생각하지 못하였다.

아마도 언젠가는 지도 위에 프랑스 마을 이름들과 섞여 내 이름이 나타날지도 모른다.

알렉산드리아에서 그의 아주 어린 시절에도, 열렬한 라디오 청취자였던 조르주 무스타키는 라디오 전파 덕분에 프랑스의 가수들을 발견하였고, 이들이 테아트르 모아메드 알리 극장에 기착했을 때 그는 그들의 공연을 하나도 빠뜨리지 않았다. 1953년 파리에서 만난 조르주 브라센스는 그가 두 번이나 헌정곡을 바친 유일한 사람이다. 〈조르주의 친구들〉과 〈언젠가 그대는 떠났지〉 이렇게 두 곡으로서, 널리 알려진 곡은 아니지만, "바람이 장난을 쳐 옷이 벗겨져 비탄에 빠진 어떤 처녀가 지나가는 것을 보려고 한 눈만 감고 잔다"고 의심받는 세트 사람 브라센스의 기질과 잘 어울린다. 수줍음을 타는 열아홉 신출내기에 지나지 않았던 그에게, 따라가기를 주저하던 그 길을 밝혀준 사람은 다름 아닌 브라센스였다. 나중에, 이번에는 자기 차례가 되어, 데뷔탕들에게 후원을 아끼지 않던 사람은 바로 무스타키였다.

1970년대 말 경, 나는 생-루이 섬의 한 조그만 카페-테아트르에서

알렉산드리아 고양이

지금은 세상을 떠나고 없는 앙드레 시몬스라는 한 벨기에 여가수를 다시 만났다. 그녀와는 그 일보다 몇 년 전 브뤼셀에서 마주친 적이 있었다. 그 당시 그녀는 롤리타였다. 홀딱 반할 만큼 예뻤고 재능이 넘치는 가수였으나 생각은 시대 조류의 영향을 크게 받고 있었다.

그녀의 레퍼토리는 그녀와 더불어 성숙해졌다. 더는 애교 섞인 목소리를 내지 않았고 강하고 개성적인 인격을 획득하였다. 나는 그녀를 여러 달 동안 긴 순회공연에 데리고 갔는데 그녀는 관중을 압도하였다. 어느 날 그녀는 자신만의 길을 따라 떠나버렸다. 그것은 모든 친구와 팬들의 안타까움 속에 이 세상을 떠나기 바로 전이었다.

그녀를 결코 잊지 못할 것이다.

카트린 르 포레스티에는 스무 살 그녀가 내 눈앞에 등장하자마자 내가 그녀에게 표출하였던 찬사를 아마도 모를 것이다. 관능적인 어조에 표현력이 강한 목소리를 지닌, 아름답고 시적인 야생 포도에 비유할까. 그녀는 남동생 막심과 함께 듀엣을 이루어 형언할 수 없는 묘한 매력을 발산하였는데, 여기에다 음악적 엄격함과 프로 정신 또한 가미되어 더욱 그 가치를 높였다.

나는 아마도 원석 상태의 재능 앞에서 피그말리온의 역할을 하는 피아프의 본능을 가지고 있지는 않다. 나는 그 누구라도 그 사람의 커리어를 이끌어 줄 수 있는 능력은 조금도 없다. 기껏해야, 앙드레나 카트린의 경우에서 보듯, 같은 무대를, 같은 생각을, 같은 감정을 나누면서 함께 같은 길을 잠시 걸어가는 정도일 것이다. 그러나 스스로의 힘으로 자신을 실현해 나가는 것은 우리 각자에게 달린 것이다.

보리스 비앙은 나의 목소리와 나의 길을 찾아가도록 도와주려는 생각에서 그의 음악 선생을 만나 볼 것을 내게 권유한 적이 있다. 나는 그의 말을 들었다. 그러나 큰 기대는 하지 않았다. 그의 발성법은 내가 따라야 할 모델은 아니었다.

사샤 기트리가 미레이유에 대해 이렇게 말하였다. 그녀는 눈부신 목소리를 타고나지는 않았다. 같은 이야기를 나에 대해서 할 수 있을 것 같다. 자신의 정확한 음색을 찾고, 자신만의 고유한 음역을 창조하고, 모든 것에 대해 열려있지만, 그 어떤 영향으로부터도 자유로운 것, 바로 이것이 가사를 쓰고 노래를 하는 천직을 수행하려는 사람의 정신으로 나에게 보인다. "너의 약점을 가꾸어라"고 말하지 않는가.

1996년, 퀘벡의 여름 페스티발에서 나는 마리-조 테리오를 들었다. 다니엘 라부아의 무대를 열면서 그녀는 몇 곡만을 가지고 우리에게 강렬하게 다가왔다. 출중한 피아니스트이자 놀라운 가수인 그녀는 시도 쓰고 작곡도 하는데, 아카디 지방의 전통 음악과 고전문학에 뿌리내리고 있으면서 의심할 여지 없이 현대적인 스타일로 자신을 표현하고 있었다. 그녀는 뉴 브룬즈웍 지방의 몽크통에서 태어나고 자랐다. 그곳에서는 아직도 '쉬악'(chiac)이라고 불리는 영어와 프랑스어의 혼용어를 사용하는데, 말투가 형언할 수 없을 정도로 달콤하였다. 나는 그녀의 노래를 다시 한번 더 듣고 싶었고, 카지노 드 파리에서 열리는 나의 무대로 와서 노래해 달라고 그녀를 초청하였다. 그녀는 기꺼이 수락하였다.

전반부를 여러 개 두고, 깜짝 손님들과 무대의 다른 초청 동료들

덕분에 나의 콘서트는 때로 급조한 축제나, 토론회나 즉흥 재즈 연주회 같은 모습을 보여주기도 한다. 고전음악 연주자, 재즈 연주자 혹은 중동의 춤꾼들과 샹송의 융합은 때때로 성공적인 결과를 가져온다.

12

오래전 지그재그로 걸었지
그녀와 나 파리를 가로지르며
아주 조용히 아무런 소리도 없이
프웽 뒤 주르에서 생-루이 섬까지

<센강, 최후의 만찬, 무대>

공연 때문에 이 세상 곳곳을 돌아다니다 돌아올 즈음이면, 조르주 무스타키는, 파리의 한복판에 거처할 공간을 마련한 다음부터, 그의 가장 충직한 동반자에게 돌아온다. 그 동반자는 다름 아닌 센강이다. 그리고 그 위의 섬 생-루이는 어디로 떠나버리는 법이 없다. 그 섬은 결코 바다를 만나지 않을 것이다. 강어귀조차도. 다섯 개의 다리가 그 섬을 파리에 묶어두고 있는데, 생-루이, 라 투르넬, 쉴리, 마리, 루이-필립이라는 그 이름들은 프랑스의 위대한 세기, 17세기에 건립된 귀족들의 대저택에 각인된 역사의 몇 페이지를 차지할 자격이 충분히 있다.

하루 중 어느 때나 일 년 중 어느 계절에나, 희미한 햇살이 산책이나 휴식을 부추긴다면, 섬 한 바퀴, 네 개의 부두, 앙주, 부르봉, 오를레앙 그리고 철제 장식이 가미되어 한때 '발코니 부두'로 불렸던, 유일하게 평민 출신의 이름을 따 베튄으로 명명된 네 개의 부두를 돌아보는 일은 그리 시간이 걸리지 않을 것이다. 도시의 소음으로부터 차단된 공간에서, 이 일상적 시간의 바깥에서, 도시를 벗어난 곳에서. 제방 위에서 서

알렉산드리아 고양이

로 끌어안고 사랑을 나누고 있는 커플들, 낚싯줄을 드리우고 끈기 있게 기다리는 강태공들, 캔버스에, 수채화에 그리고 변함없는 모티프에 몰입한 화가들처럼.

만약 강의 신 네소스를 표현하는 원형 저부조가 정면에 붙어 있는 건물을 찾았다면, 그것은 이 섬의 돌출부에 있는 켄타우로스의 집, 즉 무스타키의 집 앞에 있다는 뜻이다. 이곳은 카미유 클로델의 마지막 아틀리에에서 두 걸음 떨어진 곳이다. 옛날 양주 부두길에 어떤 집주인이 있었는데, 세입자가 내는 심한 소음을 참다못해 쫓아내겠다고 그를 협박하였으나 거꾸로 자신이 그로부터 날벼락을 맞은 적이 있었다. "신사 양반, 나는 살롱에서 장작을 패고, 내 정부의 머리채를 끌고 다니는데, 이런 일은 어디서나 벌어지는 일이요. 그런 일로 신경을 쓸 권리가 당신에겐 전혀 없어요." 이 말은 다름 아닌 샤를르 보들레르의 작품.

일곱 개의 짧은 길이 직각으로 이 섬의 척추에 해당하는 부분을 바라보고 있는 이곳에서, 거닐며 돌아다니는 것은 오랜 전통이다. 레스티프드 라 브르톤느는 『파리의 밤』에서 이미 그의 산책을 말하고 있다. 오늘날 전 세계로부터 몰려든 관광객들이 이 전통을 답습하고 있다. 각종 기발한 제품들 혹은 장난감들을 파는 부티크, 화랑들, 온갖 달고 짠 맛의 먹을 것을 파는 이곳에는, 가게에서 직접 만든 아흔 가지의 잼이 있고, 그만큼의 각종 치즈가 있는가 하면, 유명한 베르티용 아이스크림은 조금씩 모든 곳에서 팔고 있다. 섬은 밀려오는 방문객들을 유혹하며 지구상 모든 언어의 끊임없는 흐름 안에서 자신의 정체성을 유지한 채 살랑거리고 있다. 서로 일종의 친밀감을 유지하는 삼천 명의 주민들이 함께 사는 마을의 정체성을. 교회 옆에 가장 얌전히 주차해 놓은 모터사이클은 무스타키의 것이다. 그가 사는 건물의 출입구 옆에는 온갖 종류의 여행 서적을 파는 서점이 자리하고 있는데, 간판에는 그리스인들 가운데 제일 유명한 사람의 이름이 씌어 있다…. 율리시스!

파리에서 머물던 처음 십 년 동안 나는 거의 여섯 달마다 거주지를 옮겨 다녔다. 나는 파리의 모든 구에서 심지어 교외에서도 살아보았다. 구세군의 도움으로 잠자리를 해결했고, 화가 조르주 브뤼농의 아틀리에를 무단으로 점거하기도 하였고, 피아프의 화려한 아파트를 그녀와 함께 나누기도 하였다. 나는 영원한 과객이었다.

생-루이 섬에 정착하기 전에, 나는 테른느 대로에 살고 있었다. 이 동네의 삶이 나에게 너무나도 이질적인 나머지 나는 파리를 떠나버릴 결심을 하고 있었다. 그런데 1961년 이 섬을 만나고는 첫눈에 반하고 말았다. 나는 비로소 내가 선택한 땅을 발견하였다. 물, 거룻배, 갈매기가 그리는 풍경은 '나의' 지중해를 생각나게 했다. 우연과 행운이 겹치면서 나는 드-퐁 길에서 조그마한 아파트를 찾아낼 수 있었다. 그것은 어둡고, 시끄럽고 아주 좁았다. 나는 그것을 침실로 삼기로 하고 섬 전체를 거실로 삼기로 하였다. 나는 이 '침실'에 대단한 애착을 가지고 있었는데, 여기에서 10년 동안 나는 우정과 사랑과 잊을 수 없는 순간들을 치열하게 살았다.

1971년, 부동산업자가 된 어린 시절의 친구 덕분에, 나는 생-루이 섬 길에서 이상적인 은신처를 발견하였다. 나는 여전히 이곳에서 살고 있다. 드-퐁 길에서 아쉬웠던 공간과 조용함이 이곳에는 있다. 이곳에서 우리는 밤낮으로 음악을 연주하고 많은 친구를 맞이할 수 있다.

이 섬마을에서 나는 새로운 얼굴들과 오랜 친구들을 마주친다.

알렉산드리아 고양이

죽었는지 아니면 유배를 떠났는지 보이지 않는 친구들은 언제나 그립고, '옛 카페 데 스포르'의 카운터에서 오랜 친구들과 나누는 대화는 언제나 날 행복하게 만든다. 동네의 분위기가 이러하니 내가 이 섬에 살고 있는 한 노르웨이 미녀의 매력에 넘어가 오슬로로 가서 콘서트를 열기로 약속까지 한들 이상할 것은 없다.

콘서트와 순회공연 사이에 그의 섬을 찾을 때마다 조르주 무스타키는 파리 시내 곳곳에 있는 단골 레스토랑까지 여정을 계속한다. 분위기를 찾아서, 그리스어, 이란어, 광둥어로 대화가 이루어지는 공간을 찾아서 미각의 즐거움을 위해서, 식도락가 고양이처럼.

나는 요리에 대하여 깊은 존경심을 지니고 있다. 내가 가는 곳마다 나를 환대해 준 지구상의 모든 셰프들에게 나는 찬탄과 존경의 마음을 금할 수 없다.

스위스의 크레시에에 위치한 레스토랑 지라르데. 사실 경이로운 요리장이 있는 이 집에서 운 좋게 자리 하나를 얻으려면 여러달 먼저 예약하는 것은 필수적이다. 지라르데에서 잊을 수 없는 점심을 먹은 다음 나는 제네바에 있는 화가 디아코노프의 집으로 찾아갔다. 그곳에서는 안주인이 준비해 놓은 겨자소스 토끼고기가 나를 기다리고 있었다. 이미 포식하였으므로 나는 두 번째 진수성찬에 도전할 준비가 되어있지 않았다.

그렇지만 테이블에 앉았을 때 나는 다 먹어치웠다. 남불 지방의 현모양처인 그녀는 노하우와 맛을 결합하여 지라르데에게 도전장을 의기양양하게 던졌다.

나는 내 이웃, 오랑제리의 셰프가 정성을 다하여 오래 끓인 송로 소스를 정말 좋아한다. 이 소스를 먹을 때면 나는 특별 손님의 자격으로 밀수꾼처럼 레스토랑의 주방으로 들어가는 특권을 누린다.

나의 요리사가 만들어주는 간단한 시금치 수프나 적갈색 렌즈콩 수프라면, 그것은 웬만한 회식 정도는 대신할 수 있는 원기를 북돋우고 미각을 돋구는 묘약이라고 할 수 있다. 그런가 하면 게랑드 지방의 굵은 소금 한 줌과 더불어 올리브기름에 담근 큼지막한 빵 한 덩어리면 나는 한 끼 식사를 대신할 수도 있다.

올리브기름에 대한 나의 깊은 취향 덕분에 나는 산도, 빛깔, 향기, 유동성을 따져 명산지 제품을 판별하는 심사위원단의 한 사람으로 초빙되기도 하였다. 명품 포도주의 판별 방식을 도입하여 명품 올리브기름도 전문적인 감별사들과 그들의 아카데미 그리고 애호가들을 필요로 한다. 감히 자부하건대 나는 이 세 가지 자격을 모두 갖추고 있다는 칭송을 듣는다. 어쨌건 나는 나름대로 보통 수준에 속하는, 과일 향이 나는 모로코산 조명용 기름도 거리낌 없이 맛볼 수 있으며, 전문적인 올리브 재배자들이 만들어내는 최고급 제품에 대한 예우도 깍듯이 지킨다.

사실 나로 말하자면, 요리한 적이 거의 없다. 양갈비구이, 혹은 올리브기름과 마늘을 넣은 파스타, 중동식 디저트와 터키식 커피. 이것이 나의 기본 메뉴이다. 나의 식도락은 내가 여행하는 나라와 지역들을 위해 아껴두고 있다.

프랑스 포도주와 치즈가 세계 제일이라는 것은 굳이 언급할 필요가 없지만, 그래도 스페인산 염소 치즈 만체코(mancheco)에다 카스티야 지방의 적포도주 베가 시칠리아(Vega Sicilia)를 더하면, 강한 떫은맛이 멋지게 어우러져 비교를 불허한다. 여기에 중동식 전채 메제(mezzès)나 스페인식 전채 타파스(tapas)를 곁들이면 정말 일품이다. 사람들이 전하는 말로, 옛날 스페인 국왕 가운데 한 분이 모든 술집 주인에게 포도주병 위에다 마개처럼 버터 바른 빵조각을 (이것이 타파스의 유래다) 올려놓으라고 명하였다고 하는데, 그 이유인즉슨 그의 신민들이 빈속에 술을 마시지 않도록 하여 술에 덜 취하도록 하기 위해서라고 한다.

나는 식전과 식후에 식욕을 돋운다는 아페리티프나 소화를 돕는다는 디제스티프를 의식을 치르듯 참가하여 마시는 법은 결코 없다. 그러나 그 맛 때문에 가끔 씁쓸한 술들을 마시기도 한다. 이 경우 압생트는 말할 것도 없이 전설적인 술이고, 취하기를 원한다면 브라질산 카샹사(cachaca)가 있고, 지중해의 향취가 그리우면 송진 향이 가미된 아락(arak), 친촌(chinchon), 우조(ouzo) 혹은 라키(raki)가 있다.

잘 정돈된 책들이, 조르주 무스타키가 친구들을 맞이하고, 시간을 보내고, 일이라고까지 할 수는 없지만 하여간 무슨 일에 몰두하는 그런 방의 벽면 가운데 하나를 차지하고 있다. 쓰고 있거나 이제 해독을 기다리는 악보들이 놓여있는 피아노는 빛이 들어오는 창문 쪽에 기대어져 있는데, 손이 닿는 곳에 있는 아코디언과 기타와 더불어 음악적 공간을 그리고 있다. 다른 악기들은 지붕 아래 위층에서 기다리고 있는데, 이 방은 그에게 스튜디오로, 침실로 그리고 작업 중인 상송 가운데 몇 곡을 공개할 때 청취실로 쓰인다.

스테레오 오디오 옆에 정리된 카세트테이프와 CD는 그의 폭넓은 음악적 취향과 열광적 심취를 강렬하게 보여주고 있다. 가장 최근에 쌓여 탑을 이루는 음반 더미는 어떤 만남을, 즉 그의 호기심을 자극한 어떤 음악이나 어떤 가수의 발견을 가리키는가 하면, 어떤 '동료'가 자신의 소식을 최근 발표한 앨범에 붙여서 알리는 생존의 신호를 가리키기도 한다. 계절에 따라 벽난로를 마주하면서 그의 책꽂이를 바라보기 위해서는 이 집 주인은 소파를 90도만 틀면 그만이다.

아버지의 서점에서 나는 손 닿는 곳에 읽고 싶어 할 수 있는 모든 것을 가지고 있었다. 그러니 선택을 할 여지도 없었다. 나의 유년 시절과 사춘기 시절을 지나면서 나는 소설, 잡지, 만화 할 것 없이 인쇄된 종이를 수 킬로미터는 먹어 치웠을 것이다. 나는 만족을 몰랐다. 나를 감동시키는 저자를 찾게 되면, 나는 그의 작품에 빠져버렸다. 두서없이 머릿속에 떠오르는 이름들을 적어보면 이렇다. 알렉산드르 뒤마, 마르셀 애메, 장 지로두, 사르트르, 카프카, 헤세, 츠바이크…. 위대한 작가들의 책은 아무 페이지나 펼쳐서 읽어도, 언제나 아름다운 문장이나 생각할 거리를 보게 된다. 나는 마지막 페이지까지 독자의 마음을 끓게 하는 그런 책들을 좋아한다. 독일에서 순회공연하러 다닐 때 매분마다 나의 곁을 지켜주는 책은 바로『이집트인 시누에』였다. 자동차 안에서, 대기실에서, 화장실에서 이 책을 읽으면서 나는 그것을 손에서 놓을 수가 없었다. 그것은 환희와 철학적 사고를 가져다주면서 우리의 정신을 살찌우는 책 가운데 하나이다. 비르길 게오르규, 내가 이스탄불에서 알게 된 야샤르 케말, 내가 브라질까지 가서 만나게 된 조르지 아마두의 소설 또한 마찬가지이다. 알베르 코세리의 책에서, 길과 카페들을 보면서 친숙한 이집트를 재발견하였다. 그것은 '나의' 이집트였다. (우리 집안의 일부도 해당되는) 코르푸 출신으로 세파라드 계열의 그리스계 유대인인 알베르 코엔은 프랑스어와 사랑에 빠지는데, 그의 여정에 나는 감복하였다.

나의 서가는 나의 관심의 중심이 어디에 있는지를 차례대로 보여준다. 시인 야니스 리초스는 나의 그리스적 특징의 발견과 일치한다. 한편 파나이트 이스라티의 책은 나에게 지중해의 방랑을 이야기해 주었다. 그의 확신은 그를 소련으로 인도하였지만, 그는 억압적인 일탈을 (이미 1930년대에) 고발하면서 분노하고 실망하여 돌아왔다.

나는 『공포의 보수』를 쓴 조르주 아르노와 같은 작가들과 자주 어울렸으며, 에르베 바쟁, 앙주 바스티아니 그리고 제롬 샤랭과 함께 샹송을 쓰기도 하였다.

제롬의 추리물 시리즈를 나는 즐겨 읽곤 하였는데, 그를 직접 만나게 된 것은 나의 인물사진을 찍으러 온 한 여성 사진작가를 통해서였다. 그녀는 한 친구가 탁구를 함께 칠 파트너와 연습 장소를 찾고 있다고 알려주었다. 문제의 친구가 샤랭임을 알고서 나는 환호하였다. 우리는 그다음 날 만나기로 하였고 우리의 인연은 지속되었다. 우리는 스페인에서, 뉴욕에서, 그리고 우리의 클럽 US메트로에서, 가능한 모든 곳에서 게임을 하였고, 때로는 젊은 투사들의 코치를 받아 그들의 패기와 기술을 전수받기도 하였다.

철학 책들을 그리 많이 읽는 편은 아니었다. 그래도 칸트, 플라톤,

니체의 글을 찾아서 읽기도 한다. 시오랑의 전집은 이해하기 어려워 보였지만, 그는 몇 가지 삼단논법에서 눈부셨다.

카잔차키스는 마르크시즘에서 지혜를 구하였다가, 아토스산의 그리스 정교 수사들 곁에서 머물다 불교를 찾았다. 결국 그는 조르바를 만났고 그를 스승으로 모셨다. 일상에서 튀어나온 인물로서, 조르바는 그의 분명한 사실들을 통하여 위대한 정신적 스승보다 더 큰 깨달음을 그에게 주었다.

"인생에서 내가 찾는 모든 것, 그것은 즐겁게 지내는 것이다"라고 로베르토 로셀리니가 말하는 것을 나는 들은 적이 있다. 이 정도면 충분히 멋진 경구가 될 만도 하다.

나는 베를렌느를 좋아한다. 그리고 이슬람 신비주의자들인 수피교도들의 시를, 스페인 민중들의 전통적 포크송을, 오마르 카얌의 사행시를, 보들레르, 아폴리네르 그리고 여타의 많은 시인을 좋아한다. 시를 읽으면서, 레지아니, 자크 두아이엥, 혹은 앙드레 뒤솔리에가 낭송하는 것을 듣게 될 때와 같은 황홀함을 느끼는 것은 드물다. 그러나 나는 호주머니에 언제나 카바피의 시집을 넣고 다니는데, 그는 내 곁을 지키면서 나의 꿈을 채워준다.

조르주 세아데는 일행시 선집 안에 폴 발레리의 "바다, 언제나 다시 시작되는 바다"처럼 그 자체로서 충분한 시구들을 모아두었다. 그것은 시의 진수를, 하이쿠의 정신을 되찾는 한 가지 방법이다.

오늘날 시인들 가운데 거리에서 대중과 같이 호흡하면서도 자신의 고유한 예술을 지키는 데 성공한 대가는 자크 프레베르다.

알렉산드리아 고양이

모든 언어가 그렇듯이, 프랑스어도 '바깥에서 들어온 어휘들'을 자양분으로 삼고 있다. 언어학자 앙리에트 발테르는 3만 5천 개의 표제어를 싣고 있는 일반 프랑스어 사전에서 4,200개의 외래어를 찾아내었다. (로베르 라퐁 출판사에서 간행한 『바깥에서 들어온 프랑스어 어휘들의 모험』에서). 예를 들어 그녀는 guitare라는 어휘를 인용하여, 이것은 아랍어로 qitara, 스페인어로 guitarra 혹은 그리스어로 cithare, kithara에 해당함을 보여준다. 조르주 무스타키는 그의 노래 〈대사〉를 통하여 작가와 오늘날 보편적 프랑스어라고 부르는 것 사이의 관계를 이렇게 정리하고 있다. "나의 신임장은 바벨탑의 모든 언어 속에 있는 사랑의 단어들이다."

소위 모어(母語)라고 할 수 있는 것은 거의 없다. 프랑스어는 라틴어와 그것의 자매어 그리스어로부터 파생되었고, 아랍어, 독일어 그리고 켈트어로부터 차용하였다. (아랍어에서 차용한 어휘로, jupe(치마), algèbre(수학), clebs(개), bled(오지) 등을 들 수 있다.) 한 언어가 동화하고, 다시 생명을 얻고, 새로워지는 양태에 나는 깊은 흥미를 느낀다. 모든 단절어, 예를 들어, extra, super, sympa, 혹은 à plus이나 bon ap'은 귀에 거슬리는 불협화음과 같다. 나는 "리리", "미미", "클로클로"와 같은 종류의 지소어를 싫어한다. 마치 사람 이름을 제대로 발음할 만한 시간이 없다는 것처럼 들린다. 나는 내 샹송 안에서 절대로 거꾸로 말하기(verlant) 같은 말장난을 하지 않는다. 유행 따라 생긴 말은 유행 따라 사라진다. 나는 아침에 세 번이나 듣게 된 반복적이란 뜻의 récurrent이란 이 어휘가 그토록 남용되는 이유를 알 수 없다. 나는 사전을 열어본다. 이 말의 뜻은 단순히 반복적 répétitif이라는 것이다. 어휘를 풍부하게 만든다는 많은 단어가 실상은 훨씬 단순한 형태로 이미 존재하고 있다.

이런 단어들은 외관상 교양이 넘치는 것 같지만, 그리스어를 조금이라도 알면 실망스럽기 짝이 없는 것으로 때로 밝혀지기도 한다. 모든 사전은 나의 일 동무요 놀이 동무다. 유사어, 유추어, 편견, 각운, 인용 등이 그 속에 있다.

나는 언제나 여행용 가방에 전자 백과사전을 가지고 있다.

영화나 텔레비전 촬영장에서 대기하는 동안 나는 외부세계와 단절되지 않고, 또한 해야 할 임무에 소홀하지 않으면서, 크로스워드에 몰두한다. 말과의 관계는 사랑의 관계와 마찬가지다. 이것을 오래도록 애지중지할 수도 있지만, 싫증을 내고 멀어져 버릴 수도 있다. 나는 심도 깊은 공부를 오래 하지는 않았지만, 작가의 어휘들, 인용문들, 문화를 향유하게 만들어주는 표현들은 내 지식의 보고 안에 쌓여 간다. 격언들은 한 나라, 한 지역, 한 계층의 상식, 도덕, 유머, 철학으로 가득 차 있다. 이들은 법을 제정하고, 때로는 행동이나 태도를 규제한다. 나는 암호화한 외설을 퍼뜨리는, 동음이의어를 통한 말 맞히기 놀이 칼랑부르(calembour)의 마니아도 아니고, 단어나 음절을 바꾸어 새로운 표현을 만드는 언어유희 콩트르페트리(contrepèterie)의 마니아도 아니다. 그러나 이 유희에 등장하는 모든 간결한 형태들은 겉으로 보기에 근거 없이 보이지만, 기분 전환에 대단한 도움이 된다.

보비 라푸엥트는 어휘를 다루는 데 대단한 재능을 지니고 있었다. 1970년대에 나는 그의 마지막 순회공연에 참여한 적이 있다. 저녁마다 그는 나로 하여금 내가 다 외우고 있다고 생각하는 샹송들을 재발견하도록 만들었다. 그의 재해석과 재발견이 보여주는 풍요로움과 지적인 매력은 타의 추종을 불허하였다. 그는 "대략" 표현하였지만, 심혈을 기울여 어휘를 갈고닦는 사람들보다 더 정확하였다. 정말 그리운 사람이다.

언어를 지키기 위하여 펼치는 노력을 보면 나는 붕괴의 위험에 처한 기념물이 생각난다. 사람들은 주위에 실제적이든 상징적이든, 바리케이드를 치기 시작하고 결국에 가서는 이들의 숨을 옥죈다.

순수한 프랑스어만을 고집하는 것은 영어를 마구 섞어 쓰는 것만큼이나 나를 짜증 나게 한다.

프랑스어에 대한 나의 자연스럽고, 자발적이며, 자유롭게 동의한 충성에 비추어 말해보건대 프랑스어권 혹은 프랑스어 사용이란 의미의 프랑코포니(francophonie)라는 개념은 내가 보기에 축소 지향적이다. 프랑스어는 이론가들보다는 프랑스어를 사랑하는 사람들을 더욱 필요로 한다.

프랑스어로 노래한다는 생각은 가끔은 프랑스어권 밖으로 나갈 수 있는 조건에서 기쁘게 받아들일 수 있다. 나는 프랑스어로 나를 표현하는 것에 애착을 느낀다. 그렇지만 영어로 혹은 크레올로 표현하고픈 욕구가 든다고 해서 마음의 거리낌은 없다.

프랑스 사람들은 퀘벡 사람들, 벨기에 사람들 혹은 스위스 사람들이 프랑스의 말을 말하는 것으로 생각한다.

프랑스어, 그것 '역시' 프랑스의 말이다. 그것은 그것을 말하는 모든 나라의 말이다.

다른 곳에서 우리가 만나는 어휘들, 표현 방식들, 언어적 창조들을, 감동을 자아내고 웃음을 선사하는 어조와 마찬가지로, 특이한 사항으로 정리해서는 안 될 것이다. 이들은 언어의 고유성을 보여주고 있다.

프랑스의 고유성, 즉 프랑시테(francité)란 것도 독일 땅에 살던 프랑크족으로부터 우리에게 유래되지 않았던가?

글쓰기에 대하여 물어보면, 아주 오랫동안 조르주 무스타키는 그가 한 권 반의 책을 썼다고 대답하곤 했다. 하나는 마리엘라 리기니와 더불어 1973년에 펴낸 『상송에 대한 질문』이고, 또 하나는 『기억 속의 여자들』인데, 1988년 여름 동안, 공연 무대가 본격적으로 바빠지기 전에, 혼자 펴낸 것이다. 2000년 봄에 팔루아(Fallois) 출판사에서 『안개 속의 아이』가 나왔다. 유대인 강제 수용 당시 일곱 살 소년이 나치 수용소를 돌며 겪은 실화를 적었다.

내게 동생이 있었으면 하고 바란 적이 한 번도 없었지만, 스무 살에 내가 나처럼 곱슬머리에 맑은 눈빛을 한 소년을 만났을 때, 나는 그를 그냥 동생으로 받아들였다. 내가 말하는 것은 단순한 신체적 유사성이 아니었다. 우리의 형제애는 우정의 모습을 하고 있었다. 그의 이름은 장 지크프리트(Jean Siegfried)였고, 그때 그는 가수로서 경력을 쌓아가고 있었다. 그러다 다른 직업을 찾아 떠났을 때 그는 본래의 이름 지크프리트 메르(Siegried Meir)를 다시 찾았다.

그의 팔에 새겨진 문신은 강제 수용된 유대인이란 표시였다. 나는 대화가 우리의 어린 시절로 옮겨 간 그날까지 감히 그에게 물어볼 수 없었다. 그가 비르케나우(아우슈비츠)에 대하여 나에게 말해주었을 때, 나는 놀라 소스라쳤다. 일곱 살에서 열한 살 사이에 그는 비르케나우와 마우트하우젠 수용소에서 생존하였다. 그것도 홀로, 하늘의 도움으로 수용소 소장의 묵인 아래 감시원과 수용자들의 보호를 받았던 것이다. 비르케나우에 도착한 그는 노동 생산력이 없다는 이유로 이미 제거 대상자로 정해졌으나, 그는 살아남는 데 성공한 것이다. 사람들은 그를 멩겔레가 쌍둥이 아이들에 대한 실험을 수행하는 수용소 공간에다 데려다 놓았다. 그는 이 공간에서 잠을 자고 낮에는 그의 가족을 찾아다녔다. 이 냉혹한 세계에서 그 누구도 그에게 손찌검하는 자가 없었다. 사람들은 그를 먹여주고, 보살펴 주었다. 그는 심지어 수용소에서 만난 양아버지의 따뜻한 보호를 받았다. 그의 도움으로 그는 강제 수용소 생활의 위험과 고통을 이겨낼 수 있었다. 몇 달 전, 수용소 감시원에 대한 텔레비전 보도에서, 그는 자신을 보호해주었던 여자를 알아보았는데, 그는 모든 사람을 나치의 하수인으로 분류하는 데 분노를 표시하였다. 독일군의 앞잡이 노릇을 하던 수용소 감시원들이 있었다는 것, 그것은 사실이다. 그러나 그들의 지위를 이용하여 수용인들의 삶을 완화시켜준, 그의 양아버지와 같은 많은 감시인 또한 그는 알고 있었다.

그의 이야기에 나는 감동하지 않을 수 없었다. 나는 유대인 강제 수용에 대해 쓴 모든 것을, 필름으로 촬영한 모든 것을 알고 싶었다.

독일에서 순회공연을 하는 동안, 나는 다하우를 방문하였으나 기억의 장소라기보다는 잘 관리된 일종의 박물관이 되어 버렸다는 것을 알고 실망하였다.

지크프리트는 이 시기에 대하여 이전에는 언급조차 하지 않았다. 그가 이 시기를 떠올리고 말했을 때, 나는 조심스럽게 받아 적었고 그에게 읽어보라고 권하였다. 이렇게 말하고 적은 것을 합치자, 칠십 쪽가량의 책이 만들어졌다. 그것은 절제되고 인위적인 감동을 배제한 일종의 이야기로, 우리는 『안개 속의 아이』로 제목을 달았다. 문학 작품이라기보다 이 이야기는 수많은 상처를 남겼고 지금도 여전히 수많은 논란을 야기하는 한 시기를 알리려는 작업으로 보아야 할 것이다.

알렉산드리아 고양이

13

이 샹송을 만들다
우리가 사랑하듯이
단어 하나하나를 애무하고
음정 하나하나를 애원하고
후렴을 끌어안고
시구를 홀랑 벗겨
유연한 모음들
포동포동함을 맛보고
마지막 절
깊숙한 곳까지 내려가
행복을 찾으리
완전한 화합 속에서….

<이 샹송을 만들다>

  내가 데뷔할 무렵, 즉흥적으로 만들어낸 멜로디에 붙일 가사가
없어, 나는 우리들 판에서 소위 '몽스트르'(monstres)라고 부르는
것을 하곤 했는데, 음악을 입히기 위하여 의미도 없는 아무런 말이
나 써대는 것이었다. 이것이 때때로 형태를 갖추게 되자, 여기에 빠
져들면서 음악만큼이나 가사에 대해서도 노력을 경주하게 되었다.
나는 가사가 마음에 들지 않으면 샹송의 음악을 사랑할 수가 없다.

이 둘은 떼려야 뗄 수 없는 길동무이다.

상송과 더불어 사십 년을 보냈지만, 나는 여전히 어떻게 상송을 만들어내는지 알지 못한다. 레날도 안은 "자신의 심장보다 더 높은 곳에서 노래해서는 안 된다"고 하였다. 이것이 내가 알고 있는 유일한 비법이다.

모터사이클을 타고 있거나, 산책하는 중이거나, 잠자리에서 혹은 꿈속에서, 나는 한 문장을, 그 시작을, 어떤 생각을 떠올려 그것을 메모하지만, 어떻게 이 생각을 끝에 닿도록 하는지는 알지 못한다. 생각에서 텍스트에 이르기까지 그 모험은 매번 다르다. <나의 님>의 쓰기는 한 시간이 걸렸다. <떠돌이>의 경우 45분 정도가 소요되었다. 아마도 나는 이 노래들을 의식적이든 아니든 오래전부터 품어왔을 것이다. 상송을 쓰는 데는 세 가지 요인이 개입한다. 장광설로 보일는지 모르겠으나, 그것은 감동, 감동, 감동이다.

명확, 단순을 피아프는 요구하였다. 그녀는 자신을 표현할 때, 그림자의 영역을 남겨두어서는 안되며, 모든 것을 남김없이 바쳐야만 했다. 그리고 노래할 때 목소리를 아껴서는 안 되었다. 그녀의 경이로운 예술은 여기에서 비롯한다.

"자신의 심장보다 더 높은 곳에서 노래해서는 안 된다." 피아프의 심장은 높은 곳에서 강렬하게 고동쳤다.

그녀는 결코 자신의 몸을 아끼지 않았으며 매일 저녁 그녀의 마지막 리사이틀을 선보였다.

조르주 무스타키는 펜, 지우개, 흰 종이를 집어 들고 상송 한 곡을 써야지 하고 생각하는 그런 부류는 아니다. 우리의 아티스트는 주문을 받고

알렉산드리아 고양이

일하지 않지만, 우리가 기억하기로 옛날 그의 친구들 가운데 이런저런 사람은 샹송을 찾느라고 그의 서랍을 뒤지기도 하였다. 사실 오늘날 이렇게 서랍이 열려 있는 경우는 거의 없다. 브리지트 퐁텐느가 그녀의 최근 앨범 〈케케랑드〉에 녹음한 〈너를 여전히 사랑해〉는 이런 점에서 멋진 예외라고 할 수 있다. 그렇지만 작가로서 무스타키의 그 유명한 서랍에는 무엇이 있을까?

샹송에 대한 내 아이디어는 잠자는 숲속의 미녀들이다. 나는 언젠가는 노래로 불릴지도 모르는 단 한 줄의 가사도, 단 한 개의 단어도 버린 적이 없다. 내가 앨범을 준비할 때면 나는 그것들을 깨운다. 나는 샹송으로 키워야 할 것들, 혹은 이미 완성된 것들을 만나게 된다. 그다음 나는 분류하고 정리한다.

프랑스 동부에서 공연이 끝난 다음, 베네딕트라는 이름의 한 여성이 "나는 영원한 행복의 상태임을 선언하노라"로 시작하는 노래 한 곡을 나에게 요구한 적이 있었다. 이 문장은 내 기억을 떠나지 않았고, 결국 바히아에서 나에게 강한 감정이 밀물처럼 몰려왔고, 이어지는 가사를 쓸 수 있었다. 그것도 단 한 번 만에.

탁구 한 게임을 마치고 돌아오는 길에 영감이 떠오를 수도 있다. 나는 그것을 '샹송'이란 키워드와 함께 컴퓨터에 저장한다. 이런 방식은 종이 작업을 덜 하게 만들고 훨씬 쉽게 그것을 다시 찾게 만든다.

한때 나는 타자기를 사용하였다. 두 손가락으로 자판을 두드려 겉으로 보기에 서툰 것 같지만, 나는 엄청나게 빨리 친다. 나는 대화를 하면서 그 내용을 동시에 타이핑할 수 있다. 이젠 내 컴퓨터가

레밍턴 타자기를 대신하게 되었다.

　나의 샹송이 다른 사람들의 기억 속에 남아 있는 경우도 있다. 나는 1980년대에 스페인의 영화배우 안젤라 몰리나를 위해 샹송 한 곡을 썼다. 그녀는 이것을 영화 <불굴의 의지>에서 불렀다. 우연히 마드리드에서 한 텔레비전 프로에 출연하면서 우리는 다시 만나게 되었는데, 그녀는 나에게 이것을 불러주었다. 나는 막연한 기억밖에 없었다. 그렇지만 안젤라가 그것을 녹음하고픈 욕망을 내게 불어넣어 주었다. 그녀와 함께.

　음악은 미셸 포르탈에게 맡겼다. 그는 이 노래에 어마어마한 관현악의 옷을 입히고 싶어 하였다. 나는 그를 설득하여, 편곡을 소박하게, 가장 아름다운 선율을 택하고, 음악적 해박함을 잊어버리기로 하였다. 많이 알면 알수록, 그로부터 빠져나오기가 힘들다. 나는 데뷔 시절에 지식의 부족으로 인하여 가장 단순한 것을 찾았다. 이것이 오히려 내 안에서 멜로디의 감각을 키우는 데 도움이 되었던 것 같다.

　아즈나부르는 내게 충고하기를, 어떤 멜로디가 대중적 호소력을 가질지 알고 싶으면, 피아노 위에서 그것을 한 손가락으로 연주해보거나 휘파람으로 불어보라고 하였다. 그것은 가사와 아름다운 결합을 이루어야 한다. 나의 샹송의 시작은 작사다. 레지아니는 노래를 받으면, 음악을 들어보자고 요구하기 전에 우선 텍스트부터 읽어보는데, 이것이 그가 선택하는 기준이다.

　브라센스에 의해 유지되는 전통을 나도 따르고 있는데, 그것은 어휘에 대한 그의 엄격한 천착이다. 그의 샹송은 철학자의, 작가의, 모랄리스트의, 그리고 시인의 작품을 이룬다.

　알렉산드리아 고양이

나에게 각운의 참맛을 전해준 사람이 바로 그다. 풍부한 각운은 시구의 음악성을 살찌운다. 나는 모음 생략 현상을 될 수 있으면 피하는데, 그것이 너무 구어체에 속하기 때문이다. 내가 추구하는 것은 글로 쓰인 것은 귀에 들려야 하고, 노래가 된 것은 읽혀야 한다는 것이다.

나는 음절의 수를 손가락으로 세지는 않는다. 나의 시구들은 언제나 규칙적이지는 않다. 나는 단지 균형을 찾을 뿐인데, 그것은 분절법과 곡예를 벌이는 것을 피하고, 좁은 선율의 공간에 너무 긴 시구가 들어오는 것을 막기 위함이다. 대단히 진지한 서평지 『프랑스 서적지』의 한 비평가는 내 시적 언어를 두고서 "세련되지 못한 단순성"이라고 말한 적이 있다. 나는 이 단순성을 나의 가이드로 삼을 것임을 강력히 주장한다. 왜냐하면, 상송과 더불어 돌려 말하지 않는 표현의 한 양식을 선택하였기 때문이다.

듣기를 통한 상송의 파악은 어휘, 박자, 각운, 선율의 작용에 의해 즉각적이어야 한다. 이러한 현상을 표현하는 프랑스어 단어를 나는 모른다. 이탈리아 사람들은 이 경우 'orecchiabile'라는 말을 쓰는데, 억지로 프랑스말로 번역하면 'oreillable'쯤 될 것이다.

시에 음악을 자주 입히는 브라센스와는 달리, 무스타키는 시를 음악으로 만드는 일을 거의 하지 않는 편이다. 다음의 세 편은 예외적인 경우다. 앨범 〈떠돌이〉 안에 실린 쥘 쉬페르비엘의 「시인에게 잘하시오」, 베를렌의 「가스파르」, 그리고 전투와 전투 사이에 작품을 쓰다, 베르코르에서 마흔네 살에 사망한 레지스탕스 대원 겸 작가 장 프레보의 「소박한 유언」.

시에다 음악을 입히는 것은 섬세한 문제다. 시는 각각 고유한 선율을 지니고 있다. 그것을 배반할 수는 없다. 그것에 기여하는 것으로 만족해야 한다.

나는 지금 보들레르의 「이국적 놀이」에 마음이 끌리고 있지만, 텍스트 위에 음악을 구성하는 데에는 이르지 못하고 있다.

장 페라는 시를 샹송으로 변모시키는 데 완벽한 성공을 거두었다. 아라공은 이를 무척 자랑스럽게 생각하고 또 행복해한다. 파코 이바네즈는 시를 영광스럽게 만들었다. 그는 오직 시를 노래하였는데, 음악은 시를 모든 사람이 접할 수 있게 만들었다.

베를렌의 글 「가스파르 하우저」는 신비함을 감추고 있다. 내가 멜로디를 통해 번역하고 싶었던 것은 바로 이 신비함이었다. 나는 또한 그것이 '귀를 통해 즉각 이해되기를'(oreillable) 소망하였다. 사람들은 언제나 나에게 이 노래를 불러달라고 한다. 오히려 난해한 이 시는 샹송이 되면서 크게 성공하였다.

1974년, 음반 〈선언〉("나는 영원한 행복의 상태임을 선언하노라")은 인도 철학자 스리 아우로빈도의 〈경구〉(Aphorismes)로 종결된다. 그의 동거녀 라 메르가 세운 오로빌은 대유행이었는데, "평화의 안식처이자 온 세상이 필요로 하는 도시"로 통했다. 무스타키가 음악을 붙인 〈경구〉는 모호함을 불러일으켰다.

"우리가 깨달음을 넘어서게 되면 우리는 앎을 가질 것이요
이성은 조력자요, 이성은 족쇄리니
우리가 의도를 넘어서게 되면 우리는 힘을 지닐 것이요

노력은 조력자요, 노력은 족쇄리니
우리가 쾌락을 넘어서게 되면 우리는 행복을 얻을 것이요
운명은 조력자요, 운명은 족쇄리니
우리가 개인화를 넘어서게 되면 우리는 진정한 인간이 될 것이요
자아는 조력자요, 자아는 족쇄리니
우리가 인간됨을 넘어서게 되면 우리는 인간일 것이요.
동물은 조력자요, 동물은 족쇄리니"

인도에서 살고 있다는 한 프랑스 사람이 1973년 퐁디셰리의 해변에서 이 경구를 내게 읽어주고는 말하였다.

"이걸 노래로 불러봐요. 여기 온 보람이 있지 않겠습니까?"

나는 곧장 이것을 노래로 만들었다. 나는 지금도 이걸 노래하고 앞으로도 계속 노래할 작정이다. 심각하나 간결한 스타일로 스리 아우로빈도는 여기에서 모든 것을 말하고 있다. 그것을 자신만의 방법으로 해독하는 것은 각자의 몫이다.

하루는 카르팡트라에서 한 관객이 그런 경구들이 나온 다음 무슨 말을 할 수 있는지 내게 물었다.

선구자로서 조르주 무스타키는 전 세계의 음악을 소화하였는데, 월드 뮤직(world music)이란 이름으로 유행하기 훨씬 전의 일이다. 그는 수십 년 동안 다양한 나라, 다양한 스타일의 음악인들과 교류해왔다. 너무나 다양한 나머지 그의 음악이 어디에 속하는지 물어오는 사람들이 많았다.

내 음악 가족은 많은 나라에 걸쳐있다. 나는 프랑스와 프랑스 바

깊에 있는 많은 사람과 친분을 쌓고 있다. 생각나는 대로 적어보면 다음과 같다. 아타후알파 유판키, 솔레다드 브라보, 마리나 로셀, 루이스 라크, 조제프 테로, 파코 이바네즈, 치코 부아르케, 도노반, 후안 마누엘 세라트, 조빙, 안젤로 브란두아르디, 리샤르 데자르댕, 호세 펠리치아노. 당연히 리스트는 아직 끝나지 않았다. 앙리 살바도르, 세르주 레지아니, 바르바라, 안 실베스트르, 닐다 페르낭데즈, 조금 덜 알려졌지만 자비에 라쿠튀르, 필립 포르시올리, 프랑스 레아, 다리아 마르티노프도 들 수 있다…. 리스트는 아직도 더 이어질 수 있다.

한때, 니나 시몬이 유럽에 머무르기 전에는 오직 그녀를 듣기 위해 대서양을 건너가기도 하였는데, 그녀도 음악 가족의 일원처럼 보인다. 단 두 시간 진행되는 뉴욕의 빌리지 게이트의 콘서트를 보려고, 내가 선상 음악가의 자격으로 9일간이나 배를 탔다는 것을 그녀는 결코 알지 못했다.

피아프가 나보다 20년이나 손위의 여자가 아니라, 노래하고, 웃고, 곡을 만들기 위해 한밤중에도 우리가 깨울 수 있는 마흔두 살난 젊은 여자임을 이해하였을 때, 나는 그녀와 친밀함을 느꼈다.

언론에서 때때로 강조하는 것으로, 원래 의미이든 비유적 의미이든, 내가 막심 르포레스티에의 손에 기타를 쥐어주었을 거라는 말이 있다. 당시 그는 누나와 듀오를 이루어 내가 만든 노래 <발걸음이 향하는 곳을 말해줘>, <우편배달부>, 또는 <아무 데도 없는 발라드>를 불렀다.

나는 레너드 코언, 캣 스티븐스, 카트린 라라, 안나 프뤼크날, 디안 뒤프렌과 가까워졌다. 그들과 접촉하면서 상송이, 그리고 우정이 싹텄다. 나는 프랑수아즈 아르디를 설득하여 뒷자리에 앉힐 수 있는 몇 안 되는 바이커 가운데 한 사람이다. 나는 그녀와 더불어 69년 말 딜런이 노래하던 와이트섬의 대 미사에 참석하였다. 당시 전 세계에서 온 수천 명의 젊은이가 모였다.

거대한 규모의 팝 페스티발은 이제 전설이 되었다. 오늘날에는 랩과 테크노가 전 지구적으로 동일한 열광을 만들어낸다.

나는 영어권에 대한 혐오증을 마음속에 키우지 않는다. 영국이나 미국의 노래 안에서 재발견하는 재즈, 불루스, 포크, 아일랜드의 선율은 오히려 나에게 감동을 준다. 나는 스프링스턴을 모르지만, 내가 영화 <필라델피아>의 테마를 들었던 날, 나는 뉴욕으로 날아가 그에게 녹음과 설치의 비밀을 물어보려고 마음먹었던 적이 있었다.
반대로 나는 블루스를 극단적으로 전환해 버린 1960년대의 록과 그들의 영웅들과 광신도들에 대해서는 알레르기 반응을 일으킨다.
나는 테크노 음악에 대해서는 생각하는 바가 없다. 마찬가지로 군중을 모으는 축구 경기에 대해서도 그렇다.
랩과 같은 장르는 그것을 만들어 내는 환경과 밀접한 관계에서 그 가치가 우러나온다. 어느 날, 브로드웨이에서 한 극장 앞에 줄을 서 있는데, 한 무리의 래퍼들이 어깨에 카세트 플레이어를 매고서 등장하였다. 인도 한쪽 끝을 차지하고 벌이는 그들의 노래와 춤은 그들의 가치를 가득 담고 있었다. 프랑스의 그룹이 번안하고 전환하여 보여주는 랩은 그 가치와 진정성이 제대로 구현되지 않는다.

나는 레게(reggae) 음악에 끌려본 적이 없다. 나는 레게의 박동, 저항적이고 빛나는 가사, 멜로디가 차지하는 널찍한 공간을 좋아한다. 그러나 내가 봅 말리의 콘서트를 보러 간 날, 경호원들이 구름처럼 그를 둘러싸고 있어서 나는 그의 예술이 보여주는 부드러움과 반순응주의적 가치를 찾아볼 수가 없었다.

표현 형태의 진보에 대한 초조감, 다른 것, 새로운 것에 대한 끊임없는 유혹은 젊은 가수들 가운데서 다음 세대를 이어갈 이들을 찾도록 끊임없이 재촉한다. 그것은 또한 음반 제작사들과 방송 매체 제작자들이 사용하는 방법들로서 새로운 재능의 등장을 촉진하는 '발굴' 작전을 이끈다.

앵글로-색슨의 모델에 비굴하게 동조하는 경향은 나를 화나게 한다. 록의 영향을 받은 오늘날 음향효과의 문제 가운데 하나로, 소리의 볼륨과 (타악기와 저음악기와 같은) 리듬적 요소의 주도권을 중요시하면서 충격 효과를 추구하는 것을 들 수 있다.

직업적 가수들은 시장을 열기 위해 영어로 녹음한다는 것을 종종 인정한다. 그러나 여기서 말하는 시장은 무얼 말하는가? 나는 육십여 나라에서 프랑스어로 노래한다. 언어의 매력은 언제나 통한다. 프랑스어가 나를 유혹하였고, 나는 그것을 가지고 프랑스어권 사람이든 아니든 많은 관객에게 내 선택이 옳음을 인정케 하였다.

왜 어떤 나라 사람들은 그들의 음악적 풍요로움과 유리되어 자신의 언어로 노래하는 것을 수치스럽게까지 여기는 것일까? 프랑스 사람을 두고 음악적이지 못하다는 이야기를 많이 한다. 손뼉을 칠

알렉산드리아 고양이

때면 엇박자를 놓고 자발적으로 노래하기를 꺼린다는 것이다. 그리고 그들이 자발적으로 노래할 때는 대부분 영어를 사용하고 만다. 그렇지만 라벨, 드뷔시, 포레, 사티, 뒤티이유를 보라. 그들은 음악이 얼마나 프랑스적인가를 보여주었다.

코르시카 사람들, 바스크 사람들, 베아르내 사람들, 브르타뉴 사람들, 알자스 사람들, 옥시타니아 사람들같이 모두 다 강한 문화적 정체성을 지닌 지역을 모태로 하는 이들 지역 사람들을 제외하면, 프랑스 사람들에게는 다성의 개념도 제창의 개념도 없다고 한다. 하지만 그들이 노래를 부를 줄 모른다고 주장할 때는 소심함 때문일 것이라고 나는 짐작한다.

『샹송에 대한 질문들』이란 제명의 책에서 나는 단언한 바 있다. "누구나 노래할 수 있다. 나까지도."

14

난 내가 실패한 것에 성공하고
방탕한 스파르타 사람이 되고파
또한 지금의 내 모습을 유지하리
비겁하다고 여길 때 나는 영웅
게으르나 일하다 죽음을 맞지
낮에 사는 새 나는 밤을 살지….

<난 내가 실패한 것에 성공하고>

〈해먹 안에서〉, 〈햇볕 쬐는 발가락〉과 같은 노래들은 휴가철, 토, 일요일, 혹은 공휴일이나 되어야 태평스럽게 놀 수 있는 사람들로 하여금 약간의 부러움을 느끼면서 웃음 짓게 만든다. 유쾌한 자화상 〈레이지 블루스〉에서 조르주 무스타키는 "싸움이 끝나고 한참 후에 늦게 도착하기와 일하기보다는 낮잠을 찬양하기", 그리고 "메달보다는 쾌락"의 기획과 추구라는 자신의 행동지침을 정의하였다. 우화의 형식을 빌려온 그의 또 다른 샹송 〈게으름〉은 대화 상대자들 가운데 가장 관대한 그의 베개와 대화를 나누는 것으로 시작해서, "게으름의 왕국"에서 그를 맞이하는 정원사의 눈부신 웃음으로 끝난다. 되찾은 에덴동산이라고 할까!
　유감스럽게도 우리가 잘 모르는 카를 마르크스의 사위 폴 라파르그에 대한 오마주라고 할 수 있는 샹송 〈게으름의 권리〉를 무스타키는 발표하였고, 더 나아가 그는 이 테마를 가지고 사회적 토론을 이끌어냈다.

일, 작업, 노동 같은 단어들은 고통, 무거운 짐, 심지어 고문을 생각나게 한다.

나의 샹송 <게으름의 권리>는 그 제목을 일의 세계와 그것의 사이비 효용성을 반대하였던 폴 라파르그로부터 빌린 것이다. 그는 혁명적이고, 현명하고 논리적인 팸플릿을 발간하였다. 하루에 두 시간 내지 세 시간 일하자는 그의 생각은 삶과 일의 질에 대한 모든 질문에 부합한다.

그에 의하면 사람들은 두 시간 동안 대단한 능력을 발휘한다. 그 이상 넘어가면, 사람들은 숨이 가빠진다는 것이다.

우리는 무기력하지 않으면서도 게으를 수 있다. 게으름, 그것은 아무것도 하지 않는 것이 아니다. 자신의 됨됨이, 자신이 좋아하는 것에 부합하는 일을 하는 특권을 우리가 누리고 있을 때는 태만에 빠질 이유가 없다. 기껏해야 더 멋지게 시작하기 위해 쉬고 싶은 마음밖에 없을 것이다.

나는 도발할 목적으로 게으름의 이미지를 가꾸었고, 이로 인해 냉소와 비판에 직면하기도 했다. 그렇지만 내가 앞장서서 이끌었던 수많은 콘서트와 활동을 보면, 나는 게으름을 주창하는 운동가들의 진영에서 탈퇴했어야만 하였다. 겉으로 보기에 내가 느릿느릿하여 시간의 압박에서 벗어나 있는 인상을 주는 모양이다. 그렇지만 나는 절대로 약속 시간에 늦지 않으며, 필요할 때는 대단히 빨리 반응할 수도 있다. 나는 화를 내는 법이 거의 없지만 화가 나면 정말 무서운 사람이 된다.

그러나 나는 몸속 저 깊은 곳에서 단순하게, 진정으로, 게으름의 신봉자이며, 또 그렇게 남아 있을 것이다.

조르주 무스타키는 어떤 행동에 뛰어들 때면 전심전력을 다하고 끝을 보고야 마는 그런 모험을 감수하지 않는 경우란 없다. 그는 재빨리 웬만한 정도를 넘어서는 뛰어난 수준에 이르려는 야망을 지니고 있다. 예를 들어 장기에서, 승부사의 모습으로.

나는 내가 승자라고 생각하지는 않는다. 나는 단순히 이기기 위해 경기한다는 규칙을 따를 뿐이다. 물론 지는 것도 받아들이면서.

나는 특히 체스와 바둑 같은 게임의 복잡함과 지혜로움을 높이 평가한다. 사람들이 말하기를 일본에서는 바둑에 빠진 나머지 거칠기 짝이 없는 무사들이 싸움을 잊어버릴 지경에 이른 일도 있었다고 한다.

내 기록은 팔십 세의 러시아 사람과 여덟 시간을 연속으로 대국한 것이다. 나는 가까스로 이겼다. 그리고 그로부터 몇 개월 후, 약속된 재대국 일자가 다가왔을 때, 그는 세월의 무게를 거스를 수 없었다. 그가 세상을 떠난 것이다.

내가 침대 머리에 두고 읽는 책 가운데 『체스의 아름다움』이 있다. 체스판에서 실제로 쓰인 수 싸움을 미적 각도에서 바라본 전집으로 체스가 지닐 수 있는 인내, 계략, 심사숙고 그리고 전략을 총망라하고 있다. "아름답게 시합하다"가 체스와 바둑에서 가장 중요한 가치이듯, "아름답게 연주하다"는 음악에 대하여 가장 중요한 가치라고 나는 생각한다.

일본에서 활쏘기를 연마하는 도조(dojo)를 방문했을 때, 나에게

활을 잡고 시위를 당겨보라고 하였다. 내가 누린 특권은 거기까지였다. 나는 화살을 쏘아볼 만큼은 준비가 되지 않았던 것이다.

시범을 보여주는 동안, 활쏘기 사범은 몇 발 밖에 과녁을 맞히지 못하였으나 제자들이 야유하는 법이 없었다. 태도나 동작 등 나머지 모두가 완벽한 품위 그 자체였다. 이것이 본질적인 것이었다.

우리는 옷차림, 식탁 위의 요리들, 우리를 둘러싸고 있는 대상들을 통해 '아름다움'을 이룰 수 있다.

"아름답게 시합하기". 그것은 무스타키가 또 하나의 정열인, 탁구의 파트너들을 다시 만날 때 이루려고 노력하는 것이다.

탁구에서 "아름답게 시합하기"를 우리는 할 수 있고, 해야 한다. 나는 알렉산드리아의 스포츠 클럽에서 아주 어린 나이부터 연습을 시작하였다. 나는 피아프와 시골 별장에서 시합하곤 했다. 순회공연 중에는 같이 출연하는 뮤지션들과 격렬한 시합을 한다. 이러한 시합은 콘서트 전이나 후에 긴장을 풀어주는 효과가 있다.

아티스트들 사이의 탁구 시합인 '신사들의 토너먼트'에서 게임을 못한 것 같지도 않은데 형편없이 진 적이 있다. 나는 굴욕감을 느꼈다.

탁구 잡지의 여성 기자가 그 시합을 취재하고 있었는데, 그녀는 내게 그 상태에 머무르지 말고 정식으로 입문하라고 조언해주었다. 은퇴한 탁구 선수였던 그녀는 내게 라켓을 하나 주고 나에게 첫 레슨을 베풀었다. 그녀 덕분에 나는 오락으로 즐기는 스포츠에서 신체적으로나 심리적으로 강력한 자질을 요구하는 진정한 선수의 훈련으로 넘어가게 되었다. 그녀의 조언을 통하여 몇 년 후 나는 단식

경기와 복식 경기를 동시에 석권하는 역사적인 승리를 거둘 수 있었다.

무대 위에서 청중들이 격려하거나 야유를 보낼 때 사람들이 느끼는 것을 나는 시합 중에 겪었다. 단식을 이기면서 나는 관중들의 호의와 응원을 받았다. 복식을 시작하면서 내가 느끼기에 사람들은 내가 두 번째 우승을 향해 나아가는 것을 건방지다고 생각하는 것 같았다. 관중들은 나에게 비우호적으로 돌변했고, 상대방인 파브리스 산토로에게 응원을 아끼지 않았다. 그러나 이러한 반감은 나를 짓누르기보다 오히려 자극하였고 결국 내가 우승하였다.

나를 챔피언이라고 여길 만한 것은 특별히 없지만, 랭킹에 들 만큼의 수준은 된다. 나는 식사에 유의하면서 정기적으로 훈련도 하고, 시합이 있는 날에는 내 주의를 산만하게 할 만한 약속은 잡지 않는다.

그러나 나는 이 스포츠의 오락적인 면과 심미적인 면에 여전히 집착하는 편이다.

음악, 글쓰기, 체스, 탁구 등…. 이 모든 활동은 학습을 통한 기초와 기술의 습득을 전제로 한다. 그런데 그렇지 않은 경우가 있었는데 무스타키가 카메라 앞에 서는 경험을 할 때였다.

내가 출연한 첫 번째 영화는 1971년 튀니스에서 촬영된 <걸인과 오만한 인간들>로서 알베르 코세리 원작의 소설을 각색한 것이었다.

나는 자크 푸아트르노 감독에게 내가 주인공에 어울리는 외모를 가지고 있고, 주인공과 유사하며 스토리가 전개되는 이집트를 잘 알고 있지만, 어디까지나 배우는 아니라고 미리 말해두었다. 나는 그 당시 유명세를 타고 있었기에 내가 좋아하는 이 소설을 스크린 위로 옮겨보도록 제작자를 설득할 수 있었다.

그러나 이 영화는 실패하였고, 나는 알베르 코세리에게 무척 미안하였다. 그런데 몇 해가 지나 이집트의 여성감독 아스마 엘 바크리가 리메이크한 것이 대성공을 거두었다. 내가 무척 기뻐한 것은 말할 나위도 없다.

장 샤포의 <리빙스톤>은 나의 두 번째 경험이었다. 나는 고물장수로 등장하는 한 소외자의 역할을 맡았다. 샤포의 감독 아래 내 연기는 그런대로 보아줄 만하였다. 특히 어린이 관객들 사이에서 어느 정도 성공도 거두었다.

배우들의 연기에 대하여 좀 더 알아볼 요량으로, 한때 나는 파리에서 시몽 연기학원에 다닌 적이 있었다. 나는 그곳에서 소명을 찾지 못하였다.

4년 전, 『몽테크리스토 백작』을 번안한 텔레비전 영화에서 내가 파리아 신부의 역할을 맡았을 때, 그것은 소설을 읽으면서 느꼈던 기쁨에 대한 추억이었다. 내가 맡은 역은 짧았지만, 스토리의 전개에 매우 중요한 것이었다. 나는 파트너로 제라르 드파르디외를 만났는데, 나로서는 대형 배우를 가까이서 보고 그의 연기를 감상할 수 있는 드문 기회였다. 우리는 바르바라의 팬이었고, 대형 바이크 애호가이기도 하였다.

촬영 중간에 틈이 나면, 우리는 바르바라에게 전화를 하였고, 그러면 끊임없이 계속되는 즐거운 삼각 대화가 벌어졌다. 그러다 촬영 개시 신호가 떨어지면 드파르디외는 순식간에 자신의 역할로, 자신의 텍스트로, 자신의 인물로 들어갔다.

그는 기억의 허점을 뛰어난 임기응변의 재능과 촬영장 벽에 붙여 놓은 일종의 커닝페이퍼 덕분에 재빨리 대처하곤 하였다. 나는 노안과 경험 부족으로 제약을 많이 받았다.

호기심 때문이기도 하지만, 나는 가끔 배우 노릇을 계속했다. 최근에 나는 1974년 포르투갈의 카네이션 혁명을 마주하는 한 포르투갈 시인의 역할을 맡은 적이 있다. 그해 포르투갈에서 보냈던 나날들을 다시 한번 살아보는 기회였다.

"그리는 것은 다시 사랑하는 것이다." 무스타키의 두 눈 아래 헨리 밀러의 이 문장이 떨어졌을 때, 그것은 캔버스를 마주하고 살아가고 있던 그를 완벽하게 묘사하는 것이었다.

"나는 매일 그릴 수 있는 일요화가다"라고 나는 브뤼셀에서 열린 한 수채화 전시장에서 수집가들에게 예고하였다.

어떤 대상이나 존재를 우리가 그릴 때, 우리는 그것의 형태나 밀도를 뚫고 들어가, 그것의 박동을 포착한다는 것을 이해하도록 만들어 준 사람은 바로 헨리 밀러다. 정물이든 인물이든 간에 주제와 화가 사이에는 진정한 사랑의 이야기가 자리 잡는 것이다.

알렉산드리아의 학교에서, 나는 선생님들을 놀려먹기 위한 풍자 만화와 같은 반 아이들을 들뜨게 만드는 누드 크로키를 통하여 그림을 시작하였다. 나는 바르가가 그린 미녀들 가운데서 마음에 드는 모델을 골랐다. 넉넉한 몸집, 풍만한 가슴, 커다란 엉덩이를 지닌 여성들이었다. 나는 손쉽게 그려댔지만 특별한 테크닉은 없었다. 이 집트에서 몇 차례 수업을 받기도 하였지만, 특별히 그림과 관계있는 이유 때문은 아니었다. 예쁜 젊은 모델들이 누드로 자세를 취하고 있었다.

영화배우 안니 노엘 덕분에 나는 꿀을 사용한 세련된 색채의 영국 수채화를 알게 되었다. 같은 시기에 화상으로 일하는 한 이웃 여성이 나에게 붓과 세 가지 색 기본 물감을 제공하였다. 아파트를 정돈하면서 나의 첫 수채화를 우연히 발견하였는데, 주문자가 인수를 거절한 작품이었다. 그로부터 오래지 않아 이 작품은 수집가를 만났다.

1960년대 FM의 등장으로 시작된 수준 높은 음악 방송 덕택에, 나는 그림을 그리면서 동시에 고전음악에 입문하였다. 입문은 바하에서 제나키스에 이르기까지 방송 프로그램에 따라 이루어져 엄격한 순서가 없었다. 나는 여기에 내 시간의 대부분을 바쳤고, 심지어 기타를 잘 모셔 두고 그림 공부를 다시 하고픈 유혹에 빠지기도 하였다.

여행 중에는 나는 쓸 것과 그릴 것을 가지고 다닌다. 이젤과 물감 튜브로 인해 거동이 불편해지는 것을 원하지 않기에, 나는 수성 필기구를 지니고 다닌다. 나는 가는 곳마다 쓰고 그린다. 냅킨에다, 수첩에다. 나는 사진을 찍는 것보다 그림을 그리는 것에서 더 많은 즐거움을 얻는다. 주제와 나의 관계는 더욱 긴밀해진다.

예멘을 다녀오면서 내가 가져온 것은 문을 잔뜩 그린 수첩이었다.

시멘트도 모르타르도 없이 돌과 돌을 쌓아 솜씨 좋게 지은 집들은 주위 풍경과 조화를 이루며 서로 동화하면서 약간은 단조로운 통일성의 인상을 주고 있다. 오직 문들만이 색채를 통해, 문자 장식을 통해 이들을 구별하고 있다. 상상이 마치 이 문이라는 공간 안에서만 표현된다는 것처럼. 다양한 모티프나 엄격한 기하학적 도형을 지닌 사각형 틀은 그곳에 살고 있는 주민들의 이야기와 바람과 정신세계를 말해주고 있다. 그곳에서 가까운 지역에 양탄자의 예술이 있듯이 문의 예술도 엄연히 존재하고 있는 것이다.

무스타키는 다시 글쓰기에 빠지게 되면서 2001년 팔루아 출판사에서 『데 부셰 골목길』을 발표한다. 그는 추리 소설의 형식을 빌려 1950년대 그의 브뤼셀 시절로 되돌아온다. 그의 샹송 〈골목길〉에도 이 시절이 언급되어 있다.

몇 년 전부터 추리 소설의 대가이자 내가 좋아하는 탁구 시합 파트너 제롬 샤랭은 내가 끊임없이 순회공연을 떠나고 탁구 시합 약속을 번번이 지키지 못하는 바람에 잔뜩 화가 나 있었다. 그러다 드디어 내게 한마디 하였다. "그렇게 천지를 쏘다니지 말고, 여기 남아서 추리 소설이나 쓰라고!"

그것은 새로운 도박이었다. 누구나 알다시피 처음 백여 페이지는 쓰기가 아주 쉽다. 그런데 악몽과 혼란이 시작되고 나면, 초반의 상황은 복잡해지고 이것은 작가의 역량을 넘어서게 된다. 브뤼셀의 한 카바레에서 피아니스트로 일하던 시절의 추억에서 아이디어, 배경, 상황과 인물을 끌어오면서 나는 이야기를 시작할 수 있었다. 내

알렉산드리아 고양이

가 설정한 살인을 누가 저질렀는지 결정하지 못하였기 때문에 살인자를 알기 위해 소설 마지막 부분에 도달하려고 나는 서두르곤 하였다. 제롬의 우정 어린 채근에 힘입어서 나는 이 추리 소설의 종점에 이르게 되었다.

15

지금도 앞으로도 없으리
동사 사랑하다의 미래형
매 순간이 한평생일진대
내일은 또 다른 오늘인 것을

<매 순간이 한평생일진대>

무스타키는 그의 삶을 현재에 맞추어 활용하고, 시간을 자신의 고유한 재산처럼 지니면서 그것을 나눌 준비가 되어 있는 사람답게 노래한다. 이렇게 말이다. "내겐 시간이 있어요…. 당신께 드리지요." 무스타키의 노래를 보면, 비록 과거와 그의 "오래된 한때"가 여기저기 등장한다 할지라도 그가 과거의 기억에 사로잡혀있는 경우는 대단히 드물다. 듣는 이의 주의를 환기하는 시간에 대한 그의 말 한마디 한마디는 이 주제에 대해 그가 끊임없이 성찰하고 있음을 말해준다. 평온하거나 평정을 찾았거나 시간에 대한 그의 관계는 언제나 신중하다. 여기에는 시간의 지속 효과에 대한 어떤 환상도 없다. 프랑수아즈 아르디를 위해 쓰게 된 〈습관〉 안에서처럼 말이다. "우리 습관의 옅은 안개 속에서 우리는 불안을 잠재우기 위해 다정함을 유지하고 고독이 무서워 함께 잠든다." 꽤나 냉담하고 드문 톤의 샹송이다.

벨벳 장갑 속에 감춰진 잔인한 말…. 프랑수아즈 아르디는 습관

알렉산드리아 고양이

에 길든 커플에 대한 샹송 한 곡을 원하였다.

나는 '순간'을 찬미한다. 하지만 우리는 한순간의 길이를 측정할 수 없다. 우리가 그 속에 무엇을 담느냐에 모든 것이 달려있다. 우리가 한평생을 살면서 사랑의 원천을 단 하나만 지닌다고 생각하지 않는다. 나는 나의 인생에서, 아주 강력하고 결정적인 애정의 닻을 여러 개 가지고 있다. 나는 사랑에 충직한 만큼 사랑을 배반하기도 한다. 열정적 사랑은 매혹적이지만 쉽게 불붙고 대개는 아주 빨리 타버리고 재만 남는다. 어느 정도 나이가 들면, '함께 늙어가는' 커플의 평화로운 모습은 안도감을 준다.

나는 부부생활을 갈망하지 않으며, 오히려 반복되는 단조로움을 두려워한다. 우리가 환희, 다양함 그리고 유혹을 갈구한다면 커플로 살아가는 것은 어렵거나 불가능하다. 우리가 존재에서 소유로 넘어갈 때 파탄이 일어난다. 처음에는 사랑에 빠졌다가, 다음에는 남편이나 아내를 소유의 대상으로 삼는다.

사랑의 관계는 눈부심이어야 하지 결코 체념이어서는 안 된다.

나는 시간에 대하여 자주 말을 하는 편이다. 왜냐하면 그것은 때로 시련을 주고 짓누르기 때문이다. 그렇지만 그것은 삶을 풍요롭게 하고 성숙하게 만든다. "시간은 그저 흘러가지 않는다. 의식하지 않더라도 시간은 사람들을 지배하고 존중한다"고 이집트 사람들은 말한다.

"내겐 시간이 있어요", "우리는 살아갈 시간을 가질 것이요", "우리에겐 시간이 있어요". 이 모든 샹송은 내가 흘러가는 시간과 맺고 있는 자연스러운 관계와 일치한다. 흘러가는 세월을 거스르며 달리기보다는, 나는 나 자신을 그 흐름에 맡긴다. 때로는 모든 사람처럼 탐욕이 발동하여 하루가 마흔여덟 시간이기를 바라기도 하지만 말이다.

내가 속한 지중해 문화권에서는 모든 것이 중요함과 동시에 무의미하다. 나는 죽음이나 고독에 특별히 방점을 두지 않는다.

내가 살아갈 시간이 두 시간밖에 남지 않았다면 내가 무엇을 할 것인가를 사람들이 물을 때면 내가 하고 있던 일을 계속할 것이라고 나는 언제나 대답한다. 만기일에 상관없이.

나는 나의 시간과 관심을 간절히 원하는 친구들, 책, 물건, 악기들로 둘러싸여 있다. 때로는 가장 중요한 것만을 간직하고 싶을 때도 있다. 긴밀한 모임을 유지하는 극소수의 친구들, 한 개의 기타 그리고 몇 권의 책 정도. 끊임없이 나의 삶을 현재에 맞추고, 초연함에 대한 나의 열정을 살아가고 싶을 때가 있다. 그러나 나는 내가 간직해온 모든 것, 만남, 우정, 사건, 악기 혹은 의복과 더불어 살아갈 것이다. 나에게 소중한 역사를 이야기해 주는 이러한 기념품들을 애지중지 하면서.

나이가 들어가면서 얻게 되는 원숙함은 상대화하는 안목을 갖도록 만들어준다.

헨리 밀러는 칠십하고도 아홉 살에 그의 방문에 노자의 말을 붙여 놓았는데, 죽음에 대하여 숙고하고 명상에 잠겨야 할 필요성에 대한 내용이었다. 그의 마지막 소설 가운데 하나는 『불면』이라는 제목을 달고 있는데, 아름다운 한 아시아 여인으로부터 영감을 얻었다고 한다. 죽기 몇 달 전, 육체적으로는 쇠약해졌지만, 열정으로 가득

알렉산드리아 고양이

찬 그는 사랑에 빠져 뜨겁게 밤을 새우고 또 새우는 것만을 꿈꾸고 있었다.

베르디는 칠십의 나이에 화음에 대한 그의 모든 개념을 바꾸어 버렸다.

생일을 한 번 맞을 때마다 우리는 일 년을 늙는 것이 아니라, 단지 하루만 늙을 뿐이다.

그의 샹송 가운데서 〈바위〉, 〈너무 늦었어요〉, 〈보통 사람들을 위한 진혼곡〉, 〈너무 크고 너무 비어있는 집에서〉(결핍의 느낌을 넘어서는 어떤 고통), 혹은 〈어부〉만을 놓고 보면, 조르주 무스타키는 그의 이미지에 부합하지 않는 어떤 모습을 전하면서 오히려 삶에서 커다란 상처를 입은 사람으로 보일 것 같다.

알프레드 드 뮈세가 말한 이후, "가장 절망적인 것이 가장 아름다운 노래다"라는 것을 우리는 알고 있다. 샹송은 저자가 운명적으로 상처를 입지 않았다 하더라도 상처를 표현할 수 있다.

나의 샹송, 너무나 멜랑콜리한 〈사랑은 언젠가는 끝나고〉는, 로마에서 바람기 가득한 사랑의 모험이 끝나고 나흘이 지난 후, 스키를 타고 있는 와중에 영감이 떠올랐다. 샹송에서는, 상상력과 기억이 현실을 연장한다. 그것은 작사가의 첫째가는 도구들이다.

모든 샹송은 사랑의 샹송이라고 주장하는 사람들에게 나는 '슬픈'이란 단어를 첨가하련다. 하루는 피아프의 작사가 가운데 한 사람으로 〈아코디언 주자〉를 비롯한 여러 곡을 작사한 미셸 에메르가 언제나 우울함으로 가득찬 레퍼토리에서 그녀를 벗어나게 해 보려고 행복을 주제로 하는 눈부신 샹송을 가져왔다. 그는 이 노래에 <행복한 여인>이란 제목을 달았다. 그러나 피아프의 목소리 때문에 이 어휘는 오히려 비극적 색채를 띠게 되었다.

사람들은 주로 창의성과 고통을 결합하여 생각한다. 시에서, 음악에서 혹은 그림에서. 단 하나의 예를 든다면, 반 고흐의 경우처럼.

반 고흐가 그림을 그리는 것은 고통 때문도, 고통 덕분도 아니다. 그는 고통에도 불구하고 그림을 그렸다. 그는 그려야 했기에 그렸다. 어떤 예술가들은 고통을 창조로 승화시킨다. 그것은 훌륭한 일이다. 그러나 아마도 그들은 고통 없이도 창조할 수 있었을 것이다. 고통은 존재한다. 우리는 그것을 감수해야 한다. 고통 속에서 살지만, 그렇다고 그것이 필수적이거나 혹은 성장하게 만든다고 우리는 생각하지 않는다. 고통받는 예술가가 축복 속에 작품을 잉태하는 사람보다 예술성에 있어서 훨씬 뛰어날까? 피카소는 인생과 창작을 행복 속에서 즐기며 살았다.

"새가 우는 것은 대답하기 위해서가 아니라 노래가 있기 때문이다"라고 영국의 한 시인은 말했다.

때로는 나의 샹송들이 개인적인 사건이나 내적 성찰에 대한 대답이 되기도 한다. <당신의 딸은 스무 살>은 나의 한 여자 친구에게 전하는 답인데, 그녀는 자기 연배의 나이 든 남자와 사랑에 빠진 딸 때문에 속을 끓고 있었다. <언젠가는 죽을 것임을 단언함>은 바르바라의 우울하기 짝이 없는 샹송 <죽기 위해 죽어야 한다면>에 대한 대답이다. 가슴을 파먹고, 부수고, 찢어버리고, 고통을 주는 바르바라의 <고독>에 대하여 나는 "아니야, 난 고독과 더불어 결코 혼자가 아니지"로 대답해 주었다. 그것은 곁에 있는 존재이지 결코 낙담이 아니다. 그것은 우리 스스로와 함께하는 기회를 주는 셈이다. 알렉산드리아 만의 조그만 배 위에서 내가 그랬던 것처럼.

우선 세르주 레지아니에게 주었던 고독에 대한 이 샹송에서 무스타키는 고독이 자신의 마지막 동반자일 것이라고 노래하고 있다. 자크 브렐은 마지막 날이란 테마를 강력하게, 심지어 격렬하게 다루었다. 레오 페레는 자신이 만든 샹송과 장-로제 코시몽이 그를 위해 만든 샹송 안에서 죽음에 특별한 방점을 찍고 있다. 그는 필요할 경우 이 죽음과 의견도 나누곤 한다. 반면, 브라센스에게서 죽음과의 대화는 친숙한 어조를 유지한다. 그렇지만 몇 개 시구를 제외하고 (<죽는 것>에서 "나는 한번도 살아보지 못한 죽음들을 슬피 여긴다"처럼) 죽음은 조르주 무스타키의 작품에서는 거의 등장하지 않는다.

브라센스는 <옛 시절의 장례식> 혹은 <가엾은 사내>, <세트의 해변에 묻히기를 기원함>과 같은 그의 많은 샹송에서 존경과 유머를 담아서 죽음에 대한 이야기를 펼쳐놓았다. 그에게 있어 그것은 현존하는 것이요, 때로는 미소 짓는 우정 어린 존재다. 모든 것을 즐길 줄 아는 이집트 사람들은 그것을 아예 삶 안에 포용하고 있다. 카이로에서는 산 자들이 주택 문제를 해결하기 위해 죽은 자들의 도시에서 주거하고 있다.
나의 샹송 모음집의 서문을 위해 프레데릭 비투가 인용하고 있는 한 하이쿠에서 클로델은 "나는 죽음과 협상 중이다"라고 말한다. 죽음이 내게서 가까운 이들을 앗아갈 때, 비록 그것이 평정과 해방을 약속한다 해도, 잔인하기 이를 데 없다. 이집트의 전통에서는 영원한 작별의 아픔을 위로받기 위해 울어주는 사람을 고용한다. 아마도 스스로 울기를 바라지 않아서 그럴지도 모른다. 이런 관습을 나는 적어도 이렇게 해석한다.

텔레비전이 방영하는 시체의 영상은 죽음을 일상적인 것으로 만들어 그것을 허구의 경계선으로 밀어내 버린다.

2001년 8월 어느 아침나절, 발레아레스 제도의 빛을 받으며 나는 크리스티나 루발카바가 관능과 환상으로 가득 찬 작품을 어마어마한 캔버스 위에 펼쳐가는 모습을 바라보고 있었다. 우리 발아래 지중해는 평온하고 걱정 없는 일상으로 우리를 초대하고 있었다. 전화 벨이 울리고 조르지 아마두의 죽음을 알렸다.

저 멀리 브라질의 하늘은 슬픔에 젖었다.

삼백육십오 개의 교회가 있는 도시, 바히아는 사랑하는 친구 조르지의 죽음을 슬퍼하였다.

그는 바히아의 대변자로서, 시민들을 착취하고 노예로 부려먹는 모든 자에 대한 격렬한 비판자이고, 바히아의 전설을 전해주는 이야기꾼이고, 바히아 영웅들의 기억인가 하면, 여자들의 아름다움을 찬양하는 노래꾼이다. 그리고 바닷속 저 깊은 곳에서 때로는 그들을 집어삼키는 예만자의 품 안으로 자신을 던지기 위해 손바닥만한 작은 배에 의지하여 파도를 헤치며 나아가는 선원들의 용기를 예찬하는 시인이기도 하다. 조르지는 칸돔블레의 독실한 신자로서, 비니시우스, 나라 레앙오, 카리베, 조빙을 다시 만나러 오릭사 여신들의 천국으로 떠났다.

삼바를 사랑하는 사람들, 브라질 전통 무술을 사랑하는 사람들, 그런가 하면 공예품으로 유명한 메르카도 모델로의 장인들, 어여쁜 크레올 여자들과 용감한 어부들 모두는 고아가 되었다. 그리고 우리, 그의 친구들은 슬픔을 달랠 길이 없다.

살아 있는 그를 보고, 그의 목소리를 듣고, 그의 눈길을 보면서 위로를 받는 행운을 누렸고, 그의 투쟁과 축제를, 그의 향연과 유배를 함께 나누었던, 이 세상의 모든 사람들 가슴 속에 조르지는 잠들어 있다.

그의 배우자, 그의 사랑, 이 세상을 함께 유랑한 그의 동반자, 젤리아는 그의 재를 묻은 조그만 정원에서 고인을 지키고 있다.

언젠가 쥘리에트 그레코는 자신이 아끼는 여자 친구들 가운데 한 사람을 잃었을 때, 자신의 슬픔을 달래기 위해 이렇게 말한 적이 있었다. "그녀는 죽은 게 아니야. 잠시 자리를 비웠을 뿐이야." 나는 그녀로부터 이 조심스러운 한마디 말을 빌려오고 싶다.

내가 아는 모든 사람에게 나는 무엇을 남기게 될까?

나를 둘러싸고 있는 것들, 악기들, 명인들과 친구들이 그린 그림 몇 점, 책, 악보, 문학작품, 생-루이 섬의 테라스…. 그리고 내 샹송들. 이건 대단히 중요하다. 내가 살아온 모든 것을 이야기하고 있다. 아마도 내가 가장 잘할 수 있는 것이리라. 한 곡, 두 곡, 아니면 세 곡 정도는 사람들의 기억 속에 오래도록 남아 있을는지도 모른다. 이들은 가사와 음악과 더불어 가벼운 필치로 나를 표현할 것이다.

내가 쓴 책들은 회고록이 아니라 비망록이다. 내가 쓴 샹송들이 나의 회고록이다.

말레이시아 출신으로 나의 플루트 주자인 킴포가 나에게 그의 친구들을 소개한 적이 있었다. 한 사람은 의사, 또 한 사람은 사진작가 그리고 세 번째 사람은 요리사였다.

"그럼, 나는 뭐라고 소개할래?" 내가 물었다.

"넌 '시간과 공간의 대사'라고 해야지."

이 말에 나는 이걸 소재로 샹송을 한 곡 만들어야겠다는 마음이 생겼다.

노래의 한 절에서 나는 향수의 열쇠를 지니고 있노라고 말했다. 좀 잘난 척인지는 모르겠으나, 이 말은 배우이자 만담가인 프랑수아 롤랭이 몇몇 가수들에 대하여 한 말과 비슷하다고 볼 수 있다. "우리는 노래를 들으려는 것이 아니라, 작품에 귀 기울이려고 한다."

그가 하는 말을 다 이해할 수 있는 것은 아니지만 부드러운 목소리의 이방인, 그는 바로 조르주 무스타키가 〈겸허하게 그는 왔다네〉 안에서 구현한 예수이다.

예수의 상징은 나를 감동케 한다. 인간의 몸으로 태어난 하나님의 아들, 십자가에 매달려 죽는 어린 양은 죽은 지 이천년이 넘은 지금도 찬양의 말씀과 인간에 대한 믿음이라는 완곡한 방식을 통해 승리하고 있다.

카잔차키스의 소설 『마지막 유혹』에서 삶과 사람을 사랑하는 이로 묘사되었던 그는 자신의 무구함, 감정의 진정성, 선동의 부재를 통하여 나를 감동케 한다. 그의 메시지는 모두를 향한 것이며, 당파성이 없다. 선택받은 그는 자신이 선택하지 않은 임무를 수행한다. 그는 어리석은 사람들을 비난하고, 신전에서 장사꾼들을 쫓아내고, 현학적인 성직자를 비판하였으나 사람들을 믿는 자와 안 믿는 자로 나눌 수도 있는 장벽을 결코 세우지 않았다. 나는 이 사람을 사랑하지만, 얼치기 신앙인들과 그들의 편협함을 거부한다. 상징으로, 혹은 정형화한 문학적 표현으로서 하나님에 대해 말할 수는 있지만, 온갖 광신주의, 배제, 핍박, 처단을 만들어낸 권위적인 개념을 나는 거부한다.

'믿다'(croire)라는 어휘는, 종교적인 확신을 표현하기 위한 것인데, 참으로 이상하다. 즉 믿는다는 확신하지 않는다는 것이다. 사람들이 알베르 사페리스에게 믿는지 믿지 않는지를 물었을 때, 그는 다음과 같이 답했는데, 나는 이 말에 동조한다. "나는 불가지론자조차도 아니다."

하나님에 대한 기도는 의지이자 구원이다. 헛된 일이지 않은가?

무신론자이지만, 그럼에도 나는 믿음의 충동을, 겉모습에 다른 현실을 부여하려는 욕망을 이해한다. '종교'(religion)에다가 연결 짓다, 일관성을 이루다라는 원래의 의미를 부여하려는 욕망을.

그러나 일상 속에 살아가면서 그의 사유는 가변적이기에, 조르주 무스타키는 선한 하나님의 존재를 믿으려고 하면서 그에게 이렇게 질문을 던진다. "세상을 만들어 놓으시고 다시 그것을 조금씩 부숴버리신다면 왜 만드셨나요?" "조금씩 부서져 간다"는 이 세계관은 그의 레퍼토리에 친숙한 이들에게는 풍요로운 자연을, 조화로운 에덴동산을 떠올리게 만든다. 이것들은 그가 쓴 텍스트 여기저기에 다양한 모습으로 나타나는데, 특히 〈정원이 하나 있었지〉에서는 직설적으로 그려져 있다. ("… 우리가 지구라고 부르는 것, 그것은 금단의 열매처럼 햇빛을 받아 빛나고 있었지")

혹자는 여기에서 젖과 꿀이 흐르는 땅, 약속의 땅으로 돌아가는 오랜 유대인의 꿈을 보기도 한다. 다른 이들은 오아시스, 천상의 미녀들, 맛있는 음식이 가득한 알라의 정원에 이르길 원하는 이집트 사람들의 열망을 여기에서 유추하기도 한다. 그런가 하면 어떤 사람들은 그리스인들의 디오니소스적인 천국을 말하는 것으로 여긴다. 아마도 이 정원은 풍요롭고, 부드럽고, 호의적인 자연에 대한 나의 욕구에, 모랫바닥에서 샘솟는 물로부터 두 발자국 떨어진 곳에서 자라고 있는 무화과나무들의 단순한 풍경에 상응하는 것 같다.

1999년 가을, 유네스코가 주관하는 국제 평화 문화의 해 선포를 즈음하여, 개막식 공식 행사에서 그는 야니스 리초스의 시 「평화」를 낭독한다.

내가 전적으로 동의하는 정치적 방식은 딱 두 개이다. 그것은 평화와 파업이다. 평화는 내 마음 가장 깊은 곳에 숨어 있는 갈망으로서, 어떤 시대, 어떤 나라, 어떤 분쟁의 이유를 막론하고 부정할 수 없는 가치라고 할 수 있다. 어떤 대가를 치르더라도 평화를. 전쟁과의 전쟁을. 1914년 평화주의자들은 이렇게 외치곤 하였다.
파업은 내가 보기에 그 용기에 있어서나 그 의미에 있어 진정으로 가장 모범적인 행위이다. 일하기를 거부하는 사람은 자신의 급여 일부분과 고용주와의 관계를 희생하면서 그 대가를 치른다. 그는 기계를 멈추고, 그의 동료들과 함께 그들의 작업현장에 대하여 생각할 시간을, 그들이 공유하는 운명에 대한 생각을 교환하는 시간을 스스로에게 허락한다.

사람들은 흔히 파업은 일반 시민들을 볼모로 잡는다고 말한다. 자신의 노동력을 제공하는 대가로 삶을 꾸려나가는 사람들이 직면하는 위험을 이들은 한 번이라도 헤아려보았을까?

나는 공식 기구들에 열광하는 편은 아니지만, 유네스코와 같이 평화의 문화를 진작시키려 하는 기구에 대해서는 경의를 표한다.

야니스 리초스의 시 한 수를 낭독하는 것으로 유네스코의 본회의를 개막하면서 나는 멜리나 메르쿠리를 계승하는 것을 받아들일 수밖에 없었다.

리초스처럼 대전쟁이나 내전을 겪은 사람들은 닥칠 위험에 대한 걱정 없이 테이블 주위에 둘러앉아, 마시고, 먹고, 떠들고 웃으면서 우리가 느끼는 행복을 가장 중요하게 여긴다. 민병대원들을 쏟아내는 자동차가 집 앞에서 멈추는 일이 절대 없고, 아버지가 제시간에 귀가하는 것, 그것이 진정한 행복이라는 것이다.

유네스코에서 오찬을 하는 동안, 리고베르타 멘추와 같이 우리들 가운데 몇 사람은 평화의 생각이 널리 진전되기를 바라는 마음에서 스스로 '선의의 대사들'이 되어 보기를 결정하였다. 호칭이 좀 요란하지만, 그것은 내 노래에서 내가 표현하는 것과 같은 방향으로 나아간다.

덧붙여서 우리의 주장이 훨씬 널리 알려지도록 목소리를 더 높이기로 합의하였다. 다니엘 발라부안느는 텔레비전 뉴스 시간에 출연하여 당시 프랑스 대통령 후보의 자격으로 역시 출연한 프랑수아 미테랑에게 생중계로 비난의 화살을 퍼부었고, 이것은 엄청난 반향을 일으켰다. 다니엘은 정치인들의 토론에 참여해서 허장성세와 상투적인 정치 구호를 그만두고 균형 감각과 실용적 태도를 가지고 실천에 나설 것을 주문하면서 가차 없이 쏘아붙였다. 나는 이 분노를 높이 평가하였다. 애석하게도 그는 인도주의적 활동을 하다가 사하라 사막에서 젊은 나이에 유명을 달리하게 되었지만, 그의 참여의 진정성을 증명하는 것이었다.

〈너무 늦었어요〉에서 조르주 무스타키는 체념한 나머지 비관주의적 태도를 보인다. 그에게서 보기 힘든 정신 상태이다. 다음과 같은 글을 쓰는 동안 무슨 일이 일어났을까? "잠들어 있는 동안, 꿈을 꾸고 있는 동안, 시곗바늘은 돌고 돌아 이제는 너무 늦었네요."

전 세계에 걸친 무기의 확산을 이야기하고 있는 딜런의 노래를 존 바에즈가 부르는 것을 들으며, 평화로운 세상을 갈망하는 우리의 바람이 이루어지기에는 늦은 정도가 아니라 이제는 너무 늦어버렸다는 것을 나는 깨달았다. 여기에서 만들어진 노래가 〈너무 늦었어요〉다.

거의 모든 곳에 산재해 있는 핵폭탄을 짊어진 우리의 행성을 정리한다는 것은 이제 불가능한 것처럼 보인다.

이 샹송은 비록 음악이 내가 말하려는 내용을 완화하고 있지만,

내 절망적인 심정의 한 단편을 잘 보여주고 있다.

그렇지만 나는 '쓰디쓴 낙관주의와 즐거운 비관주의'를 간직하고 있다. 내 생각에 인류는 공멸의 구렁텅이에 빠지기 일보 직전에 마지막 순간 살아남기 위한 대응책을 찾을 것 같다. 인류는 끊임없이 불장난을 한다. 생명은 인간이 상상할 수 있는 그 어떤 파멸의 수단보다 강하다. 그것은 결국 승리를 쟁취한다. 단지 이차 세계 대전이 벌어지던 기간에 영국이 자국민들에게 약속했던 피와 눈물을 다시 쏟아야만 한다는 것이 개탄스러울 따름이다.

정보 매체에서 하루 동안 일어나는 일을 듣고 있노라면, 절망스럽기만 하다. 그러나 인간은 여러 세기에 걸친 가장 악질적인 독재자들과 형언할 수 없는 대규모 재앙을 이겨내었다.

생명은 언제나 약속을 지킨다. 비록 우리를 둘러싸고 있는 것이 위험천만하게 타락의 나락으로 빠져드는 인상을 우리에게 주지만, 그럴수록 우리는 생명에게 변함없는 애착을 보여야 한다.

절망, 희생 아니면 무의식에 의해 자신의 생명을 광신의 제단 위에 바치는 가미카제들은 무슨 생각을 하고 있을까?

16

친구들이여 테이블에 차리려 한다네
가장 좋은 포도주와 가장 좋은 음식을
감미로운 풀 냄새 가득한 담배를
취기 오른 빛깔의 온갖 리큐어들을
나는 말 없는 촛불들을 밝히려 한다네
그럼 그들은 사랑스럽게 춤을 추겠지
내게는 조금씩 느껴지는 그대들의 존재
추위도 물러가고 난 이제 외롭지 않아

<친구들>

"당신의 인생을 계획화하지 마시오, 신이 할 일을 훔치는 것은 정당하지 못하오"라고 스리 친모이는 단언한다. 모든 일이 저절로 행해지도록 내버려 둘 때, 그것들은 더 잘 된다. 이들을 자극하여 발생시키느라고 애쓸 때 더욱 고통스럽고 힘들게 된다. 우리 역사의 장기판 위에서 장기짝들은 분명히 존재하나 내가 알지 못하는 질서에 따라, 스스로 조직된다. 그리하여 우리는 언제나 쓰일 준비가 되어 있어야 하나 무분별하게 개입하지 말아야 한다. 모범적인 이집트 운명론자로서, 때때로 나는 운명이 나를 위해 결정하도록 내버려 둔다.

알렉산드리아 고양이

이것은 철학자의 태도라고 할 수 있는 것으로, 일어나야 할 것은 일어난다는 것에 항상 대비하는 것이다.

나의 어린 시절 알렉산드리아에서는 모든 것이 유희였다. 이런 정신세계를 나의 샹송 <걸인과 오만한 인간들>의 몇몇 구절 안에 내가 이렇게 요약해놓았다. "유머에 높고 낮음이 있는가. 거리를 떠돌아다니는데 / 충직한 동반자를 조롱하면서 / 힘은 빈 주먹 앞에서 무용지물 / 더구나 웃을 줄 알면서 더 예쁜이들의 빈 주먹이면."

나와 다른 사람의 관계에서 나를 이끌어가는 것은 어떤 마법이나 설명되지 않는 떨림 같은 것이다. 나의 친구들은 몹시 다양한 세계에 속해 있다. 그들은 결코 서로 대체 가능한 그런 존재들이 아니다. 나는 이 친구들 한 사람 한 사람과 오직 그 한 사람 하고만 할 수 있는 여행을 한다. 우정은 육체적 관계와 같은 경쟁적 고통을 겪지 않는다. 이런 이유로 우정은 오래가고 영원하다.

화가 카트린 웁슈만에 의하면, 우리는 나쁜 놈하고도 사랑에 빠질 수 있지만, 존경하지 않는 누구에 대해서도 우정을 느낄 수는 없다고 한다.

유혹은 나에게 있어 타인을 향한 표현의 특성이다. 콕토가 디아길레프에게 "놀라게 해줘"라고 말한 것처럼, 나는 "날 유혹해줘"라고 말하고 싶은 강렬한 욕구를 느낀다.

유혹은 쾌락, 환희의 약속을 함의하고 있다. 그것은 신경증으로 넘어갈 때 타락의 수렁으로 빠질 수 있다. 이러한 주제에 접근하자마자 우리의 머릿속에 언제나 떠오르는 것은 동 쥐앙이란 인물이다. 수많은 여자를 정복하면서 그는 권력 관계 안에서 자신의 힘을 과시

하였다. 나는 그보다 카사노바를 더 좋아하는데, 그는 오직 자신의 에로틱한 혹은 감정적인 충동에 따라 행동하였기 때문이다. 부드러움과 남성성이 서로 대립하는 것은 아니다.

대통령 순방 동안, 중남미 사람들은 드골 장군을 '마초'(macho)로 평하였다. 나는 이 어휘가 뜻하는 바를 몰랐는데, 어떤 젊은 스페인 여성이 내게 설명하기를 존경스러운 남자에 대한 칭송을 표현하는 말이라고 하였다. "Tu padre es un macho"라고 그녀가 나의 아버지에 대하여 말한다면 그것은 그녀가 그에게 존경심을 느낀다는 뜻이었다. 그러나 오늘날 '마초'란 말이 쓰일 때는 일상적으로 형용사 '끔찍한'(affreux)이란 말을 동반하면서, 남근숭배주의자 혹은 남성우월주의자 정도의 의미를 가질 뿐이다. 두 어휘가 일단 존재하므로, 이들을 구분해보도록 하자. 한 남성이 키가 조금 더 크고 체중이 더 나간다는 것을 무기로 삼아 여성들과 아이들을 못살게 군다면, 그는 당연히 무장해제되어야 하고 퇴치되어야 한다. 여성의 가치와 정체성을 찾고 그것을 존중하기 위해 나는 굳이 여성주의를 기다리지는 않았다. 여성은 수치스러운 각종 학대를 참으려고만 해서는 안 되며, 우리는 서로 보완하고 사랑하도록 만들어진 양성 간의 충돌을 관용해서도 안 된다. 세대 간의 전쟁과 마찬가지로 양성 간의 전쟁 역시 결코 있어서는 안 된다.

"너의 몸짓은 내 모든 것으로부터 나를 해방한다"라고 조르주 무스타키는 그의 샹송 〈너의 몸짓〉에서 쓰고 있다. 왕녀이면서 화려한 창녀, 소녀이면서 여인, 그리고 어머니이면서 어린아이이기도 한 여자를 그 주제로 삼고 있다.

알렉산드리아 고양이

이 샹송은 세르주 레지아니가 내게 요청하여 만들어졌다. 그를 통해 내가 깨닫게 된 것은 어린 소녀나 젊은 여자 혹은 나이 든 여성과 하는 가장 정숙한 입맞춤 안에는 그 여성성의 모든 표현이 들어있다는 것이다. 나는 사랑과 사랑에 빠지고 여성과 사랑에 빠지는 사람이다. 우리에게 존재를 부여한 성에 감사를 드리기 위해서는 한평생도 충분하지 못하다. 여자는 내 몸과 마음의 모든 굴곡 속에 자리 잡고 있다. 여자는 관능적 혹은 정숙한 감정의 마르지 않는 샘물이다. 여자는 내 인생과 내 샹송 모든 곳에 그리고 이들의 모든 면면 아래에 자리 잡고 있다.

나는 육체에, 말투에, 몸짓에, 향기에 민감하다. 그리고 특히 우리가 일상적으로 대하는 존재들에게서 가장 예기치 않은 부분, 알려지지 않은 부분, 관능을 자극하는 부분에 민감하다.

영화 제작자이자 감독인 마리 비네는 텔레비전에서 상영할 목적으로 나의 전기를 다큐멘터리로 만든 적이 있다. 이 영화 안에서 조르지 아마두가 그녀에게 이렇게 털어놓았다. "조르주 무스타키에게는 멀고 가깝고를 따질 필요 없이, 모든 남자가 그의 형제들이고, 모든 여자가 그의 자매들이다. 가끔은⋯ 근친상간이 아니냐고 하겠지만."

"난 네가 어디서 시작하는지를 모르고, 넌 내가 어디서 마치는지를 모르네. 네 다리는 날 가두고, 내 배는 널 붙잡네. 너의 동그란 가슴은 내 것. 달무리 진 내 눈은 너의 것", 이 시 안에서 둘은 하나가 된다. 정념의 참 모습.

몸과 마음과 가슴의 결합을 통해 하나가 된 한 쌍은 서로 완전한 일체가 된다. 두 연인은 피우고, 마시고, 먹는 것만큼이나 단순한 행위 속에서 뒤섞인다.

하루를 살든 영원히 살든 사랑하는 사람에게서 주어지지 않는다면, 어떠한 욕구도 없고, 아무것도 보이지 않고 또 어떤 것도 느끼지 않는다.

비니시우스 데 모라에스는 말하기를, 사랑은 영원하다 그것이 지속되는 동안에는….

욕망, 부드러움 그리고 갈등조차도 뒤섞는 사랑의 관계는 욕망이 미지근해지면 다른 모습으로 지속될 수 있다. 내가 애지중지한 책으로『비밀 결혼 안에서』가 있는데, 여기에서 펠리시엥 마르소는 말하기를, 길에서, 기차에서, 카페에서 이루어지는 만남, 가끔은 눈길의 교환에 그치는 만남임에도 불구하고, 그 속에는 하루 일상사도 없고, 앞날에 대한 기대도 없고, 옛일에 대한 기억도 없고, 계속 이어질 가능성조차 없음에도, 이러한 것들이 격정적인 정념을 불타오르게 만든다고 한다.

프란시스코 데 퀘베도에게 인간은 몽상의 후손들이고, 그리하여 사랑은 꿈을 먹고 산다.

초등학교 여선생님의 안경, 간호원이 입고 있는 반투명 블라우스, 엉덩이에 권총을 찬 여자 경찰의 근엄한 유니폼, 애바 가드너의 미소, 아를레티의 우아함, 세자리아 에보라의 부드러움, 안나 마냐니의 원색적 자태, 마를렌느 디트리히의 각선미, 피아프의 목소리, 샤를로트 램플링의 시선, 쟌 모로의 입술, 엠마 톰슨의 빅토리아풍 매

알렉산드리아 고양이

력, 우리의 팡타즘에는 끝이 없다. 아름답고, 못났고, 늙고, 젊고, 금발의, 갈색의, 백발의, 흑인 혹은 황인의 여자들이 있는 것이 아니라, 여성성과 그것의 다양함이 있을 뿐이다.

나는 오리엔트 출신이고 그곳에서는 온갖 종류의 관능적 쾌락을 음미하고 즐긴다.

"우리의 한평생은 즐기기 위한 것이고, 우리의 죽음은 편히 쉬기 위한 것이라고 흥겨운 리듬에 몸을 맡긴 채로 귀여운 밴드 멤버들이 노래한다." 이 가사는 무스타키의 샹송 〈철학〉 안에 들어있는 한 부분이다. 이 노래 안에 등장하는 인물들은 유토피아에서 사는 모든 사람, 연인들, 시인들, 샹송을 만드는 자들 그리고 거의 모든 점에서 가수 무스타키의 쌍둥이 형제들이라고 부를 수 있는 자들이다. 그는 인생을 노래하거나 감사하기 위해 결코 톤을 높이는 법이 없다.

<인생에 감사해요>, 이 노래를 썼던 칠레의 가수, 비오레타 파라가 자살한 것을 알지만.

피아프는 언젠가 이런 이야기를 들려주었다. 하루는 그녀가 마르셀 세르당과 자동차를 타고 있었는데, 그들은 너무나 행복한 나머지 행복 속에서 죽고 싶어 나무에 자동차를 부딪치고 싶은 강한 욕망을 느꼈다는 것이다.

"인생에 감사해요."(Gracias a la vida)

인디언들은 욕망을 경계해야 한다고 말한다. 그것이 실현될지도 모를 일이므로.

다른 세상에 나가 살고 싶어 나는 가족을, 내 나라를 떠났다. 나는 여행을, 여자들을 사랑하기를, 그리고 사랑받기를, 글쓰기를, 작곡하기를, 그림 그리기를 꿈꾸었다. 이것은 어디까지나 소망이었지 결코 야망은 아니었다. 그것은 욕망과 닮은 것이었다.

삶/에/게 띄/우/는 편/지

생명의 여신께,

그대는 여름날 지중해의 부드러움 속에 사라를 통해 내게 주어졌
지요. 여름은 흘러 눈부신 가을로 넘어가고, 그러고는 봄날의 첫
포근함을 더 잘 느껴보란 듯이 겨울은 눈에 띄지 않게 슬그머니
지나가기만 하였습니다.

그대는 내 어린 시절을 마법의 성으로 만들었습니다. 섬세하기
그지없고 황홀하기 그지없는 향기들, 재스민, 짠맛 나는 바다 바람,
구운 옥수수, 변덕스러운 향료들을 가지고. 들척지근하거나 향신료
가 가득 베인 온갖 맛들, 장미꽃 향기 은은한 리큐어, 감초, 석류,
꿀이 넘치는 감미로운 케이크, 살이 많고 즙이 철철 흐르는 과일을
가지고. 순진한 그리고 퇴폐적인 나의 첫 번민을 선사하였습니다.
내가 가는 길에 여자들을 세워놓았더군요. 정숙한 베일 아래서, 구
릿빛 두 다리, 발목에 장신구를 두르고 환한 웃음을 웃는 당돌한
소녀들과 온갖 음란함을 허락하는 듯한 눈길의 아름다운 부인들을.
그대는 비록 어른들이 서로 벌였던 전쟁의 소란에도 불구하고 열광
적인 우애와 순수한 대결을 내가 알도록 해주었습니다. 쾌활한 체념
과 상쾌한 열기의 세상에서 거리의 즐거운 소음과 음악, 기도 시간
을 알리는 승려의 외침, 춤과 멜랑콜리로 이끄는 시끄러운 라디오의
목소리는 나를 행복하게 만들었습니다.

그대는 내가 알리바바의 동굴에서 자라는 것을 허락하였습니다. 그곳은 책, 그림, 시, 역사와 전설로 가득 찼고 재미있는 방문객들이 거쳐 가기도 하였습니다. 그곳은 바로 나의 아버지 니심의 서점이었습니다.

나는 예순일곱 해 전에 태어났습니다. 그렇지만 내 나이를 모릅니다. 영겁의 세월을 감싸 돌며, 수많은 비밀과 추억을 간직한 채, 이들을 다시 떠오르게 하려고 때를 기다리는 꿈속의 내 고향처럼, 나는 시간과 공간을 가로지르며 삶의 예술을 찾아서 방랑의 길을 나섰습니다. 그대는 요람 속에서 그것을 가르쳐 주었고 언제나 새 뜻을 찾아주었습니다.

생명의 여신이여, 그대는 나를 이끌고 나는 그대를 껴안습니다. 나는 모든 걸 기대합니다. 나는 그 무엇도 요구하지 않습니다. 혹은 그 반대일는지요.

조르주 무스타키

알렉산드리아 고양이

앙드레 아브라모프

샤를르 카네

마르셀 로내

니네트 지리니스-무스타키

모두에게 고마운 마음을 듬뿍 담아서

■ 역자 후기

　율리시스의 후손 조르주 무스타키(Georges Moustaki)(1934-2013)
는 한 곳에서 한 달이 넘게 머무는 법이 없이 전 세계를 무대로
공연을 펼치며 돌아다니는지라 상송의 율리시스 혹은 음악인 율리시
스로 불리기도 한다. 두 번의 내한 공연 때문인지 그는 우리나라에도
꽤 알려져 있는 상송 가수이다. 1989년 12월에 예술의 전당에서 처음
자신의 무대를 선보였고, 이어서 1994년 1월에는 세종문화회관에서
2차 내한 공연을 가진 바 있다.
　무스타키가 들려주는 단순하면서도 아름다운 노랫말과 지중해적
감수성이 넘치는 멜로디는 형언할 수 없는 감동을 자아낸다. 그가
국내에 많은 팬을 가지고 있는 것에는 이러한 이유도 있는 것 같다.
사실 국내 관객들이 대부분 프랑스어를 이해하지 못함에도 무스타
키가 그들과 자신의 의중을 나눌 수 있다면, 그는 상송의 마술사임
에 틀림없다. 실제로 그는 프랑스어권과 비프랑스어권을 막론하고
전 세계 각국으로부터 가장 많이 초청을 받는 프랑스의 음유시인이
기도 하다. 그는 <대사>(l'Ambassadeur)라는 노래에서, 자신이 지
니고 있는 신임장은 바벨탑의 모든 언어 속에 들어있는 사랑의 말들
이라고 하였다.
　유대계 그리스인들로서 이집트의 알렉산드리아에 거주하던 무스
타키의 부모는 언어적 재능이 뛰어났다. 아버지는 다섯 개의 언어
를, 어머니는 여섯 개의 언어를 구사하였는데, 두 사람은 이탈리아

어로 소통하였다. 그 이유는 정확히 알 수 없으나 부부는 아이들을 모두 알렉산드리아의 프랑스 학교로 진학시켰다. 무스타키는 집에서 그리스어와 이탈리아어를 사용하였고, 학교에서는 프랑스어를 통해 수업을 받았다. 그리고 집 밖에서는 영어, 아랍어, 아르메니아어 등 다양한 언어를 사용하는 아이들과 함께 어울렸다. 후일 그는 포르투갈어, 스페인어까지 구사하여 문자 그대로 바벨탑의 모든 언어를 대리하는 대사가 되었다. 그렇지만 그는 프랑스어를 언제나 모국어처럼 여겼다. 아버지가 경영하는 프랑스어 서점은 중동의 유일한 프랑스 문화원과 다를 바 없었고 어린 무스타키에게는 거대한 지식의 알리바바 동굴이었다. 프랑스의 작가들, 감독들, 배우들, 샹소니에들이 알렉산드리아를 들릴 때면 빼놓지 않는 곳이 바로 이 서점이었다. 그는 어머니의 손에 이끌려 우연히 들어가게 된 모하메드 알리 극장에서 피아프를 보았다. 후일 이 여자가 그의 운명을 바꿀 줄 어찌 알았으랴.

열일곱 살 나이에 그는 파리에 입성한다. 매형이 운영하는 서점에서 일하면서 노래도 만들곤 하던 그는 서점을 자주 찾아오는 한 기자의 소개로 조르주 브라센스를 만나게 된다. 몽마르트르의 유명한 카바레 '레 트루아 보데'(Les trois baudets)에서 이미 스타급 출연자였던 브라센스에게 그는 자신이 만든 노래 세 곡을 보여주었다. "격조가 있군." 브라센스의 격려는 그의 커리어에 결정적인 작용을 한다. 그는 브라센스를 존경한 나머지 이름도 바꾼다. 지우세페 무스타키(Giuseppe Mustacchi)는 이제 조르주 무스타키가 된다.

1958년, 마흔셋의 에디트 피아프에게 새로운 연인이 등장한다.

알렉산드리아 고양이

그리스 신화의 주인공처럼 눈부신 그가 피아프를 만나 그녀의 사랑의 포로가 되었을 때 그의 나이는 스물넷이었다. 이미 카바레에서는 그가 만든 노래가 제법 유명세를 타기도 하였지만, 그럼에도 그는 피아프의 젊은 기둥서방으로 불리며 황색 언론으로부터 비아냥거림을 받았다. 그러나 세계적인 히트를 기록한 <나의 님>(Milord)의 노랫말을 지으면서 이런 비난과 멸시를 일소하고 진정한 예술가로 자리매김하게 된다. 노래는 이렇게 탄생하였다. 새로운 연인이 출중한 시적 재능을 소유하고 있음을 알아봤던 피아프는 <나의 님>의 노랫말을 위하여 다음과 같은 테마를 제시하였다. "두 연인, 어느 일요일, 런던에서. 그들은 결별한다. 여자는 슬픔에 빠져있다." 무스타키의 손이 움직이면서 다음과 같은 글귀가 나왔다. "어느 일요일 런던, 항구였어요. 나의 님(Milord) 기억하시나요." 초고를 받아든 피아프가 "Milord"에 동그라미를 쳤다. 그녀의 선고는 명확했다. "우리의 노래는 이 단어 안에 있어요!" 그리고 며칠 후 무스타키는 일필휘지로 가사를 써냈다. 마르그리트 모노의 피아노가 멜로디를 입힌 이 노래는 전 세계로 퍼져나가고 프랑스 샹송의 스탠더드가 된다.

몇 달 후 피아프와 무스타키가 헤어지게 되었을 때, 이 세계적인 샹송은 아직 녹음을 앞두고 있었다. 이별의 고통을 견디지 못한 그녀는 음반 녹음을 거부하였으나 매니저의 간곡한 부탁에 따라 워싱턴에서 이 곡을 녹음했다. 진정한 프로인 그녀는 이 샹송을 희생하지 않았다. 프랑스 샹송의 명예의 전당이 있다면 <나의 님>은 여기에 가장 먼저 들어가게 될 것이다. 어쨌건 이 곡은 작사자 무스타키에게 <떠돌이>(Le métèque)를 발표할 때까지 적어도 10여 년을 넉넉하게 지낼 수 있는 수입을 보장하였다.

한 옥타브를 넘지 못하는 빈약한 음역 때문에 노래하기를 주저하는 그를 세르주 레지아니가 강권하다시피 하여 <떠돌이>(Le Métèque)를 부르게 만들었고, 이를 통해 그는 프랑스를 대표하는 싱어송라이터로 발돋움하게 된다. 애초에 이 노래는 사랑의 샹송으로 발표되었으나 68년 5월 혁명의 분위기 속에서 반인종차별주의를 표방하는 발라드로 받아들여지면서 더욱 유명해졌다. 1969년 음반으로 출시된 이 샹송은 아카데미 샤를-크로 대상을 수상하였다. 한편 <나의 자유>(Ma liberté)는 68년 5월을 직접적으로 겨냥한 작품으로 무스타키에게 처음으로 상업적 성공을 가져다준 작품이기도 하다. 그가 작사하고 작곡하여 레지아니가 불러 유명해진 또 하나의 불멸의 샹송 <사라>(Sarah), 이 노래에 등장하는 애처로운 여인 사라는 바로 피아프의 분신이었다. <너무 늦었어요>(Il est trop tard) 또한 무스타키의 대표적 샹송으로 그의 무대에 빠지지 않고 올라가는 주요 레퍼토리 가운데 하나이다. 부드러운 발라드 스타일의 멜로디 속에는 핵 실험을 반대하는 강렬한 메시지를 담고 있다. 그는 지구의 미래를 걱정하여 범세계적인 활동을 벌이는 프랑스에서도 몇 명 되지 않는 가수 가운데 한 사람이기도 하다. <나의 고독>(Ma solitude)은 그의 친구 바르바라의 아픔과 절망이 묻어나는 노래 <죽기 위해 죽어야 한다면>(Mourir pour mourir)을 달래주기 위해 발표한 곡이다. 고독마저도 친구로 삼아 차라리 밤을 지새우면 어떨까라고 그는 노래하고 있다. 이 노래들은 유명하기도 하거니와 레지아니뿐만 아

알렉산드리아 고양이

니라 쥘리에트 그레코, 피아 콜롱보, 콜레트 르노, 티노 로시 등 수많은 가수에 의해 불렸고 녹음되었다. 모든 사람이 이 노래들을 알고 있고 즐겨 부르는데, 정작 노래를 만든 사람은 노래만큼 널리 알려지지 않았다. 파리의 센강에 닻을 내리고 있는 생-루이 섬에 자리 잡은 크지 않은 아파트에서 거의 은둔하다시피 살고 있어서일까? 알렉산드리아 고양이처럼?

무스타키, 그의 음악 활동은 파리에서 시작하였지만 그의 정신적 성장은 알렉산드리아에서 시작하였다. 유대계 그리스인으로서 무스타키네 사람들은 전통을 지키며 살았지만 철저히 계율을 지키지는 않았다. 그들은 알렉산드리아를 구성하는 다인종, 다종교, 다종족 세계에 융합되어 있으면서 세계적 통합 상태를 유지하고 있었다. 그리하여 각각의 공동체는 그들의 전통, 그들의 의식, 그들의 개성을 지키면서, 도시 전체가 유대교의 속죄제를 지키고, 그리스 정교와 가톨릭이 다함께 크리스마스를 축하하고, 회교력의 9월 라마단의 밤에 헌주와 환희를 나누었다고 한다. 그러나 무스타키가 말년에 목도한 알렉산드리아는 종교적 갈등과 분쟁의 나락에 빠져 허우적대고 있었다. 그의 눈에 비치는 지중해 연안은 증오와 테러, 폭력과 화염에 휩싸여 있었다. 그 옛날 그의 어린 시절을 지배하던 공동체 각각의, 개인 각각의 온전한 상태를 존중하는 조화로운 융합의 이미지들, 우리가 지중해성(méditerranéité)이라고 명명할 수 있는 것은 산산조각이 되어 허공 속에 사라지고 말았다.

이미 우리의 일상 속에 자리 잡은 이스라엘-팔레스타인 분쟁과 이에 더하여 또 다시 중동에서 발원한 IS 무장 집단의 테러로 절망적인 상황에 봉착한 우리가 오늘날 기댈 수 있는 유일한 희망은, 무스타키가 노래하는 바로 이 지중해성의 부활뿐인 것 같다. 그가 <알렉산드리아>(Alexandrie)에서 꿈꾸는 이상향은 이렇게 단순한 말과 다소 몽환적인 멜로디로 그려져 있다.

"파이프 물고 있는 카페 / 사색의 시간 / 노인과, 광인과, 현인과 더불어 / 지나가는 이방인들 / 아랍인, 그리스인, 유태인, 이탈리아인 / 모두가 착한 지중해 사람들 / 모두가 이웃들."

이 책은 조르주 무스타키와 그의 오랜 친구 마르크 르그라가 나눈 대담을 편집한 것이다. 르그라가 화두를 던지면 무스타키가 이를 받아 대답하는 형식을 취하고 있다. 대화의 틀을 유지하면서 무스타키의 삶을 때로는 냉철한 시선으로, 때로는 유머러스한 필체로 그리고 있다. 프랑스 공영 방송 France 2에서 오랜 기간 연예부 담당 기자로 활동해온 르그라의 노련함이 돋보인다. 우리는 짧지 않은 이 대담을 통하여 우리의 트루바두르(음유시인) 무스타키를 중심으로 전개된 지난 반세기 동안의 샹송의 역사도 살펴볼 수 있다. 젊은 시절 그가 파리에서 보낸 보헤미안적 삶의 족적을 따라가며 알렉산드리아를 떠나온 시인의 노스탤지어를 그려볼 수 있다. 그리고 그의 음악의 바탕을 이루는 브라질과 그리스의 리듬과 멜로디를 음미할 수 있다. 그러나 이 책은 무엇보다도 아름다움은 단순한 것이고 단순함은 아름답다는 것을 깨우쳐주는 대화록이다.

이제 대화록의 주인공 조르주 무스타키는 지중해를 떠나 파리의 오래 된 공원묘지 르 페르 라셰즈(Le Père Lachaise)에 잠들어 있다. 그의 영원한 연인 에디트 피아프는 손을 뻗으면 닿는 곳에서 그를 기다리고 있었다. 세상을 떠나기 한 해 전에 펴낸 책『샹송 애호가를 위한 안내서』에서 무스타키는 이렇게 적고 있다.

  "피아프의 이야기는 영원한 부활의 이야기다. 곡마단의 아이로 그녀는 일찍부터 고난과 영광, 행복과 불행, 없는 것에 대한 두려움과 모든 것에 대한 목마름 사이에서 곡에 하는 습관을 길렀다. 그녀에 대한 물음에 답을 찾는다면 그것은 무대 위에서이다. 피아프가 아름다움을, 건강을 그리고 활기를 하나 가득 찾는다면 그것은 무대 위에서이다. 알코올, 마약, 병환, 사고로 그녀의 우아함이 상처를 입는 법은 결코 없었다. 우리 모두를 고아로 내버려두고, 그녀가 떠난 이후에도, 그녀는 여전히 우리에게 연인으로 사랑으로, 친구로 남아 있다. 샹송은 그녀의 목소리가 너무 아쉽다. 나는 이 여자 옆에서 한 해를 살았다. 폭소, 열광, 음악, 폭풍과 정열로 가득한 한 해를. 그녀는 마흔둘, 나는 스물넷이었다. 우리의 차이를 극복하기 위해서는 시간이 너무 모자랐다. 그러나 <나의 님>이나 내가 만든 노래를 부르는 그녀를 볼 때마다, 그녀를 삼키는 불꽃의 희미한 빛을 나도 물려받았음을 깨닫는다."

노동총연맹	C.G.T. (Confédération Générale du Travail)
작사가작곡가음악편집인협회	SACEM (Société des auteurs, compositeurs et éditeurs de musique)
국립항공기엔진개발제작회사	SNECMA (Société Nationale d'Etude et de Construction de Moteur d'Avion)
가보	Gaveau
가엘랑	Gaëlan
가토 바르비에리	Gato Barbieri
게랑드	Guérande
겐즈부르 (세르주 겐즈부르)	Serge Gainsbourg
국립교육연구소	IPN (Institut Pédagogique National)
국영라디오-텔레비전	l'O.R.T.F. (l'Office de Radiodiffusion-Télévision Française)
그랑-조귀스탱 부두	Quai des Grands-Augustins
그랑-트리아농	Grand-Trianon
그레구아르-드-투르 길	la rue Grégoire-de-Tour
그레코 (쥘리에트 그레코)	Juliette Gréco
그리스인 조르바	Zorba le Grec
글렌 밀러	Glenn Miler
기 브도스	Guy Bedos

알렉산드리아 고양이

기트리 (사샤 기트리)	Sacha Guitry
깁슨	Gibson
나디아 불랑제	Nadia Boulanger
나라 레앙오	Nara Leao
나세르	Nasser
나세르 호수	le lac Nasser
나탈리아 멜라	Natalia Méla
나폴리	Naples
네소스	Nessus
네심	Nessim
네크로폴리스	Nécropolis
넬리 카플란	Nelly Kaplan
노르베르 글랑츠베르	Norbert Glanzberg
뉴 브륀즈윅	New Brunswick
니나	Nina
니나 시몬	Nina Simone
니체	Neitzsche
니코스 카잔지키스	Nikos Katzanzakis
니코시아	Nicosie
닐다 페르낭데즈	Nilda Fernandez
다니엘 라부아	Daniel Lavoie
다니엘 발라부안느	Daniel Balavoine
다니엘 위매르	Daniel Humair
다르타냥	d'Artagnan
다리아 마르티노프	Daria Martynoff
달리다	Dalida
데 세트-쇠르 길	la rue des Sept-Soeurs
데자제 극장	le théâtre Déjazet
덱스터 고든	Dexter Gordon

델리스	Délice
도리발 카임미	Dorival Caymmi
돈 바이아스	Don Byas
동 쥐앙	Dom Juan
뒤크르테-톰손	Ducretet-Thomson
뒤티이유	Dutilleux
드니즈 글라제	Denise Glaser
드뷔시	Debussy
드-퐁 길	rue des Deux-Ponts
디 지오르지오	Di Giorgio
디미트리스 크리스토둘로스	Dimitris Christodoulos
디스코라마	Discorama
디아길레프	Diaghilev
디아스포라	Diaspora
디아코노프	Diakonoff
디안 뒤프렌	Diane Dufresne
디종	Dijon
디지 질레스피	Dizzie Gillespie
딕시랜드	Dixieland
딜런	Dylan
라 메르	La Mère
라 모내 부두	Quai de la Monnaie
라 투르넬	La Tournelle
라믈레	Ramleh
라미레즈	Ramirez
라방두	Le Lavandou
라벨	Ravel
라빈	Rabin
라이스	Lys

알렉산드리아 고양이

라팽 아질	Le Lapin Agile
란라그 극장	le Théâtre du Ranelagh
래몽 뷔시에르	Raymond Bussières
래몽 아소	Raymond Asso
레날도 안	Reynaldo Hahn
레너드 코언	Leonard Cohen
레몽 드보스	Raymond Devos
레뮈자 길	la rue Rémusat
레미 클라리	Rémy Clary
레바논	Liban
레스티프 드 라 브르톤느	Restif de la Bretonne
레오 페레 (페레)	Léo Ferré, Ferré
레옹	Léon
레이 방튀라 오케스트라	Le Grand Orchestre de Ray Ventura
레이보위츠	Leibowitz
로렌스 더럴	Lawrence Durrell
로마니오트	les Romaniotes
로맹 부테이유	Romain Bouteille
로베르 마랭	Robert Marin
로베르 부셰	Robert Bouchet
로베르 솔레	Robert Solé
로베르 쇼비뉴	Robert Chauvigny
로베르토 로셀리니	Roberto Rossellini
로빈후드	Robin des Bois
로제 마르탱 뒤 가르	Roger Martin du Gard
롤랑 디엔스	Roland Dyens
롬멜	Rommel
루 보냉	Lou Bonin

루아 데 카이유	Le Roi des Cailles
루이 게라	Ruy Guerra
루이 볼라	Louis Vola
루이 아마드	Louis Amade
루이 암스트롱	Louis Armstrong
루이 주베	Louis Jouvet
루이스 곤자가	Luis Gonzaga
루이스 라크	Lluis Llach
루이스 마리아노	Luis Mariano
루이-장 칼베	Louis-Jean Calvet
루이-필립	Louis-Philippe
룰루 바리에	Loulou Barrier
뤼세트 라이야	Lucette Raillat
르 쇠이유 출판사	Le Seuil
르 프티 주르날	Le Petit Journal
르네-루이 라포르그	René-Louis Lafforgue
르노	Renaud
르방 섬	l'île de Levant
르클레르크	Leclerc
리고베르타 멘추	Rigoberta Menchu
리베라시옹 대로	avenue de la Libération
리베라테 (여객선 리베르테호)	Le Liberté
리샤르 갈리아노	Richard Galiano
리샤르 데자르댕	Richard Desjardins
리우	Rio
마노스 하지다키스	Manos Hadjidakis
마누슈 재즈 악단	les Manouches
마라케쉬	Marrakech
마르그리트 모노	Marguerite Monnot

마르세유	Marseille
마르셀 세르당	Marcel Cerdan
마르셀 애메	Marcel Aymé
마르셀라	Marcella
마르시알 솔랄	Martial Solal
마르코스	Marcos
마르티니크	Martinique
마를렌느 디트리히	Marlène Dietrich
마리	Marie
마리 비네	Marie Binet
마리나 로셀	Marina Rossell
마리-앙주 미랑드	Marie-Ange Mirande
마리엘 마리스코트	Mariel Mariscot
마리엘라 리기니	Mariella Righini
마리-조 테리오	Marie-Jo Thério
마무드 다르위치	Mahmoud Darwich
맘젤 깁슨	Mam'zelle Gibson
마우트하우젠	Mauthausen
마이 메니니나앙 데 강투아	Mai Menininha de Gantois)
마카리오스	Makarios
마쿰바	Macumba
마트사	Matsa
막심 르포레스티에	Maxime Le Forestier
막심스	Maxim's
맥래프린	MacLaughlin
메데	Médé
메르세데스 소사	Mercedes Sosa
메르카도 모델로	Mercado Modelo
메탁사스	Metaxas

멜리나 메르쿠리	Mélina Mercouri
멩겔러	Mengele
모글리	Mowgli
모리스 베자르	Maurice Béjart
모리스 슈발리에	Maurice Chevalier
모리스 조베르	Maurice Jaubert
모리스 파농	Maurice Fanon
모자르 샤인	Mozart Chaine
모하메드 알리 극장	le thêatre Mohamed Ali
몬타자 궁	le palais de Montaza
몽고메리	Montgomery
몬트리올	Montréal
몽크통	Moncton
무시에르	les Moussières
물루지	Mouloudji
뮐루즈	Mulhouse
미레이유	Mireille
미셸 리브고슈	Michel Rivgauche
미셸 시몽	Michel Simon
미셸 아르노	Michel Arnaud
미셸 에메르	Michel Emer
미셸 카코야니스	Michel Cacoyannis
미셸 포르탈	Michel Portal
미셸 퓌그	Michel Puig
미키스 테오도라키스	Mikis Theodorakis
밀 데이비스	Miles Davis
밀로르 라르수이유	Le Milord l'Arsouille
바르가	Varga
바르바라	Barbara

알렉산드리아 고양이

바바	Babar
바스토스	Bastos
바실리스 바실리코스	Vassilis Vassilikos
바쿠닌	Bakounine
바타네야	Bataneya
반 고흐	Van Gogh
발라르 광장	la place Balard
발레아레스 제도	îles Baléares
베가 시칠리아	Vega Sicilia
베니스 공국	le Comté de Venise
베라	Véra
베르나르 라발레트	Bernard Lavalette
베르나르 으벨만	Bernard Heuvelmans
베르디	Verdi
베르톨드 브레히트	Bertold Brecht
베르티용 아이스크림	glaces Berthillon
베를리오즈	Berlioz
베아르 (기 베아르)	Guy Béart
베이루트	Beyrouth
베카 평원	la plaine de Bekaa
베튄	Béthune
벨라 바르톡	Béla Bartok
벨에포크	La Belle Epoque
벨푸르	Balfour
보두	Vaudou
보드로	Baudrot
보리스 비앙	Boris Vian
보비 다랭	Bobby Darin)
보비 라푸엥트	Bobby Lapointe

보비노	Bobino
보쥬	les Vosges
봅 말리	Bob Marley
봅 아잠	Bob Azzam
부르봉	Bourbon
부르주 봄 음악 축제	Printemps de Bourges
부불리나	Bouboulina
부아트 오 샹송	La Boîte aux Chansons
부에노스아이레스	Buenos Aires
브라스리 엘리트	la Brasserie Elite
브룩클린 칼리지	Brooklyn College
브리지트 퐁텐느	Brigitte Fontaine
비니시우스 데 모라에스	Vinicius des Moraes
비르길 게오르규	Virgil Georghiu
비르케나우	Birkenau
비블로스 페스티발	le festival de Byblos
비올레타 파라	Violeta Parra
비제	Visée
빅스 바이더벡	Bix Beiderbecke
빌 에반스	Bill Evans
빌라-로보스	Villa-Robos
사다트	Sadate
사드-자그룰	Saad-Zaghloul
사라	Sarah
사르트르	Sartre
사티	Satie
사포	Sapho
상시에 교정	Censier
생-나재르	Saint-Nazaire

알렉산드리아 고양이

생-루이	Saint-Louis
생-브누아 길	la rue Saint-Benoît
생트-마리-드-라-메르	Saintes-Maries-de-la-mer
샤를로트 램플링	Charlotte Rampling
샤를 보들레르	Charles Baudelaire
샤를 트레네	Charles Trenet
세르당	Cerdan
세르주 레지아니	Serge Reggiani
세르탕우	Sertao
세실	Cécile
세자리아 에보라	Cesaria Evora
세파라드	les Séfarades
세 파타슈	Chez Patachou
세 폼	Chez Pomme
소르	Fernando Sor
소르본느	la Sorbonne
솔레다드 브라보	Soledad Bravo
수에즈 운하	le Canal de Suez
수잔나 비에이라	Susana Vieira
쉴리	Sully
슈당 출판사	les éditions Choudents
스리 아우로빈도	Sri Aurobindo
스리 친모이	Sri Chinmoy
스콜라 칸토룸	Schola Cantorum
스타인벡	Steinbeck
스테판 그라펠리	Stéphane Grappelli
스페트사이	Spetsai
스프링스턴	Springsteen
시네	Siné

시드니 베체트	Sydney Bechet
시몬 비톤	Simone Bitton
시몽 연기 학원	le cours Simon
시오랑	Cioran
시테 뒤 리브르	La Cité du Livre
신밧드	Sinbad le marin
아가멤논	L'Agamemnon
아가미	Agami
아누이	Anouih
아라공	Aragon
아라파트	Arafat
아레스키	Areski
아를레티	Arletty
아리스티드 브뤼앙	Aristide Bruant
아부키르	Aboukir
아비뇽	Avignon
아쉬케나즈	les Askhénazes
아스마 엘 바크리	Asma el Bakri
아스토르 피아졸라	Astor Piazzolla
오로빌	Aurovile
아우타로사	Autarosa
아즈나부르 (샤를 아즈나부르)	Charles Aznavour
아카데미 샤를 크로 대상	le Prix de l'Académie Charles Cros
아크로폴리스	Acropole
아타린느	Attarine
아타후알파 유판키	Atahualpa Yupanki
아테네	Athènes
아토스 산	Mont Athos

알렉산드리아 고양이

아티네오스	Athineos
아폴리네르	Apollinaire
안 실베스트르	Anne Sylvestre
안나 마냐니	Anna Magnani
안나 프뤼크날	Anna Prucnal
안니 노엘	Annie Nöel
안드레아스	Andréas
안시	Annecy
안젤라 몰리나	Angela Molina
안젤로 브란두아르디	Angelo Branduardi
안토니아디스 정원	le Jardin Antoniadis
안토니우 카를루스 조빙	Antonio Carlos Jobim
알도 로마노	Aldo Romano
알랭 파주	Alain Page
알렉산드라 스튜어트	Alexandra Stewart
알렉상드르 뒤마	Alexandre Dumas
알렉상드르 라고야	Alexandre Lagoya
알베르 비달리	Albert Vidalie
알베르 사페리스	Albert Saféris
알베르 코세리	Albert Cossery
알베르 코엔	Albert Cohen
알프레드 드 뮈세	Alfred de Musset
앙드레 뒤솔리에	André Dusollier
앙드레 리베르노	André Livernaux
앙드레 모루아	André Maurois
앙드레 셰브리에	André Chevrier
앙드레 시몬스	Andrée Simons
앙리 가르생	Henri Garcin
앙리 마르크	Henri Marque

앙리 살바도르	Henri Salvador
앙리 콩테	Henri Contet
앙리 크롤라	Henri Crolla
앙리에트 발테르	Henriette Walter
앙주	Anjou
앙주 바스티아니	Ange Bastiani
앙헬 카브랄	Angel Cabral
애바 가드너	Ava Gardner
야니스 리초스	Yannis Ritsos
야닉크 바레크	Yanick Varech
야샤르 케말	Yachar Kemal
에덴 데 리우 베르멜로	Eden de Rio Vermelho
에디 루이스	Eddy Louiss
에디 미첼	Eddy Mitchell
에디 바르클래	Eddie Barclay
에디 벨	Eddie Bell
에디 살렘	Eddie Salem
그의 오케스트라와 아랍 가수들	Eddie Salem, son orchestre et ses chanteurs arabes
에디트 피아프	Edith Piaf
에르베 바쟁	Hervé Bazin
에셸 드 자콥	L'Echelle de Jacob
에스더	Esther
에스페랑스	Espérence
에얄 시방	Eyal Sivan
에일라트	Eilat
에클뤼즈	L'Ecluse
에페이로스	Epire
엔리케 산토스 디스케폴로	Enrique Santos Discépolo

알렉산드리아 고양이

엘 아람-엡도	El Ahram-hebdo
엘 알라메인	El Alamein
엘레나 파판드레우	Eléna Papandréou
엘렌 마르탱	Hélène Martin
엘뤼아르	Eluard
엘리스 레지나	Elis Regina
엠마 톰슨	Emma Thomson
엠파이어 룸	L'Empire Room
예만자	Yemanjà
예멘	Yémen
오랑제리	l'Orangerie
오르크지 남작 부인	la baronne Orczy
오를레앙	Orléans
오마르 카얌	Omar Kahyam
오베이션	Ovation
오슬로 협약	les accords d'Oslo
오-쥐라	le Haut-Jura
옥잘라	Oxalà
올랭피아	L'Olympia
우르크 운하	Le canal de l'Ourcq
움 칼숨	Om Kalsoum
월도르프 아스토리아 호텔	Le Waldorf Astoria
위그 오프래	Hugues Aufray
위마니테	L'Humanité
위베르 로스탱	Hubert Rostaing
유세프 무스타키	Youssef Mustacchi
율리시스	Ulysse
이렌 르카르트	Irène Lecarte
이브 몽탕	Yves Montand

이사벨라 가톨릭 여왕	Isabelle la Catholique
이오안니나	Ioannina
이오지프	Iosif
이절랭 (자크 이절랭)	Jacques Higelin
자비에 라쿠튀르	Xavier Lacouture
자크 두아이앙	Jacques Doyen
자크 두애	Jacques Douai
자크 뒤필로	Jacques Dufilho
자크 리에브라르	Jacques Liébrard
자크 마르탱	Jacques Martin
자크 브도스	Jacques Bedos
자크 카네티	Jacques Canetti
자크 푸아트르노	Jacques Poitrenaud
자클린 가라베디앙	Jacqueline Garabédian
자킨토스	Jacinthe
자파의 밤	les Nuits de Jaffa
잔 모로	Jeanne Moreau
잔로프	Xanrof
잔트	Zante
장 샤포	Jean Chapot
장 얀	Jean Yanne
장 지크프리트	Jean Siegfried
장 콕토	Jean Cocteau
장 페라	Jean Ferrat
장 프레보	Jean Prévost
장고 렌아르트	Django Reinhardt
장-로제 코시몽	Jean-Roger Caussimon
장-루 다바디	Jean-Lou Dabadie
장-이브 앙퍼뢰르	Jean-Yves Empereur

알렉산드리아 고양이

장-피에르 드루에	Jean-Pierre Drouet
장-피에르 로내	Jean-Pierre Rosnay
장-피에르 파르카스	Jean-Pierre Parkas
제나키스	Xenakis
제너	Jenner
제라르 드파르디외	Gérard Depardieu
제라르 시르	Gérard Sire
제롬 샤랭	Jerome Charyn
젤리아	Zélia
조로	Zorro
조르주 달라라스	George Dalaras
조르주 벤	Jorge Ben
조르주 브뤼농	Goerges Brunon
조르주 셰아데	Georges Schéhadé
조르주 아르노	Georges Arnaud
조르지 아마두	Jorge Amado
조르주 윌메르	Georges Ulmer
조세프 테로	Josep Tero
조앙 지우베르투	Joao Gilberto
조에 로시	Joë Rossi
조엘 파브로	Joël Favreau
조제 아폰소	José Afonso
존 바에즈	Joan Baez
쥐라	le Jura
쥘 다생	Jules Dassin
쥘 쉬페르비엘	Jules Supervielle
지크프리트 메르	Siegfried Meir
지크프리트 케슬레르	Siegfried Kessler
지드	Gide

지라르데	Girardet
지오르지 에시	Gyorgi Ecsi
지우베르투 지우	Gilberto Gil
질베르 베코	Gilbert Bécaud
차이코프스키	Tchaíkovski
처칠	Churchill
체 게바라	Che Guevara
츠바이크	Zweig
치코 부아르케	Chico Buarque
카네기 홀	Carnegie Hall
카라카스 대학교	l'Université de Caracas
카룰리	Carulli
카르티에 라탱	Quartier Latin
카르팡트라	Carpentras
카리베	Carybé
카미유 클로델	Camille Claudel
카바피	Cavafy
카보 드 라 레쀠브릭	Le Caveau de la République
카사노바	Casanova
카사블랑카	Casablanca
카스텔피다르도	Castelfidardo
카지노 드 파리	le Casino de Paris
카탈로냐	la Catalogne
카트린 라라	Catherine Lara
카트린 르포레스티에	Catherine Le Forestier
카트린 소바주	Catherine Sauvage
카트린 웁슈만	Katherine Upschumann
카프카	Kafka
칸	Cannes

알렉산드리아 고양이

카를 마르크스	Karl Marx
칼라장스	Calazans
칸돔블레	Candomblé
캣 스티븐스	Cat Stevens
켄타우로스	Centaure
코달리	Kodaly
코르도바	Cordoba
코르푸	Corfou
코카트릭스 (브뤼노 코카트릭스)	Bruno Coquatrix
코트다쥐르	Côte d'Azur
콕토 (장 콕토)	Jean Cocteau
콘스탄티노플	Constantinople
콜레쥬 인	Le Collège Inn
콜레트 르나르	Colette Renard
콜레트 셰브로	Colette Chevrot
콜롱브	La Colombe
콜뤼쉬	Coluche
콜트란	Coltrane
콩트레스카르프	Contrescarpe
쿠르트 베일	Kurt Weill
쿠에르나바카	Cuernavaca
쿠에스농	Couesnon
쿼벡	Québec
크네세트	la Knesset
크레테	Crète
크리스티나 루발카바	Cristina Rubalcava
크리스티앙 슈발리에	Christian Chevalier
크리스틴 세브르	Christine Sèvres
크리시에	Crissier

클로드 누가로	Claude Nougaro
클로드 레베이에	Claude Léveillée
클로드 르루슈	Claude Lelouch
클리쉬	Clichy
키리아 나타 (나탈리아 부인)	Kyria Nata
키안티 산 도나티노	Chianti San Donatino
키프로스	Chypre
키플링	Kipling
킴포	Kimpoh
타잔	Tarzan
테른느 대로	Avenue des Ternes
테오 사라포	Théo Sarapo
테오도르 헤르즐	Théodore Herzl
테오필	Théophile
테포즈틀란	Tepoztlan
텔아비브	Tel Aviv
투브루크	Tobrouk
토키뉴	Toquinho
튀니스	Tunis
튀니지아	Tunisie
트루아 보데	Les Trois Baudets
티란 해협	le détroit de Tiran
파나이트 이스라티	Panait Israti
파로스 반도	la presqu'ile de Pharos
파룩크	Farouk
파르다이앙	les Pardaillan
파브리스 산토로	Fabrice Santoro
파스트루디스	Pastroudis
파이잘	Fayçal

알렉산드리아 고양이

파코 이바네즈	Paco Ibanez
팔래 루아얄	Palais Royal
팜 비치	Le Palm Beach
페네로페	Pénélope
펠로폰네소스	Péloponnèse
펠리시엥 마르소	Félicien Marceau
포레	Fauré
포르 뒤 살뤼	Le Port du Salut
폴 라파르그	Paul Lafargue
폴 발레리	Paul Valéry
폴 베를렌	Paul Verlaine
퐁-뇌프	Le Pont-Neuf
퐁디셰리	Pondichéry
프라크손	Fragson
프란시스코 데 퀘베도	Francisco de Quevedo
프랑수아 로베르	François Rauber
프랑수아 롤랭	François Rollain
프랑수아 미테랑	François Mitterrand
프랑수아즈 아르디	Françoise Hardy
프랑스 레아	France Léa
프랑스 서적지	Revue du Livre Français
프랑시스 르마르크	Francis Lemarque
프랑시스 클로드	Francis Claude
프레데릭 비투	Frédéric Vitoux
프레베르 (자크 프레베르)	Jacques Prévert
프레베르 형제들의 10월단	le groupe Octobre des frères Prévert
프레시	Précy
프루동	Proudhon

플레옐 연주홀	la salle Pleyel
피란델로	Pirandello
피레	Pirée
피아	Pia
피아 콜롱보	Pia Colombo
피에르 막크 오를랑	Pierre Mac Orlan
피에르 바루	Pierre Barouh
피에르 페레	Pierre Perret
피카소	Picasso
필 우드	Phil Wood
필립 부바르	Philippe Bouvard
필립 포르시올리	Philippe Forcioli
하지-베키르	Hadji-Bekir
핫 클럽 드 프랑스 재즈 오인조	le Quintette du Hot Club de France
해리 벨라폰테	Harry Belafonte
헤세	Hesse
헨리 밀러	Henry Miller
호세 펠리치아노	José Feliciano

알렉산드리아 고양이

■ 인용된 시, 소설, 샹송, 영화, 기타 작품 목록

기억 속의 여인들	Les Filles de la mémoire
기적의 탑	Tour des miracles
꼬마	Le petit garçon
꼬마 말	Le petit cheval
나는 그리스 여자로 태어났다	Je suis née grecque
나는 통과	Je passe
나쁜 평판	La mauvaise réputation
나의 고독	Ma solitude
나의 님	Milord
나의 외인부대 용사	Mon légionnaire
나의 자유	Ma liberté
나의 회전 목마	Mon manège à moi
나탈리아	Natalia
난 내가 실패한 것에 성공하고	Je réussis ce que je rate
난 흔들거려요	Moi, je m'balance
내 마음속 스페인	L'Espagne au coeur
내게 용기를 주기 때문에	Parce que ça me donne du courage
내겐 시간이 있어요	Moi, j'ai le temps
내일의 탱고	le tango de demain
너를 여전히 사랑해	Je t'aime encore
너무 늦었어요	Il est trop tard
너무나 예뻐	Si jolie
너의 몸짓	Tes gestes
넌 잘 생겼어, 정말	T'es beau, tu sais
네 남자에게 럼주를 주어라	Donne du rhum à ton homme
늑대, 암사슴 그리고 기사	Le loup, la biche et le chevalier
늑대들	Les loups
닉 카툰	Nick Cartoon

알렉산드리아 고양이

다행스럽게 풀이 있네	Heureusement qu'il y a de l'herbe
당신의 꿈을 간직하세요	Gardez vos rêves
당신의 따님은 스무살	Votre fille a vingt ans
대사	L'ambassadeur
대참극	Hécatombe
데 부셰 골목길	Petite rue des Bouchers
데이지	Daysie
도마뱀	Lézard
떠나가는 파리	Paris qui va
떠돌아 다녀야 해	Il faut voyager
떠돌이	Le métèque
라일락의 계절	Le temps du lilas
레이지 블루스	Lazy Blues
르 무롱 루주	le Mouron Rouge
리빙스톤	Livingstone
릴리 마르렌	Lily Marlène
마루시의 거대한 상	Le Colosse de Maroussi
마르 모르토	Mare Morto
마제스틱 호텔	l'hôtel Majestic
마지막 심판	Le Jugement dernier
마지막 유혹	La dernière tentation
매 순간이 한 평생일진대	Chaque instant est toute une vie
명명하지 않아도	Sans la nommer
몬테-크리스토 백작	Comte Monte-Cristo
바깥에서 들어온 프랑스어 어휘들의 모험	L'Aventure des mots français venus d'ailleurs
바다가 내게 주었네	La mer m'a donné
바히야	Bahia

알렉산드리아 고양이

티보가 사람들	les Thibault
파담 파담	Padam Padam
파리아 신부	l'abbé Faria
파리의 밤	Les nuits de Paris
평화	La paix
포르노그라피	Pornographie
포르투갈	Portugal
포세 생-작크 길	Rue des Fossés Saint-Jacques
프랑코	Franco
프티 루이씨	M'sieur P'tit Louis
피레의 아이들	Les enfants de Pirée
필라델피아	Philadephia
하나님 왜 그런가요	Pourquoi mon Dieux
하루짜리 연인들	Les amants d'un jour
할 말이 그대로 있어	Tout reste à dire
할아버지	Grand-père
함부르크에서랍니다	C'est à Hambourg
해먹 안에서	Dans mon hamac
해적의 약혼녀	La Fiancée du pirate
햇빛 쬐는 발가락	Les orteils au soleil
행복한 여인	Heureuse
황금 투구	Casque d'or

알렉산드리아 고양이
마르크 르그라와의 대담

초판발행   2018년 7월 30일

원   제   UN CHAT D'ALEXANDRIE: ENTRETIENS AVEC MARC LEGRAS
지 은 이   조르주 무스타키(Georges Moustaki)
옮 긴 이   장승일
펴 낸 이   김진수
펴 낸 곳   **한국문화사**
등   록   1991년 11월 9일 제2-1276호
주   소   서울특별시 성동구 광나루로 130 서울숲IT캐슬 1310호
전   화   02-464-7708
팩   스   02-499-0846
이 메 일   hkm7708@hanmail.net

책값은 뒤표지에 있습니다.

ISBN   978-89-6817-653-1   03680

이 도서의 국립중앙도서관 출판예정도서목록(CIP)은 서지정보유통지원시스템
홈페이지(http://seoji.nl.go.kr)와 국가자료공동목록시스템(http://www.nl.go.kr/kolisnet)에서
이용하실 수 있습니다.(CIP제어번호: CIP2018021948)